ブラリー

支那論

内藤湖南

文藝春秋

支那論◎目次

支那論

附録

新支那論

支那論

凡例

一、本書は、内藤湖南著『支那論』（一九一四年刊）と『新支那論』（一九二四年刊）を収めたものである。『支那論』は一九一三年末に行われた講演の速記録が元になっているが、「附録」として、それ以前に執筆された七篇の時局論も収められている。本書は、『内藤湖南全集　第五巻』（一九七二年、筑摩書房刊）を底本としたが、表記については次の方針に基づく。

（1）原則として、原文の旧字体・旧仮名づかいを新字体・新仮名づかいに改め、通行の字体に改めた異体字もある。

（2）読みにくい漢字は、振り仮名をつけるか、仮名に改める。その際、読み方が確定しがたいものも、通読しやすいように編集部の判断でいずれかの読み方を選択した。

（3）送り仮名は、現代の一般的な方式に従って補うか、省略したところもある。

（4）句読点や記号類の加除・変更は、次の場合を除き行わない。

①列挙された事項の区切りを分かりやすくするため「・」や「、」を補ったり、省略したところがある。

②文末の「、」は「。」に改める。

③書名、雑誌名、文書名などには「」を加える。

（5）段落の先頭行は一文字分下げる（底本では下がっていない箇所もある）。

（6）注記のうち、（　）内は底本にあるもので、〔　〕は編集部が新たに加えたものである。

支那論

自叙

この書のようなものを書いてみようかと思い立ったのは、昨年の夏秋の際であったが、その頃朝鮮へ旅行したので、しばらく着手の機会もなかった。十一月の初めに文会堂主人の懇《ねんご》ろなる勧めによって、いよいよ着手することとはなったが、疎懶《そらん》なる余《よ》には、とうてい自ら筆を執るということが見込みがないので、懇意なる朝日新聞記者高畠政之助氏に速記を依頼した。高畠氏は我が邦における有数の速記者で、また余が講演は最も数々速記された経験があるからである。かくて十一月十一日に第一回を演述し、同二十五日に第二回を演述し、十二月二日に第三回を演述し、十二月九日に第四回を演述し、十二月三十日に第五回を演述しおわったが、変化の急激な支那の時局は、この講演の継続しておる二か月間にも、目まぐるしきほど変転し、講演が終りて、その速記録を訂正し、これを印刷しておる間にも、なおさらに変転した。講演を始めた頃にはまだ、熊希齢《ゆうきれい》氏の施政方針も発表せられなかったが、その発表されたのを見ると、その項目の分け方が、自分が論ぜんとしておるのと大差がないので、半途からその項目に随《したが》うようになり、したがって発表以前に演《の》べた分をも、それと矛盾しないように訂正した。また印刷中には、熊希齢氏の総理辞職となり、袁《えん》氏の退歩的方針は、ますます露骨になって来て、ほとんど変法《へんぽう》論〔立憲制と議会制の導入による政治改革論〕の発生せざる以前の清《しん》代に後戻りしようかと思われるほどになって、本論の最後に論じたごとく、熊氏の施政方針なども眼中になくなっておるようである。それゆえこの書の印行さるる頃には、すべて議論が時局に後れるようになっておることは免れないであろうが、しかし現在の支那に対する余の意見としては、この目前の時局の変化のために、これを改めるほどのこともないと思うから、やはりそのまま世に問うこととした。ただここにあらかじめ読者にことわっておきたいことが二つある。一はこの書に述べた意見に、積極的施設に関する考えが甚《はなは》だ乏しいこと、二はこの書は支那人に代って支那のために考えたので、外国の側《み》から、例えば我が日本のごとく、支那の事勢によっては、多くの利害を感ずべき国から看た議論の欠けておること、これである。

有《あ》り体《てい》にいえば積極的施設に関する意見を建てるほど、余が現在の支那に関する研究が出来ておらぬのである。目下の急務とする財政などについても、何種の租税を整理すれば、幾許《いくばく》の収入があるとかいうようなことは、今少し支那政務の内情を熟知せねば、とうてい確実なる計画を立てるわけには行かぬ。もっともこのごとき実務上の研究は、単に外国人たる余が、立て得ぬのみならず、直接支那の政務に当っておる人でも、立て得るかどうかと疑うので、熊氏のごとき、その長所は財政に存する人であるが、その施政方針に述べてある財政計画は、決して我々が考え得られる以上の精確なものではない。

ただし自分はこれより以上、精確な調査をなすべき方法が、目下これなしというのではない。過去三、四十年間の支那貿易の発展を調査すれば、その国富の増進を測定することが出来るはずであり、また鈔関《しょうかん》〔運河を通る船から徴税するための機関〕その他の財政機関が、外国人の管理に帰した結果、その収入の増加した割合を調査すれば、支那の実際の租税負担力が推算されるのであるが、今自分の手許には、それらの材料がほとんど全くないので、やむを得ず、状況から判断される限りの空論に留《とど》まることとなったのである。しかし古来の自然な成り行きから、並びに内外の形勢から攷究《こうきゅう》した結果、支那のごとく絶大な惰力によって潜運黙移しておる国情、人為による矯正の効力を超越しておる国情が、自然に落ち着くべき前途は、確かに積極的施設の基礎となるべきもので、この惰力の方向を知ることが、目下最も大切なることと思うので、一つは枝蔓《しまん》に渉《わた》る細目の議論に及ぶ遑《いとま》がなかった点もあるのである。

従来支那の経世論を立てた識者の論ずるところに徴しても、我々に深甚の感動を与えるものは、その自ら認めた弊害を救済する方法として、自ら案出した議論であって、これには奪うべからざる権威を感ずる。たとえば顧炎武《こえんぶ》の「郡県論」とか、「日知録」とか、黄宗羲《こうそうぎ》の「明夷《めいい》待訪録《たいほうろく》」とかいうものは、時勢の窮極して、通変すべき機会が到着しつつあることを看取した点に、痛切な意義があり、中には支那の尚古《しょうこ》思想に薫染《くんせん》せらるることを免れ難いところから、封建の事実上復古、貴族政治の復古等を夢想するごとき欠点もあるけれども、その改革の精神は今に至りて生気がある。馮桂芬《ふうけいふん》の「校邠廬抗議《こうひんろ》」なども、近年では最も切実なるものであって、近来の変法論者のごとく、単に外国制度の模倣を以《もっ》て、無上の政策と考えておるものとは選を異にしておる。劉坤一《りゅうこんいつ》、張之洞《ちょうしどう》の「変法会奏」なども、その第二奏たる、支那の宿弊を論じたところは、最も痛切であるが、その他の積極的施設として、外制模倣を主張したところは、徹底しておらぬ恨みがある。蓋《けだ》し外制模倣については、支那の識者の智識が外制の根源由来を明《あき》らめ知るまでに至らぬために、その取舎《しゅしゃ》の議論も徹底せぬのであろう。強兵といえば、新式軍隊の増加と解釈し、富国といえば、商工業の発達とのみ思い、政治の改革といえば、憲法とか国会とかいうことを考えるだけで、外国文明の深い意義を知らぬ、これが徹底せぬ変法論の真相である。自分は多少この消息を解するところから、まず支那の国情が果していかなる程度まで世界政治上の進歩に順応し得べきものか、現在すでに破裂した革命の局面が、いかなる程度で収拾し、そうしてその最も適当な政治上進歩の階級に落ち着くべきものであるかを概論し、積極的施設の責任を持っておる者に深き省慮を促したいと思ったので、積極的施設を説くには不便な自分の地位を強いて展開せんとは試みぬのである。

然《しか》るに袁世凱《せいがい》などの考えでは、最近の一時的反動の潮流を、政治上変遷の大勢の発現と誤信しておる傾きが歴々と見え、一日一日とその国運を底なき暗黒の坑《あな》に投げ入れんとしておる。従来の五国借款は、なお自国の財政権の独立を考えての上の借金で、同じ借金でもそこに苦心というものの味もあるのであるが、近日の油田及び淮河《わいが》浚渫《しゅんせつ》に対する外資輸入などは、ほとんど自己の存立を認めぬ借金である。実はこの書に対して起るべく予想する批評の第二項にもあるごとく、自分は全く支那人に代って、支那のために考えて、この書を書いたのであるが、今日のような状態では、もはや支那のために考えるという必要は、遠からず無くなるかも知れない。北清事変の際に、一時天津《てんしん》に都統衙門《がもん》というものが出来て、列国の連合政治を行ったことがある。第二の大なる都統〔軍事を司《つかさど》る武官〕政治が出現すべき時機は、あまり遠いとは思われぬ。支那人は大なる民族である、この民族は民族として統一されておる。また列国の支那における利権も随分錯綜しておる。ゆえに支那が急速に分割さるべきものとは、自分も思わない。ただし一種の都統政治はいつでも行われ得るのである。またこの都統政治の方が、国民の独立という体面さえ抛棄《ほうき》すれば、支那の人民にとって、最も幸福なるべき境界である。我らが本論に述べた国防の必要が、ここに絶対に消滅する。支那の官吏よりは、廉潔にかつ幹能ある外国の官吏によって支配されるから、負担の増さぬ割合に善政の恩沢を受ける。袁世凱を大総統にさえ仰ぐ国民が、都統政治に不満足を訴えるなどということは、あり得べき道理がない。それゆえ自分は日本などのごとく、支那の事勢によって利害を感ずべき国から看て、支那がいかに定まるがよいかなどという議論は、無益だと考えたのである。支那の人民にいささかなりとも政治上の徳義心があって、自己の存立を念頭に置けば、この書の本論に論じたごとき落着を見るべきもの、さもなくば第二の都統政治が出現すべきものと、覚悟さえすれば、日本その他の外国が取るべきすべての手段は明白なのである。都統政治には、君主制、共和制の問題も、領土に関する問題も不必要であるから、この書の本論における第三以下だけが、なお攷究せらるべきものとなって残るのである。ただし我が日本がこのごとき時機が到着した際に、支那の人民を救済すべき準備があるか。これは政府当局者に問うのみではない、我が国民に切実に問いたいのである。

　我々は今以て失敗したる革命党の人々に同情を表する。革命党の人々は、自ら支那の国民性を了解せなかったので、その限りなき辛苦の効果を水泡に帰せしめてしまったのである。支那の国民性は何物を犠牲にしても平和を求める。兵乱の際などには桀驁《けつごう》〔人に馴れない荒馬、凶暴者のたとえ〕なる棍徒《こんと》の横行をも見、良民の代表たる父老《ふろう》（この語の使用されたことも古いものであるが）は屏息《へいそく》しておるが、少し事態が穏やかになると、父老の歓心を得ざれば、継続した統治は出来ぬのである。革命党はその新鋭の意気にまかせて、父老の歓心を得ることを顧慮しなかったために、近い将来において事を起す地盤を失っておることは、大なる打撃である。その最初奮起した動機は、誠に堂々たるものであるけれども、その倏起倏滅《しゆつきしゆくめつ》した状態は、李《り》自成《じせい》、張献忠《ちようけんちゆう》の如き《ごと》諸賊と異ならぬ結果になってしまった。この父老収攬《しゆうらん》ということは、その法制の美悪を問わず、人格の正邪を論ぜず、支那における成功の秘訣である。悪人でも悪法でも、この秘訣を得れば、必ず成功する、況《いわ》んや改革論とか、政治上の主義とかいうことのごとき、成功の要素としては、父老収攬の前には、何の力もないのである。革命党はこの秘訣の鍵を握ることを知らないので失敗した。目下袁世凱が知県《ちけん》試験に旧読書人のみを採用するなどは、頗《すこぶ》るこの秘訣を心得ておるのである。しかしもちろんこの秘訣も国家の滅亡を救うためには何の役にも立たぬ。父老の歓心を得て成功した君主でも、大総統でも、外敵に対して国を滅ぼさぬということは、決して保証されぬ。父老なる者は外国に対する独立心、愛国心などは、格別重大視しておる者ではない、郷里が安全に、宗族が繁栄して、その日その日を楽しく送ることが出来れば、何国人の統治の下でも、柔順に服従する。長髪賊《ちようはつぞく》〔太平天国の乱のこと〕の李忠王《りちゆうおう》を官軍に密告した者は、郷人に打ち殺された。支那において生命あり、体統〔全体的なすじ道、定められた決まりや制度〕ある団体は、郷党宗族以上には出《い》でぬ。この最高団体の代表者は、すなわち父老である。袁世凱はあるいはこの父老の上に成功した大総統として、支那の国民を都統政治に引き継ぐ大人物であるかも知れぬ。袁世凱のこのごとき大人物たることを知れば、都統政治に処する日本の準備も、容易に了解せらるるのである。ただしその準備が日本にあるであろうか。

余がこの書の著述は、平生支那の先識者の著書及び意見に負うところ少なからぬので、いささか記念として巻首に、顧亭林《こていりん》、黄黎洲《こうれいしゅう》、曾滌生《そうてきせい》、胡潤之《こじゅんし》、李少荃《りしょうせん》、馮景廷《ふうけいてい》六君及び余が親交ある熊秉三《ゆうへいさん》氏の筆蹟を写真版として載せることとした〔本書では割愛した〕。この外にも多少補論したいこともあるけれども、這回〔今回〕はまず筆を擱《お》く。

大正三年三月十二日　　内藤虎次郎

緒言

支那の時局は、走馬灯のごとく急転変化しておる。これに対して意見を立てる人々は、動《やや》もすればその推断の外《はず》れがちなるがために、いかに支那事情に通達した者でも、他の信用をも落し、自らも茫然たることが多い有様である。

これは支那の歴史が従来、その変化のいつも遅緩なる例を示していたのに、近頃の文明の利器の利用は、全く反対の結果を齎《もたら》した上に、本来支那人が無節操で、日和見《ひよりみ》で、勢力に附和して、一定の主張に乏しいところからして、始終ぐらぐらして、傍観者から全く見当が付かないためである。

目下勢力の中心たる袁世凱《えんせいがい》その人にも、特に一貫した政策がない、有名な政論家の梁啓《りょうけいちょう》超などが、手の裏を反すように、その深讐《しんしゅう》〔深いうらみ〕の下風に立つなどは、いかにしても日本人でも、外国人でも予想し難かったことであろう。もっとも内閣総理熊希齢《ゆうきれい》などは、その中で一貫したる政策がある人物と云っても可なる人であるが、その一貫した政策を遂行し得るや否やは、実に目下の疑問であるのみならず、熊希齢の政策も、実は清朝《しん》の末年にあって考えたものを、革命後の今日においても、そのままにやってみようというように見える。

熊氏とは余《よ》も懇意の間柄であり、十年前には当時の支那の救済策としては、多少所見を上下したこともあって、その識見をば認めておったのであるが、あの時は西太后《せいたいこう》も在世なり、頭が古くても張之洞《ちょうしどう》なども一代の人望を繋いでおり、云わば圧力の中心があったのであるから、この圧力を利用して、平和的に諸問題を解決するという見込みも立ち、したがって中央集権も可なり、藩属統一も可なり、利権回収もある程度までは行われ得るはずであったのであるけれども、今日のごとくいったん革命が突発してしまい、中心たる圧力が全くなくなった以上は、袁世凱のような生温《なまぬる》い統一策の実行と同時に、急激な緊粛政策を成功させようということは、甚《はなは》だ覚束ない次第である。これは熊氏などの大に考えねばならぬところで、したがって支那と直接の関係ある列国も、この形勢と政策とのどこまで一致し得るかを綿密に観察する必要ありと思う。

世界の政治上、経済上、その他の変遷は、近代になるほど、人間の力を超越しておって、殊に文明の普及は人間の能力を平均させる方に傾いて来て、異常の天才が出難くなり、いかなる国家、いかなる人民でも、一の天才の範疇《はんちゅう》に容《い》れて新しい型を作るということがむつかしくなっておる以上、支那のごとく特に数千年前からして、すでに国土人民の広大な自然発動力が、爾来《じらい》の有名な治者の能力を超越してしまっておった国が、今日において、その自然に傾いて行く惰力に順《したが》って、政策を立てる以上のことを、何人かなし得るであろう。

そうすれば今日支那を統治すべき最善の政策は、その国情の惰力、その国土人民の自然発動力が、いかに傾いておるか、どちらへ向かって進んでおるかということを見定めて、それによ

り て方針を立てるより他に道あるべしとも思われぬ。この惰力、自然発動力の潜運黙移は、目下のごとく眩《まぶ》しいまでに急転変化しておる際にあっても、その表面の激しい順逆混雑の流水の底の底には、必ず一定の方向に向かって、緩《ゆる》く、重く、鈍く、強く、推し流れておるのである。この潜流を透見するのが、すなわち目下の支那の諸問題を解決すべき鍵である。

余はあえて自ら僭《せん》してこの鍵を握ったとは言わぬ。ただ余らのごとき歴史を専攻する者にとっては、数千年来の記録が示しておるところの変遷の中で、最も肝要な一節が、目前に一齣《ひとこま》の脚色として演出されておるというのは、この上もない興味あることである。多少は昔の名優の型も朧《おぼろげ》気ながらに聞き覚え、見覚えがあるので、この舞台に対して見巧者《みごうしゃ》というほどにはいかぬまでも、矮人観場《わいじんかんじょう》という譏《そし》りを受けるまでにも至るまい。それで思い附いた脚色やら技芸やらの評判をしてみるということも、自ら興味あるのみでなく、同じ見物人の参考ともなろうも知れぬと、気まぐれを起したが、その気まぐれの中には、多少の世のため、人のためにする婆心も籠《こも》っておるので、試みに目下最も重大視せられておると思う幾つかの問題を提《さ》げて看《み》て、それを一々かの大惰力、自然発動力の標準によって解釈をしてみるというのが、この小冊子の出来る由来である。

支那の革命乱が起った際には、我が京都大学の特別講演として、清朝衰亡の原因を論じてみたが、後に以文会から出版されたのがある。あれは衰亡の予断であるから、清朝一代にその原因を求めて、それで解釈がほぼ済むのであるが、このたびのは破壊された清朝の跡へ、新しい時代を建設する方から看た立論であるから、支那の古来、殊に近世の大勢を統論せねばならぬところからして、覚えず冗漫に渉《わた》るようになったのはやむを得ぬ次第である。

一　君主制か共和制か

支那の近世はいつ始まるか

将来の支那が君主制となるか共和制となるかは、最も重大な問題であって、これを解決するには、歴史の精神に通達しまた歴史の形跡を超越するの作用を要する。歴史家は常に時代を区画して、上古、中古、近世等の名称を立てるが、それは単に今の時代からして遠い時を上古とし、その次を中古とし、近い時を近世と云うような、単純な意味ではなくして、その時代の分け方に各々内容がある。西洋でも近世というものの意味を、文芸復興の時代以後、つまり一般民衆の勢力が加わったとか、新しき土地の発見により、経済上の変調を来《きた》したとか、社会組織が変形して来たとか云うところの内容をもったものを称するのであって、日本でももし同様な区画をする時には、その意味を以《もっ》て区画するのが穏当であるとは、有力なる歴史家の主張となっておる。それで単にこの開国五十年来が近世と云うのではなくして、社会組織の根柢《こんてい》が漸々《ようよう》変って来たところの時代、すなわち武家の勃興からして、それから平民の勢力が加わって来る時代までを近世と謂《い》うべきものであって、あるいはこれを足利の末期からとする説もあり、あるいは遡《さかのぼ》って鎌倉時代からとする説もあるのである。

支那においてもやはり同様の見方を以て区画を立てることが出来る。それで単に明《みん》代もしくは清《しん》朝以後を称して近世と云うのは、普通の素人考えであって、もし歴史上の見地から、近世というものに内容あり、意義あるものとして考えるということになると、さらに遡って、唐《とう》の中頃から、五代《ごだい》、北宋《ほくそう》の時に及ぶまで、すなわち今より一千百年前頃より八百年前頃までの間に、この近世紀というものが漸々纏《まと》まって来たと見る方が穏当である。

貴族政治の時代

それでその間における歴史上の変化が果してどういう風にして、近世というものを形作ったかということを考察するというと、簡単に云えば、第一には貴族政治からして君主独裁政治に傾いて来たというようなことが、重大な事実になっておる。それより以前にあっては、支那の政治は独り貴族の団体の把握するところであって、平民はもちろん全くこれに与《あずか》らない。そうして天子というものも、その貴族の中のある一家族が、時々代り合ってその地位を占めるのであって、君主の地位というものは、貴族よりも特別に懸け離れたところの、侵すべからざる神聖のものという意味にはなっておらなかったのである。これはこの本の附録にも有名なる黄《こう》宗義《そうぎ》の「明夷待訪録《めいいたいほうろく》」を引いて説いてあるが〔本書では割愛〕、その根本は孟子《もうし》の説から来たので、孟子は周《しゅう》の時の制度を論じて「天子一位、公一位、侯一位、伯一位、子男同一位、凡《およそ》五等也《なり》」と云っておる。これは封建制度の時に、天子が直轄の土地すなわち邦畿《ほうき》と、侯服《こうふく》すなわち諸侯の領分との間の関係を云ったので、つまり天子が外諸侯に対する地位を説明したのである。それからまた孟子はこう云っておる。「君一位、卿《けい》一位、大夫《たいふ》一位、上士一位、中士一位、下士一位、凡六等」これは天子が（諸侯でも、ほぼ同じ）その領土の中における官爵ある者に対する関係を説明したのであって、すなわち内に対する地位を云ったのである。これを要するに内外ともに天子の地位というものは、この幾等《いくとう》の階級ある貴族制度の上に、単にその一階だけの高さを占めておるのであって、例えば公が侯に対し、侯が伯に対し、伯が子男に対するだけの一級の差等を、天子は最上の公に対してもっておるに過ぎないのである。それでこの各諸侯の上に特別に擢《ぬき》んでた絶大の力並びに地位をもっておると云うのではない。それから内部の方でも卿が大夫に対し大夫が上士に対し上士が中士に対し中士が下士に対するというだけの差等を、君は卿に向かってもっておるに過ぎないのであって、百官の上に超越した大勢力、並びに優れた地位を占めておると云うのではない。それであるから天子の位というものは、内外倶《とも》に非常に重大なものと云われない。孟子はまたある時にこういうことを言っておる。斉宣《せい》王が、卿というものの位のことを問うた時に、孟子が答えて、貴戚《きせき》の卿あり、異姓の卿あり、貴戚の卿というものは、君に大いなる過《あやま》ちある時は諫《いさ》める。反覆して聞かれざる時は、位を易《か》えると云っておる。すなわち天子の同族また外戚として卿の位を占めておるところの貴族は、天子の位をも代えるだけの力をもっており、またそういうことが許されてあるのであって、君主は貴族に対して絶対の支配権を有しておるのではない。これはまず云わば大体上古のことであって、封建制度で列国が分れておる時のことであるが、秦《しん》・漢《かん》以後、統一政治の世となっても、未《いま》だ全くこの風を脱しない。ただし秦・漢以後はこの貴族政治に幾らか君主独裁、並びに平民政治の意義を加味しておったことは事実であるけれども、これは戦国の後を受けた実力本位時代の余波と、並びにその時に産出した政治上の理想で加味するのであって、その実際においては、やはりいつでも権力は貴族の手中にあるのである。

名族の全盛

それで例えば前漢の時代に外戚が非常に盛んであるというようなことも、すなわち日本の藤原時代におけるがごとく、貴族の勢力が盛んになった結果である。殊に六朝《りくちょう》に至ってはおもに皆名族の政治であって、東晋《とうしん》の時に王《おう》・謝《しゃ》二氏が主として政権を握っておるのも、名族のためであり、范陽《はんよう》の盧《ろ》氏、博陵《はくりょう》の崔《さい》氏などは、常に第一流とせられておる。この時代は全く名族が交《かわ》る交《がわ》る出て政権を握るので、世族でなければ、大官に選挙される資格がないのみならず、天子の系統が幾度代っても、名族は依然としてその地位を失わない。士《し》大夫《たいふ》の族はその家固有の権利で、天子から命ぜられるのではないと云って、むしろ王統の代るごとに、天子から世族に媚《こ》びるために官階などを進めたものである。唐の時になっても、天子の外にやはり名族というものがあって、太宗がこれを破壊しようとしても行われない、その時作った譜牒《ふちょう》にも、崔氏は第一で太宗は第三たるに過ぎぬと云うほどであった。こういう名族は、多く互いに相結婚して、天子の家もしくは外戚の家とでも容易に結婚をすることをゆるさないほどで、況《いわ》んやその外の普通の人間に対してはほとんど結婚もせず、全く特別なる地位を占めるような形になっておったものである。もっともその際にしばしば民間から起って天子になった者もないではない。例えば漢の高祖とか、それから六朝の時の宋の武帝とかいうような人は、皆微賤《びせん》から起っておる。しかし漢の高祖の起ったことについては、事実は微賤から起ったに相違ないけれども、それが天子になった所以《ゆえん》の理由としては、やはり支那に昔からあるところの一種の神秘的伝説に依って解釈をしておる。それはどういう事かと云うと、例えば尭《ぎょう》の母が電光に感じて孕《はら》んだとか、周の先祖たる后稷《こうしょく》は、その母姜嫄《きょうげん》が巨人の足の母指の跡を踏んで、それがために孕んだとか、それから殷《いん》の祖の契《せつ》の母簡狄《かんてき》は玄鳥《つばめ》の卵を落したのを呑んで、それがために孕んだとか、皆何らか神秘の伝説があって、神霊に感じて生れた人が、すなわち一天下を支配するところの天子になるのであるという考えがあって、その当時は感生帝《かんせいてい》という名称があった。これは支那のみならず、東洋諸国一般に行われたことであって、例えば扶余《ふよ》並びに高句麗《こうくり》、百済《くだら》の国の元祖と称せられておる東明王などは、その母が日光に感じて卵を生んで、それから出たというようなことを言っておる。それがまた遥か後世まで、蒙古《もうこ》種族とか、満洲種族までに類似した説が遺《のこ》っておる。これが当時における帝王の元祖に対する普通の考えであったから、漢の高祖もその母が交龍の瑞祥《ずいしょう》があって、そうして生れたとも云い、また殊にその血統が尭の後裔《こうえい》であるとも云われておって、単に微賤なる平民から出たとは信じていなかったのである。実際微賤から出た者ですらも、かくのごとく解釈してあるが、同時に貴族の多数もまた皆神明の冑《ちすじ》であるから、君主の地位がこれに対して格別優秀として認められぬというのがその時代の思想であった。

家族制度の真義

しかもこの名族というものは、自然にその血統上持って生れたところの資格であって、例えば上古の周の時に、諸侯が天子から命を受けて、そうしてその封土《ほうど》を得る。これは日本で例えば徳川時代の大名が、将軍から封土を貰って、そうして大名になる。もしくは古くからある大名は、徳川家からして本領安堵《あんど》の御墨附を貰うというようなのとはわけが違って、例えば近年までの朝鮮の両班《ヤンパン》と同じようで、官爵も領土もともに無くとも、依然として名族は名族であって、いつまで経ってもその名族の資格を失わないのがその本義である。こういう名族の組立てというものはどうかと云うと、これはやはり近代まで朝鮮では依然として存続しておったのであるが、皆その名族の譜牒というものをもっておる。すなわち日本の系図であって、その一族の者はいかなる遠隔の処におっても、皆同一の族譜をもっておるのである。これがすなわち純然たる意義ある家族制度であって、支那では殊にまたそれに特別なことは男系を重んずることである。相続の順序を重んずることである。それでその一族のある一つの家が相続者が絶えても、必ずその血統のある一族からして相続者を捜す。そうして相続をするのには、必ずその前の亡くなった人の卑属のものでなければならぬ。すなわちその人の系図の順から計算して行って、その人の子もしくは孫以下に当るところのものでなければならぬ。それでもし適当な相続者が無くして、その人の兄弟の列にある者、例えば従兄弟とかあるいは二従兄弟とか、三従兄弟とか云うものであり、もしくはその人の父の列に当る者、例えば直接の伯叔父であるとか、あるいは従父であるとか云うようなもの、すなわち尊属の者が相続をするということになると、その系図においてはその相続した尊属の人は、系図上正当の相続の地位は占められぬことになる。そうして前の当主の卑属の者の地位に至って、始めて正当の相続をすることになる。それは近世までもそういうことが厳重であって、例えば近頃において清朝の同治帝《どうち》が亡くなった後に、光緒帝《こうしよ》が立っておる。しかし光緒帝は同治帝の従兄であるからして、同治帝の相続人としては立つことが出来ないから、同治帝の父の咸豊帝《かんぽう》の相続人として立ったのである。それで光緒帝が死んで、宣統帝《せんとう》が立つというと、同治帝か光緒帝かどちらか一人は系図上の正統を占めることが出来ぬことになるので、宣統帝は同治帝の相続人として立ったのである。これはその家族制度に伴うところの祭祀《さいし》の制度が厳重であって、昔は先祖から昭穆《しようぼく》〔宗廟《そうびよう》の霊位の席次〕の順を逐《お》うて廟を立てる。天子は宗廟を七つ立てる。それから以下五つ立てる者もあり、三つ立てる者もあり、一つ立てる者もあるのであるが、その廟主というものの制度がやかましいので、それは必ず昭穆という順を数うる時は、段々一級下の卑属の人に相続をさせるのであって、その中間の人というものは、つまり廟主になることが出来ぬ。こういうわけで家族制度というものは、系統上から正確なる意義を成しておるのである。これは近頃日本で謂う家族制度などというものの無意味なのとは遥かに異なっておる。もっとも西洋においては支那よりは幾らか寛大な点はあるけれども、西洋でも男系の外に女系をも認めるだけであって、血統の無い者の相続というものを認めない。その点は日本よりかも遥かに家族制度の意味を成しておるのである。日本では家族制度というものの意義を正当に知らずに、単に家名の慣習を家族制度と誤解しておるのである。支那の名族はこのような厳重な家族制度の意味をもって、相続して来たのであるから、それで官爵も封土も無くても、依然として名族の地位を維持して来たのである。六朝から唐代には譜学というものが、一科の学問になっておったくらいで、「新唐書《しんとうじょ》」には唐代の宰相は門族を尚《たっと》んだからというので「宰相世系表」という歴代の正史にない例を開いておるくらいである。そうして天子というものを、理想としてはその間から立つ。例えば唐の天子は隴西《ろうせい》の李《り》氏という世族が君位に立ったので、支那にそこらじゅうに散らばっておる名族の中で一時君位を占めた家というのであって、唐の高祖の語に家を化して国とすると云うことがあるが、これは世族が一家を治める方法、すなわち家族制度のやり方を国に応用したに過ぎない。それで君主はその自分の一家族並びにその外の名族とともに、一般人民を隷属として治めて行くに過ぎないのである。

こういう有様であるから、君主の地位というものは、各階級の上に超越したところの絶大の権力でもって各階級を支配するというのではなくして、つまり貴族の間におって、そうして貴族とともに天下をもっておるというようなことに過ぎない。それだから君主は大きく言えば、貴族階級の私有物、小さく言えば、その一家族の私有物のような地位で、この一家族中にはその奴《ど》僕婢妾《ぼくひしょう》までも包有しており、すなわち漢・唐の代などには、一時宦官《かんがん》すなわち天子の奴僕が、実際上天子を私有しておった時代もある。それで例えば外戚が盛んな時には、外戚からして君主の位を廃されもし、または殺されもし、また宦官が権力を握っておる時は、その力に依って、君主の地位がいかようにも動かされもする。そうして貴族が勢力のない時でも、士族を庶民と同様に待遇するなどということは、社会がゆるさなかったのである。唐の時の天子が、臣下の上奏に対する批答《ひとう》〔申請に対する可否の理由を付した回答〕は、今も遺っておるが、すべて同輩の扱い、友誼《ゆうぎ》的の言葉使いで、明代などのような奴僕扱いは決してせぬのでも、当時の情態が分るのである。

武人の勃興と名族の衰滅

この形勢が一大変化を来したのは、唐の中頃からであると云ってよい。これは日本においても藤原時代の貴族政治が、近世的の政治に変る時には、必ずまず武家、武士というものの勃興を来したのであるが、唐の時代も頗《すこぶ》るその傾きがある。もっとも日本の武家は、元来は王族の分れであって、幾らか貴族の意味をもっておったのであるけれども、この武家に属する家人《けにん》というものは、皆地方に土着しておった者から成り立つのであって、これが既に民主勢力の根柢《こんてい》をなしておるのであるが、支那においてはこの武人の勃興というものは、日本とは違って、大抵は卒伍《そつご》から出身しておる。元来武官を卑しんで、名族はそんな職業はせぬのと、北朝以来、蕃夷《ばんい》から武人が多く出たので、微賤な者から武人が出ると相場がきまるようになって来た。唐で武人の勢力の盛んになったというのは、所謂藩鎮《いわゆるはんちん》の制度の結果である。すなわち各地方に置いたところの節度使《せつどし》が、内乱に依って段々勢力を占めて来て、そうしてそれがとうとう官職を世襲する傾きを生じて来たのに基因しておる。もちろん日本でもこの武家の勢力を得たというのは、各地方に乱が起って、それを武家が征伐をして、その時に各地方に家人というものを造るようになった結果であるが、唐の時も同じような結果であった。ただし唐の藩鎮は日本の武士などよりは遥かに大いなる地方を支配しておったので、それが戦乱の結果から、徴発しないところの兵すなわち常に蓄えて置くところの兵をもつことになると、その当人が死んだ時に、その跡に立つ者は、新たに朝廷から命ぜられて来たものでは納まりが着かぬ。そこでその藩鎮の節度使の子のあるものは、その子を留後《りゅうご》とすることを朝廷に願う。もしそれが聴かれなければ、朝廷に対して命令を奉ぜず、その地方に割拠して独占の権力を振うことになる。もしまたその相続人に子が無いと、その軍中で前の節度使の幕下《ばっか》におって人望のあった者が、その代りに立てられるというようなことが起って来た。その際から幾らか親分子分の関係を生じて来て、そうしてそれがとうとう養子制度のようなものになって、ついに家族制を打ち壊す原《もと》になった。それで親分子分という者、支那で謂う義児とか乾児とかいうことがこの時分から生じたのであって、つまり藩鎮の武力相続からして始まったのである。唐の時にも聡明な天子があるというと、この藩鎮の弊害を打ち壊そうとして、盛んに征伐をして、一時はそれを打ち壊したこともあるけれども、間もなしにその勢力がまた元に返って、ますますこの乾児制度が盛んになった。それが五代の頃になると、ついには天子にまでも、その習慣が応用されて来た。例えば後唐《こうとう》の明宗《めいそう》という天子は夷狄《いてき》の出身であるが、これは先代の李克用《りかつよう》の養子になって、それがとうとう軍隊に推されて天子の位に即《つ》いた。いわば羅馬《ローマ》時代の皇帝のようなものである。

それからなお激しいのになると、後周《こうしゅう》の太祖は郭《かく》氏であるが、その養子の世宗《せいそう》は柴《さい》氏であって、それが天子の位を相続しておる。苟《いやしく》も天子というものが養子を以て相続をするということは、ほとんど昔から無いことであって、これは支那のような家族制度を尊ぶ国としては、非常な社会上の変化である。このごとき風習が一時盛んに行われたために、一般に支那の社会の根柢を成しておるところの家族制度というものを破壊した。

もちろん支那のような歴史の古い国というものは、世の中が泰平になると、また幾らかその形勢が後戻りをするということはあるわけである。けれどもともかく一時の大変を来して、支那の家族制がこのために全然失われたというではないけれども、漢《かん》・魏《ぎ》・六朝以来の名族は、このために根柢から打ち壊されて、譜学というものもこの時に絶えて、名族というものはほとんど意味の無いものになってしまった。もっともその後でも名族というものの名前だけは遺しておる。例えば宋の天子になった趙《ちょう》氏は、天水《てんすい》郡の趙氏という。それはすなわち昔から謂うところの郡望《ぐんぼう》というものの名前だけが遺っておるが、実は宋以後はただ趙氏という家があれば、これは天水の郡望の氏とするのであって、実際天水郡の趙氏が昔から続いた血統をもって、明確なる譜牒を所持しておるというのではない。単に現在あるところの氏姓に依って、それが昔の名族の血統であろうと想像するか、あるいは粉飾するかに過ぎないのである。

君主の地位の変化

これがすなわち名族の滅亡した原因であって、この名族の滅亡は、一面においては君主の地位に一大変化を与えた。すなわち君主の形を漸々独裁的に傾かしめて来た。君主というものは、従来は貴族の中の一人が政権を執るに過ぎなかったのを、貴族が無くなったので、その結果として君主は万民の上に超越した地位になって来た。そうして事実上万民の上に君臨するというようなことになって来た。それで天子になるものは、古《いにしえ》の感生帝というようなもの、もしくは名族の血統であるものでなくとも、微賤の者から起っても、天子になれるということが明らかになって来た。そこで明の太祖などが起った時は、明の太祖の苗字は朱《しゅ》氏であるので、ある人はその系図を有名な宋の学者の朱子《しゅし》からして引くことを勧めたものがある。しかし明の太祖は自分の先祖はどこの馬の骨か分らぬものであるということを認めて、それを改めなかった。これはもう天下を救うものは、いかなる種類の人でも天子になれるということの理想を実行しておるのであって、その君主というものの資格が、大いなる変化を来した結果であった。

臣僚の地位の変化

そこで君主の地位が変った結果として、したがってその下に立つところの臣僚の地位というものも変って来た。従来は天子は自分の家族を私有して、その家を拡《ひろ》めて国とし、天下としておったのであるが、今度はもう頭からして君主は天下を私有することになった。天下というものは自分の私有財産のような形になって来た。従来天下というものは、天子が名族とともにこれをもっておるという形はここに失われ、そこでその下の臣僚というものも、いかなる微賤のものでも、あるいは試験で登用されるとか、あるいは功労で登用されるとか何かで、天子に対して忠勤を励み、天子の寵眷《ちようけん》を受け、国家に対して功績を立てた者は、誰でもなれることになり、したがって名族でなくともその地位を占められるということになって来た。その代りそれは皆一代、あるいは同一人であっても一時のことになって来たのであって、その位を失うというと、その人はほとんど平民と異ならぬことになる。また古代に貴族だけが臣僚の位を占めておった時には、その臣僚というものは天子の輔佐役であり、相談相手であり、決して天子の奴隷ではなかったのであるという黄宗羲の説の通りであったけれども、今度は一人の天子に万民が隷属するということになっておるから、その大臣というものも単に独裁君主の秘書官であり、その他の以下の臣僚というものも、独裁君主の召し使いであるというに過ぎない形になって来た。それでこれらの意味は官制の上などにも現われて来た。支那で官制の最も完備した時代は、唐朝であって、「唐六典《とうりくてん》」とかまた「唐令」とかいうものは日本などの官制の根柢にもなり、東洋各国の官制の手本になったものであるが、この時の官制には、天子の秘書として命令をその通り行うものには中書省《ちゆうしよ》というものがある。それから天子の命令をなお再応考えて、そうしてそれに対して異議がある時には、それを反駁《はんばく》する権力をもっておったものには門下省《もんか》というものがある。当時政治の実行法としては、政事堂において中書と門下と相会して、相談をするということになっておった。それで宰相というような実際の権力のある者を、唐の時には中書門下同平章事《どうへいしようじ》というのである。その相談する場処も元は門下省にあった。天子が詔勅を下す時には、必ずその一番真っ先に門下という言葉を入れてある。すなわち門下省を経て一般に発表することになっておる。中書省は単に天子の秘書に過ぎないから、門下省のごとく公の地位をもっておらぬ。門下省を通らなければ、天子の命令は絶対の権力を以て発表することは出来ぬようになっておったのである。つまり中書省が天子の命令を持って来ても門下省が不可と認めたものは、それを反駁するということになっておった。ところがこういう官制は唐以後になって漸々廃《すた》れて行ったのである。五代の時、すなわち武人が最大の権力をもっておった時は、ほとんどこれは全廃されてしまっておった。宋の時になって門下省の官であるところの給事中《きゅうじちゅう》の封駁を復したけれども、詔勅は中書省から下るようになって、唐代のような門下省の組織を回復しなかった。明に至ってもやはり六科給事中《りっかきゅうじちゅう》という官だけは残しておったけれども、門下省の長官は全く無くなったのみならず、殊に明の太祖は宰相をも途中から廃してしまった。宰相というものがあれば、天子のすることの責任を幾らか分けることになっておるのであるが、明の時には六部《りくぶ》の尚書《しょうしょ》が直ちに天子に隷属して、総理大臣の無い内閣のような形になって、天子は六部の尚書に直ちに何事でも命令をしておった。この六部の尚書は、唐代では、尚書省の中にあって尚書令の下に分職を持っていたのを、明では最高の官とした。もっとも明の制度も後になってからは、内閣大学士というものが出来て、これが宰相のような形を成したけれども、内閣大学士というものの本来の性質は、実に天子の秘書役を勤めるだけに過ぎないのであって、西洋の近代の大臣をセクレタリーという本義と類しておるが、唐の時の中書もしくは門下のような性質はもたないものである。

独裁政治の完成

つまり独裁君主が直ちに各省の事務を一々見て、そうして天子は昔の天子と宰相との位を兼ねたような形になっておる。それが清朝になってもますますその権力を君主に集める方に傾いて来て、清朝では雍正《ようせい》、乾隆《けんりゅう》の朝に、戦乱が起ったために、その軍機を取り扱う場所として軍機処《ぐんきしょ》というものを置いた、ところが戦乱が治まってからも、そのまま存続して、軍機処に詰め合う大臣というものは、ただ天子の命令を奉じて、秘書役を勤めるというに過ぎない職務であるのに、それがとうとう内閣よりも以上の実権を占めることになった。つまるところ政治上の最高機関というものが、漸々独裁君主の秘書役という意味になって来た。そうして君主の権力というものがますます大きくなって来た。

この独裁制度がますます拡張される結果として、近代の清朝においては、殊に各部の尚書を満・漢各一名ずつ、すなわち二名を置き、侍郎《じろう》を満・漢各二名ずつ四名を置く、また地方官などに至っても総督と巡撫《じゅんぶ》と並び置く省があるけれども、巡撫というものは総督の下僚ではなくして、各々独立した官であって、ともに天子に直属しておる。それで何か事件があって、総督と巡撫とが天子に上奏する時には、意見が合すれば、会同して申し出《い》でるけれども、もし意見が異なればまた単独に各々上奏することも出来る。同じ省城におって、同一の地方を支配しておりながら、上官下僚の差別が無いのである。天子はいかなる官吏の上にも自分のみ独裁権をもっておって、その大官は単独で責任を負わない者がそこらじゅう互いに相牽制《けんせい》して、そうしてそれが皆天子に属しているのである。それであるからこの総督、巡撫などという地方官は、随分大きな地方を支配して、その地位におる時には非常な権力をも占め、栄華をも極めておるけれども、これがただ天子の一片の命令でいつでも免官させることが出来るような位置のものになっておる。独裁制度としては、この支那の近世、すなわち明・清以後の制度というものが、理想的の完全なるものと謂ってもよいのである。

近世の天子の政治上の地位はこの通りであるが、天子の地位が斯様《かよう》になった結果として、天子は天子の一家族の私有物でもなければ、貴族の仲間のものでもないのであるから、この時からして天子の地位は、多少神聖侵すべからざるもののようになって来た。それで天子の廃立もしくは弑逆《しいぎゃく》というようなことは、この時からますます減じて来た。その著しい徴候をいうと、宋以来外戚というものの権力が、大変に無くなって来た。それで宋の時、天子が若かった時に、母后もしくは祖母たる太皇太后が政事を見たことがあるが、それらの人は皆賢明で、そうして外戚に権力をもたせなかったといっておるけれども、これは単にその人々が賢明であるのみならず、その政治組織が自然にそういう風になって来たのであって、天子が壮年になれば、独裁権を揮《ふる》い、母后の一族でも権力を仮《か》さないのが常例となって、政治は皆天子が自分の秘書役たる大臣らと相談してやるということが当り前のことになって来た。それで宋代まではまだ宰相を置いたが、北宋時代には制度も確立しており、天子が十分なる宰相の黜陟《ちゅつちょく》権を持っておった。南宋では秦檜《しんかい》、韓侂冑《かんたくちゅう》、史弥遠《しびえん》、賈似道《かじどう》など、一時権力が宰相に帰したような時もあるけれども、皆その人一代限りで権力を失い、外戚その他家族的関係からして権力を恣《ほしいまま》にした者は、宋以後は無くなったのである。

外戚、宰相、宦官の無力

例の支那に特有な宦官の状態も、この際から変って来た。宦官は貴族政治時代に、天子が名族、もしくは外戚を抑えつけようとする時に、いつでも権力を占めるので、後漢《ごかん》の時、唐の時は皆同一理由で盛んであった。それから後には明の時にも折々専横のものが起ったのである。しかし後漢の時、並びに唐の時、すなわち貴族制度の時代には、一家族の家長たる天子をその召し使いたる宦官らが私有しておった形で、その権力の盛んな時には、天子もこれを如何《いかん》ともすることの出来ないような姿になっておったのであるが、これは天子の地位が開放されておらぬためで、明の時には同じく宦官が跋扈《ばっこ》したといっても、これとは全く状態を異にしておるので、宦官が天子の寵《ちょう》を得ておる間は、非常な専横を極め、跋扈することが出来るけれども、いかに専横な宦官でも、一旦天子の気に入らないという時になると、直ちに馘《くび》ねられもしくは貶《おと》されても、如何ともこれに抵抗することが出来ないような状態になっておった。すなわち汪《おう》直《ちょく》とか、劉瑾《りゅうきん》とか、魏忠賢《ぎちゅうけん》とかが、一時手をあぶれば熱するほどの勢焰《せいえん》が、忽《たちま》ち消滅したのを見て知るべきで、唐の宦官が代々の天子を左右して、「定策国老、門生天子」の語があったようなのとは全く異なっておる。これは宦官のみならず、大臣、宰相でも同様であって、明の時に大臣、宰相の権力を占めたというようなものは、やはりこれも単に天子に諂《へつら》って、天子の気に入っておる間だけの勢力であって、一日でも天子の機嫌に逆らうと、直ちに退けられるようになっておった。有名なる厳嵩《げんすう》などが、その最も適当な例である。

政争の新意義

支那の近世史は、ますます後になるにしたがって、独裁君主の力が強くなって、君主の感情次第でいかなる事でもこれを処決することが出来るようになって来たのである。それで天子の臣僚に対する位置は極めて安全であって、こういう時代に天子の位置を覆すというのには、元《げん》明の末に人民の一揆《いっき》騒動が大きくなって、流賊となって覆したとか、近頃の清朝が革命乱というような、民間の騒動からして、天子が位を退くとかいうようになるので、宮廷の事情、もしくは貴族の間の勢力でもって位置の動いた古代とは、全く別の形になって来たのである。それでまたその代り政治上の争いということも、段々意味が別になって来た。唐以前の争い、例えば漢の時でも、六朝の時でも、争いがあるとすれば、それは貴族の間の権力の争奪であった。しかし唐の晩年からして朋党《ほうとう》というものが出来て、李徳裕《りとくゆう》と牛僧孺《ぎゅうそうじゅ》の党派が権力を争ったことがある。それらは多少貴族の権力争奪とは色彩を異にして、各々政治上において好むところの人材を集めて、そうして権力を握るというような形に変って来た。それが北宋の時になると、ますますこの政治上の朋党が行われて来て、殊に盛んであったのは、王安石《おうあんせき》の党派すなわち熙寧《きねい》党人と、司馬温公《しばおんこう》の党派すなわち元祐《げんゆう》党人との争いであったが、それらは皆政治上の主張ということに重きを置くことになって、殊に王安石とその反対党の争いは、内実には私情の混ずることがあっても、その大いなる名義は政治上の主張にあるので、その間に支那では政治上に道徳の意味を混ずるということが古来の習慣であるから、君子とか小人とかいうことで、反対党を攻撃することがあるけれども、大体は政治上の主張に基づいておる。これは支那近世の政治上の争いの一種新しい意味である。

継統の秘密主義

近世君主の独裁権力の施行は、清朝においては帝位の継承のことにまで及んでおる。清朝でも初めは皇太子を立てておったが、康熙《こうき》帝の時に皇太子たる理密《りみつ》親王が失敗をしたために、その後には皇太子を立てなかった。その時に康熙帝に対して、随分死罪を冒してまでも、皇太子を立つる方が古来の正当なる慣例であるということを上言したものがあるけれども、天子はさらに聞き入れなかった。それではどうして帝位の継承者を定めるかというと、天子の亡くなる時の遺言に依るのがきまりである。もし突然の崩御などで、遺言の出来ない時の用意としては、宮中にあるところの正大光明殿に正大光明と書いた額があるが、天子が自ら帝位の継承者となすべき子の名を書いて、それを箱に入れて、その額の裏に隠して置く。天子が卒然遺言なしに死んだ場合には、それを開いて見れば後嗣者がきまるようになっておる。それで天子の皇子というものは、長男次男三男に拘《かかわ》らず、幼少の時から皆一様に宮中の南書房《なんしょぼう》というところで同等の教育を受け、同等に満洲固有の騎射をも学び、そうして同等の地位で生活しておって、天子の遺言があるまでは、誰が相続者になるかということが分らぬようにしてある。清朝の天子で歴代甚《はなは》だしい暗君の出なかったのは、そういう習慣の結果であって、天子が自分の相続者をきめることにも努めて秘密主義の独裁権を用いて、そうして皇子中のある者に固定した位置を与えないようにしておるのである。

独裁政治の弊害

前に言うたところを概括すると、君主の地位というものは、初め貴族の中の一つの位に過ぎなかったのが、万民に君臨する超越した地位になって、独裁的になって来たというのであるが、しかしこの完全なる独裁制にも、伴う弊害が無いではない。その弊害については、この附録にも書いてある黄宗羲の「明夷待訪録」に論じてあるので、天子が天下を私有するということになったからして、これを失う時にはまたその天子の自分の一身も全く失わなければならず、また自分の一家も悲惨なる最期を遂げなければならぬということになって来る。それで天子は天下を私有しておるから、それに代って天子になる者は、前の天子を滅亡させるということになって来たのである。以前の貴族の相持ちの時には、ある貴族が位を失って、他の貴族が位を得ても、前の貴族の家は家族制度で維持されて、亡びないことが出来るけれども、今度は天子という個人が天下を私有しておるから、朝代が易わるという時には必ず亡びる、そうして別のものがそれを奪い取るということになって来た。これは天子の家にとっても極めて悲惨な運命を来すべき原因になっておるということを、黄宗羲は論じておるが、一方からいうとまた天子がどこまでも独裁権を握って、官吏というものが一つも独立した権力をもたないのであるから、その官吏の職務というものは皆無責任になって来るという傾きがある。それで清朝の政治などは前に言った通り、独裁政治としては理想的であるが、その臣僚というものには何人《なんぴと》にも完全な権力が無い代りに、完全な責任も無いのである。これは支那が海外に交通をせず、一国だけで幸いに明君賢相《けんしょう》があって、失敗もなくしておる時には、君主の地位を保つ方法として、極めて安全なものであって、大なる内乱外寇《がいこう》でも起らなければ、これより安全な方法はないのであるけれども、一旦内乱外寇が起ると、既にそれを支える力が無くなって来る。明末においても、その地方官というものが皆完全なる権力をもっておらぬから、完全なる責任を負わない。その上に統兵官は幾人も同じ地方に置かれて、権力が分たれ、なおその上に宦官が兵権を握って天子のために監督するという名義で、統兵官を掣肘《せいちゅう》する。それである地方に一揆が起ると、自分の管下さえ荒らさなければよいというので、成るべくそれを他の管下へ移すようなことばかり考える。どうかすると流賊に賄賂《わいろ》までやって、自分の管下から他の管下へ移すようにしておって、極力それを征伐して禍乱の根本を去るという考えはない。甚だしいのは賊を滅してしまえば、自己の発達する前途がなくなるので、成るべく逃して跡ばかりを追うという方針を取る。その間に流賊は雪を転ばすように漸々に大きくなって、とうてい抑えきれなくなって、天子がそれがために亡びるということになる。天子が亡びるという時になっても、殉死したものはただ一人の宦官あるのみであった。つまり自分の召し使いがこれに殉死しただけで、その外の大臣などでも、禍《わざわ》いに迫って自殺したものもあるけれども、天子とともに職務に斃《たお》れたというものは、ほとんど一人も無いのである。これは天子が権力を一人で握って、臣僚に全く権力を与えないところの結果である。清朝の乾隆、嘉慶《かけい》の間に、陝西《せんせい》、湖北、四川《しせん》三省に亙《わた》った民乱が七、八年も平定しなかったのも、同一の理由で、結局地方人民が官兵に便《たよ》らず、自治団体の力で賊を禦《ふせ》ぎ、各々堅壁清野《けんぺきせいや》〔焦土作戦の一種〕の方法を取るまでは、鎮定しなかったのである。その後清朝の晩年には、外国の関係が滋《ま》して来た。外国との関係が出来るというと、十分に責任の無い地方官が外国人を相手にして、成るべく自己一身に落ち度のないようにばかり計らっておって、国のために自分の地位を犠牲にして、その発生したる事件を処理するという考えがない。日本人などは支那人のこの無責任の態度を老巧とか何とか感心したりするけれども、その実結果は皆屈辱を来すに過ぎない。支那人でも李鴻章《りこうしょう》などは、いつでも軟弱に見えて、国論から攻撃されたが、やはり不名誉を一身に引き受けても、早く結末をつけることを好んだ、この人だけは他人の及ばぬ卓見があった。阿片《アヘン》戦争とか、英仏同盟軍の北清侵入とか、その他近年に及んでも続々起ったところの外国交渉の難件は、皆当局大官が責任を完全に負わずして、そうして一時遁《のが》れをするために、その事件が大きくなって、とうとうそのために国力が弱って、清朝が滅亡するようになって来たのである。

支那の国が弱いというけれども、実際軍事上の経験ある人の言によると、何もその兵卒の素質が悪いというのでなくして、ただ責任の無いところの長官に支配されておるためであって、兵卒の素質などは大変に優良だと言われておるくらいである。つまりこの独裁専制という政治上の組織が、今日の支那の弊害を持ち来したのであって、一方平時における理想的の独裁政治は、内乱なり外患に対する上においては、殆《ほとほ》と救済の出来ないような弊害のある政治であったのである。かの黄宗羲なども、この国家の顚覆《てんぷく》、すなわち明室の亡びるというようなことは、君権のあまりに強大なる結果として出来たということを既に認めておる。今日でも清朝があのようになったというのは、全くそれと同様な原因であって、殊に近年の事にこれを徴して見ても、西太后の末年以来、権力をますます中央に引き締めることを努めて、そうして最後に宣統帝の時、すなわち醇《じゅん》親王の摂政政治の時には、あらゆる臣僚からして権力を奪って、これを近親の宗室にだけ集めることにした。またそういう者でなければ政治上の責任を負うものが無くなった。その結果、何も関知せぬ幼帝が位を退かなければならぬようなことになって来た。支那の君主独裁というものの弊害は右のごとき変遷を経て来たのであるから、将来においても君主独裁の政治が再興するということになると、また同様の弊害に陥らなければならぬのである。

今日革命以後の実情は、一時また独裁政治に傾かんとしておる様子であるが、これは支那のみならず、昔フランスの革命の後でも、やはり同様なことがあったので、フランスでは、また一時はその上に種々の軍事上の意味などが加わって、共和政治が後戻りをして帝王政治になるまで転化した。しかし結局それでは前に革命をした根本の意味が無くなるのであるから、追い追い国民が覚醒するとまた共和政治に立ち返ることになったのである。支那の独裁政治の弊害も、既に数百年来重なって来たのであるから、一時これがまた独裁政治に復《かえ》ることがあっても、結局それは永続すべきものではないと思う。

民力の増進

それからまた話が元に戻って、この中世の貴族の滅亡の結果として、一方に君主の権力が増加すると同時に、また一方には人民の力というものが認められて来ておるということを忘れてはならぬ。唐の時までは、ある天子の系統が国を支配するということになると、一国の人民は、その天子の家族並びに名族の奴隷というような姿になるのであって、その人民には私有権というようなもの、それから身体の上にも個人の自由の権利を認められておらぬ。唐が一統した時には、天下の田地は、悉《ことごと》くこれを朝廷の有《ゆう》として、班田《はんでん》の制度ということで、これを人民の口数に割り当てて、それを耕作させて、その地代を納めさせるということになっておる。支那のこの時代における地租は、私有地から取るところの税ではなくして、国から借りたものに対して納める地代というような意味をもっておるのである。もちろんその天子の下に立って、官吏たるところの位は、大体は貴族の私有で、制度の上では庶人も学問をして試験に及第した者がそれに参加することを得るというのであるけれども、事実これは行われない、全く天子と貴族とが私有権なき人民を支配しておったのである。ところが宋の頃になってからは、幾らか人民の私有権を認めるようになって来た。それで王安石が税務の制度の改正をなし、その他政治上の大改革をしたのは、青苗銭《せいびようせん》というのも、市易法《しえき》というのも、ともに人民に貸し附けをしてその利息を政府が取るというようなやり方であって、殊に市易法とは、人民の田宅または金帛《きんぱく》を抵当とすることを謂うのであるから、明らかに規定として人民の権利を認めてはおらないけれども、多少人民の財産私有というものを認める意味になって来たということが出来る。それからまた力役の徴発というものは、宋以前は差役《さえき》といって、一年に幾日かは人民は力役の徴発をされるのである。官吏その他資格のある家で特別にその力役の服従を免ぜられたものでなければ、皆これに従事しなければならぬのであった。王安石の新法では貲産《しさん》のある者は、銭を出して人を雇って代理をさすることを許し、これを免役とし、また元来無役の者も銭を出すことにして、助役といった。これはつまり財産と労力との自由を幾分か認めるような傾きになって来たのである。支那のことで、すべて法理ずくめで行くわけでないからして、十分に人民の権利を認めるということは現われておらぬが、人民の実力を認めるようになって来たということは、争われないのである。

吏胥の実権

またもう一つ人民、並びに人民に直接に関係しておる階級の勢力というものが認められるようになって来たのは、その起原は随分古いことである。隋《ずい》・唐《とう》の時代に郷官を廃してから、官吏が皆渡り者になって来た。それは有名な韓退之《かんたいし》なども云っておるのであるが、昔は官吏をする者は、皆各々自分の家があって、官吏を罷《や》めれば自分の家に帰って暮らせるものであった。それは家族制度が成り立っており、名族が存立しておるからである。ところが隋・唐の時代からして既に官吏が渡り者になって、官吏が官を以て自分の家とするようになった。官を罷められるとどこへも帰って行く家が無いような有様であると云っておる。それから韓退之はまたある時は、地方官などが比較的上官であるところの県丞《けんじょう》にはさらに勢力が無くして、その下におるところの主簿《しゅぼ》、尉《い》などの方に勢力がある。主簿、尉は人民と直接に関係しておって、定まった分職があって、常に民事を取り扱っておるから、それの言うことを何でも県丞が聴かなければならぬ。それでいよいよ権力が、人民に直接しておるところの吏胥《りしょ》に移ることになり、上官は単に盲判を押すというようなことをも言っておる。これは唐時既にその萌芽をもっていたのであるが、後世になるにしたがってこれがますます盛んになって来た。殊に元《げん》の時、金《きん》からしてそうであるけれども、元の時に蒙古人に支那全部を取られてしまった。蒙古人は、殊に南方人をば信用しなかったので、各行省の長官はもちろん、各路府以下の地方官でも、長官には、すべて蒙古人もしくは支那の中でも中原人《ちゅうげんじん》を使う習慣であって、南人《なんじん》〔元代における南宋の遺民の称。モンゴル人・色目人・漢人の下位に置かれ、冷遇された〕は長官にしない。佐弐《さじ》以下の低い官吏にだけは南方の者が使われる。ところが低い官吏に使われておっても、人民に直接しておって、税務の事やら何やら取り扱うという者が、自然に実際の権力を占めるようになる。それで殊に元の時のように、種族の異なっておる者が長官になっておるというと、その地方の人で人民に接触しておる者が実権を握るということは免れないことであるから、ますます低い方の官吏、つまり謂わば資格ある官吏すなわち品官でなくして、ただただ人民に接触しておる未入流〔入流とは、身分の低い官吏が高官の仲間に入ること〕の吏役が権力を占めるようになって来た。なおまた明の時になると、科挙《かきょ》で及第した者が官吏になる。明の初めの制度は、必ずしも科挙ばかりで人才を取るのでなしに、学校で養成した者に役所の事務を見習わせて、その中から官吏になる者を抜擢《ばってき》するということもあるけれども、明一代の傾向は、末になるほど、科挙で進士《しんし》になった者がすべて官吏になるようになった。科挙の準備としては、詩賦を作ったり、四書文《ししょぶん》やら、策論《さくろん》を作ることを稽古するくらいであって、実際民政の上については少しも研究をしない。それが官吏になると、自分が少しもやったことのない民政を扱わなければならぬということになる。それでますます官吏は、地方においても中央においても、盲判を押すということになって、実際の権力を握る者は、事実品官の資格の無い吏役が、歴代の記録を握っておって、時としてはその記録をもっておる株を売買するというような有様で、それが実際上の民政を知っておって、権力を握るということになって来た。この胥吏《しょり》の弊は、清朝のみならず、前からしてしばしば注意せられたことで、官吏が直接に政務を視《み》ないといかぬということはすでに論究せられたが、近年に至るまで、その弊害が十分に改革されなかった。しかしこれを大勢の上から見ると、吏胥に権力がありとはいいながら、また一方からは人民に接触する者に権力があるとも看ることが出来るのである。人民はそれがためになお非常な害を被っておって、胥吏が人民と官吏との間に蟠《わだか》まっておって私腹を肥やすということは、弊政には相違ないが、つまるところ人民に近い者が勢力が加わって、上級の者に実際の勢力が無くなっておる。それで人民の命脈を握っておる者は、直接に人民に接触しておるところの、資格の無い低い胥吏であるということになっておる。もしその人民に近い一階級を排除すれば、直《じか》に人民に勢力が帰着すべき瀬戸際になって来ておった。日本でも徳川の末世には、どういう者が勢力を占めておったかというと、やはり人民に直接に接触をするところの下級の士族が勢力を占めておったのであるが、明治の改革というものは、すなわちその下級の士族でこれを成し遂げた。封建制度が破れて、その下級の士族が衰えると、直ちに平民が頭を擡《もた》げて来て、今日の立憲政治を成し遂げたようなわけである。支那の近世もやはりそれに類似した形をもっておるのである。もっとも日本の士族よりかも支那の胥吏の方が、遥かに弊害が多いのであって、日本の士族のような教育も受けず、また士流としての品格をもっておらぬのである、けれどもとにかく人民に近附くものが勢力を得るということになっておるから、これがもう一歩進むと人民が勢力を得るのである。しかし現在ではまだ一般人民がそこまでの程度に至っておらぬ。今日でも地方で勢力を占めておる者は、やはり平民ではなくして、もと仕宦《しかん》の家柄であるというような者が郷紳《きょうしん》として、人望と勢力とを占めておるので、一般人民には政治思想などは無いのであるけれども、しかし唐以来の変遷を考えてみると、人民の自由、もしくは私人の権力が絶対に認められない時代からして、漸々にその力が認められるという時代にまで変って来ておるのである。それで結局は人民が政治上の要素になるということに変るべき傾きをもっておる。

貴族政治は復旧し難し

ところで黄宗羲の明末において書いた議論などでは、君主の権力が過大なのが近来の政治の弊であるから、これを昔のように、官史と君主との間に権力の甚だしい相違が無いような世の中に復そう、つまり昔の貴族制度に復そうという議論になっておるが、これは時代の変遷というものは、さように全然旧態に復ることを許さないということを考えない支那流の結論である。一体世界の大勢の変遷は、ある時には幾らか旧に復るような形があっても、実は皆新しく形《かたど》られた勢力の中心に向かって、新しい局面を開いて行くものであるから、君主独裁政治の弊が極まって、また貴族政治に復るというよりか、他の政治に変るということが、大勢の自然であると見るが至当である。そこへ持って来て支那は近来外国に接触し、外国に留学生をも出したがために、新しい時代の進歩した政論を聞くことになって、ついに共和政治というような政体を知り始めた。そこで黄宗義などの考えた貴族政治に復るべき大勢が、今度は一転して共和政治に向かって来たのである。

共和政治

一方には人民の力が、漸々伸びる傾きになって来ておる。そこへ共和政治の思想が入ったのであるから、実はまだ人民の政治上の知識の準備としては、共和政治を組織するには十分ではないけれども、とにかく元の貴族政治に復るよりか、新しい政治に入る方が自然の勢いなので、それで今度の革命というものが、支那の状態から見ると突飛なようであるけれども、新しい局面に向かって進んで来たのである。これは大体世界の大勢であるといってもよいから、この間に一時の変化で独裁君主のようなものがまた起って、あるいは袁世凱《えんせいがい》のような人が帝王の位に即くとしても、それは大勢には背いておるので、今のところでは漸々民主的勢力というものが伸びて行き、そうして貴族というものの復興がとうてい出来ないという以上は、結局共和政治のようなものに変るより他の途《みち》があるまい。もちろん国の状態に依って、共和政治といっても、元々同等な人民からして組み立てられたアメリカのような国の共和政治と、フランスのような独裁政治からして変じて組み立てられた共和政治と、その国々で特色があるのである。殊にフランスのような一時独裁政治の時に、国民の非常な誇大なる野心を満たしたことがあり、また軍事上で大に勢力を占めたことのある国などは、共和政治になっても国民は国力の盛んであった独裁政治の時代を思い出すことを免れないので、それで今でもフランスの人民の理想というものは、時とすると軍事主義に流れ、帝国主義に傾き、そうして共和政治などを蹂躙《じゅうりん》せんとするような兆しがあるのであるけれども、結局いろいろやってみても、共和政治より外に安全な政治が無いので、今も相続しておるのであるから、況んや支那のごときは、当分軍事上で国威を輝かす見込みも無し、またその人民には、国自慢の考えが非常にあるとは云いながら、また極めて平和を好む国民であって、国力発展に対する激しい野心が無い以上、それからまたあるいは軍事上で国威を輝かすことを、昔からして一種の政治上の戒めとして、これを忌むような傾きのある国民である以上は、フランスほどに独裁政治に対してこれを渇仰《かつごう》する情も無いはずであるべきのみならず、袁世凱にしても、その他の現存人物にしても、また軍事上の天才があって、大に国威を輝かし、積弱を回復すべき見込みがないところから、結局は共和政治で落ち着くということは、大勢上あらかじめ判断することが出来ると思う。

二　領土問題

年少学生の卓識

支那が現に遭遇しておる問題のうち、頗《すこぶ》る困難なものの一つは領土問題である。革命軍の初めて起った時、その中心たる人々は、まだこの問題に注意するほどの暇も無かった時に、一人の年少の学生があって、早くもこれに着眼した。その人は、湖南の出身で盛先覚《せいせんかく》という、札幌の農科大学の留学生であったが、清《しん》朝の末年からして、既に支那の異種族統治問題に注意して、独学で蒙古《もうこ》語などを研究した。革命乱の起ると同時に支那へ帰ったが、革命軍が十分に成功しないうちに、早くもこの問題のために一度日本へ来て、自分を訪問して、この領土問題についてどう処分したらよかろうということを相談した。もちろんこの人の考えはこの革命乱のために、従来支那が異種族を包含した絶大の領土をもっておるのを土崩瓦解さしてしまうのが残念だから、その統轄を引き続けたい、それについては、どうかして西蔵《チベット》の達頼喇嘛《ダライラマ》に関係を付け、その力でもって西蔵並びに蒙古問題の処分をしたいと云うので、達頼喇嘛に会うがために西本願寺の法主の紹介を得たいという考えであった。これは固《もと》より支那人の立場として、殊に革命乱が未《いま》だ纏《まと》まらない最中に、かくのごとき事に注意するということは、よほどその卓見を現わしておるものである。自分は今のところでまだ何も実際上、着手すべき手段もあるまいから、とにかく異種族を統轄するについて、漢人がこれを一視同仁に取り扱うということを、革命政府が早く宣言しなければならぬ。随分革命乱の最初においては、満洲人を讐敵《しゅうてき》としてこれを虐殺したということなどもある次第であるから、そういう事から異種族の感情を害するということは不利益であろうから、異種族を従来の清朝が待遇したより、決して悪い待遇をせぬ、その安全を図るということを宣言するに如《し》くはあるまいということを言うてやったことがある。その宣言書も自分に書いてくれという頼みであったけれども、それは自分が書くべきものでないと思ったから承知しなかった。

五大民族の共和

それが国へ帰った頃、果してその主張が行われたかどうか知らぬけれども、五大民族の共和という議論が支那において起ったのである。今日でもこの五大民族の共和ということは唱えられておって、袁世凱《えんせいがい》の新政府でもその主義を放擲《ほうてき》しておるということはなかろうと思うけれども、しかし事実上漸々《ようよう》異種族の統轄力を失いつつあるようである。これは誠にやむを得ぬことであって、いずれの国でも内部に大変な変革のあった時には、そういう運命に出会うものである。

革命時代の外交論

現に日本の明治維新の際に、内部の政権を握る者に変化があった時も、これに類似したことが出来ておる。すなわち一方においてロシアとの間に国際問題で懸案になっておったところの樺太《からふと》を一時拋棄《ほうき》することになった。征韓論《せいかん》の起った時でも、これに対して有力な反対論があって、とうとう行われなかった。琉球《りゅうきゅう》の処分についても、当時木戸公などのごとき最も深慮ある政治家と謂《い》われておる人が、やはり内治に全力を注ぐことを主張して、琉球問題を迅速に解決しようという考えは無かったのである。しかしその当時日本の維新の精神は、暗々裡に民族の発展を意味するような潮流があったので、既に我が領土でもない朝鮮を征伐するという議論も起るというような風で、まだ解決もせられない琉球のために、その人民が台湾で虐殺せられたからと云って、台湾の生蕃《せいばん》征伐をも起したのである。かくのごとく一方において内治を専《もっぱ》らにするという議論が行われて、有力なる領土を拋棄するという傾きがあったにも拘《かかわ》らず、一方においてはまた民族の海外発展の踏み出しをするような傾きも見えておったのである。ところが今日の支那においても、日本の当時の一面の有様であるところの、専ら内治に傾くところの議論がますます勢力を占めなければならぬような情勢になって来て、熊希齢《ゆうきれい》氏の施政方針にも、その意味が見《あら》われておるが、しかし支那民族の発展として、他の一面においてもまた日本の維新当時の他の一面のごとき状態がありや否やということは、今日疑問である。元来支那の領土は、従来においても支那の国力に対しては、あるいは過ぎておるくらい、厖大であるから、今日においてこの民族発展論が勢力を得べき理由がないかも知れぬ。五大民族の共和というのも、単に保守的な、従来の領土を維持したいという考えであって、一方において支那民族の発展を企図するというような積極的の思想は、まだ出来ていないのではあるまいかと思う。この問題の結局はどうなるか、あるいは支那の現状にとって、これをどう処置すればよろしいかということを決するのは、随分重大なことであって、判断の標準として、この問題に関する古来の沿革を一通り知る必要がある。そこでこれを歴史上から考えると、二様に看《み》ることが出来る。一つはすなわち異種族間の感情問題である、また一つは異種族が生活しておるところの広漠たる領土を支配する、政治上、殊に財政上、兵力上の問題である。

異種族間の感情問題——漢と匈奴

まずその異種族間の感情問題を考えてみると、支那で著しく領土の発展をした時代は、古くは秦《しん》・漢《かん》の時代に始まっておるのであるが、これは二千余年も以前のことであって、今日とは種々事情を異にする場合もある。しかしある点まではその時代の事情を今日に引き合わして考えられることもある。この時はそのおもなる異種族の敵、すなわち匈奴《きょうど》との間の感情問題であるが、最初の漢民族とこの匈奴との衝突点は、やはり風俗習慣の異なるところからして、感情において甚《はなは》だしく融和し得なかったのである。漢から匈奴へ使者に行って、反《かえ》って匈奴の有力なる参謀になった中行説《ちゅうこうえつ》という者が説くところを見ると、匈奴の風俗と支那の風俗というものは、全然異なったものである。漢民族が貴ぶところの繒絮《そうじょ》〔きぬ、わた〕、食物なども匈奴にとっては、旃裘《せんきゅう》〔獣毛を用いた衣服〕の完善《かんぜん》〔完璧に仕上げること〕で、湩酪《とうらく》〔乳やチーズの類、他説もあり〕の美なるに如かずとし、その風俗なども匈奴が壮者を尚《たつと》び、父兄が死んだ後、その妻を取って己れが妻とするにも、それぞれ理由がある。衣帯の飾りなどは、人種を弱くするばかりで、何の効能もない。固より匈奴の良いとしておることが、漢民族にはつまらぬこともあるが、この両民族は全然感情を一にすべきものでないという見方であった。それも事実であったので、この両民族が双方とも同時に民族発展の時期に際会して、各々盛んな潜勢力をもっておったから、ここに一大衝突を起したのであるが、その後数十年間継続した衝突に依って、両方とも感情が却《かえ》って融和される傾きにもなって来たのである。すなわち漢から匈奴の方へ降参していった者が、匈奴の習慣に従うと同時に、また匈奴の方に漢の習慣をも伝え、それからまた匈奴の方から漢に降参をして来た者が、漢の習慣に従うと同時に、またその性質の良いところも認められて、金日磾《きんじつてい》などのごとく漢の武帝の遺言を受けて、霍光《かくこう》とともに跡に遺《のこ》った幼君を輔佐する役目にまで命ぜられたものもある。結局は漸々支那と和睦をして、支那から公《こう》主《しゅ》〔皇帝の娘〕などを嫁に貰うことになって、両方の習慣が交換されて、そこに感情を融和する点が見出されて来た。前漢の宣帝以後、呼《こ》韓邪《かんや》単于《ぜんう》などの頃から、匈奴は漢に対して害を致さなくなって、異種族間の問題が一時落着した。しかしこれは漢が領土として異種族を支配し、異種族の土地を所有するのではなくして、異種族の独立はそのまま保存されて、ただその間の衝突を避けたに過ぎないのである。

唐の異種族懐柔

その後になってまた支那で大きな領土を支配して、国力が盛んであって、そうして異種族と関係をもったのは唐《とう》であるが、この時は漢とはまた幾らか様子が異なっておる。唐はその始めて興る時において、既に異種族との調和が成り立っておって、支那を一統するについても、既に異種族の兵力を借用しておったのである。それで唐の時には異種族の者が、唐の天子の親兵にもなり、生きては唐の天子の護衛になり、死んでは唐の天子の陵に陪葬するところの墓を賜わって、非常に優待を受けておる。支那において古今を通じて唐の時ほど異種族を優待もし、巧みに利用もした時は他に無いと謂ってよいのである。それである時は随分大いなる征伐をも起しておる。例えば唐の太宗が大軍を起して、高昌《こうしよう》を討滅し、また高句麗《こうくり》の征伐をなし、引き続き高宗が百済《くだら》並びに高句麗を滅ぼしたこともある。しかしその滅ぼした国々をも、やはりその国王の子孫などはこれを優遇して、漢人同様、あるいはそれ以上にも優遇をして、そうして異種族との融和が極めて巧みに出来ておった。西北方においても、吐蕃《とばん》〔チベット〕、突厥《とっけつ》〔チュルク〕などに遠征軍を発して、あるいは成功し、あるいは失敗に了ったこともある。ある部分でそういう衝突があっても、全体においては異種族の待遇は最も良かったと云ってよいので、支那の内部から興った国として、唐朝ほど巧みに異種族を懐柔した時代はない。もっとも国の興る時には、多少いつでもこういう傾きがあるので、唐ばかりに限らず、明《みん》の時などでも幾らかそういうことがあって、明の興った初めには、明の太祖なども暦の改正のためには中央アジアの人などを使い、また、元《げん》の天子を逐《お》い斥《しりぞ》けておるにも拘らず、蒙古人を、殊に宮中の宦官《かんがん》などにそのまま使って、極めて天子と親昵《しんじつ》な位置に置いたことなどがあるが、しかしこれはその初年にのみ行われて、唐のごとく始終を通じて外国人を優待したということはないのである。

金の国粋主義

以上は支那の内部から興って、統一した方から考えたのであるが、異種族から入って支那を統一したもののやり方は、またどうであったかと云うと、それのおもなのは遼《りょう》、金《きん》、元、並びに近頃の清朝である。けれども遼、金などは実はこの問題の材料としては幾らか乏しいのである。初め契丹《きったん》の興る時には、やはり韓延徽《かんえんき》などのごとき漢人のおもな謀臣がおったのであるが、その盛んな時は、漢人の立てた宋《そう》と対立をしておったのであるから、大体は元来の漢人は宋の方に集まり、異種族たる遼などは、やはりその種族のものだけで国を立てて行かなければならぬような傾きがあった。そうして稀《まれ》に支那人を用いたことがあるに過ぎない。金に至っては最もその傾きが激しかったので、この時において殊に異種族の人の思想として著しいことの起ったのは、金人の間に国粋思想の起ったことである。金の世宗《せいそう》などは、専らその考えであって、この異種族が漢人の風俗習慣にかぶれると、それがために弱くなってしまう、成るべく漢人の風俗習慣にかぶれないようにするのが、自分の民族の本質を維持し、その強さを保って行く所以《ゆえん》であると考えた。元来金はその起った最初からして、あまり漢人の参謀を用いなかったのに、中頃こういう天子があったので、金一代は比較的漢人と融和しない政策において一貫しておる。

元の三大族統治主義

その次に元になって、蒙古から起って支那を一統したのであるが、これもその民族政策の出発点はやはりあまり支那の文明にかぶれない方であった。最初元の太祖が興った時、既に支那すなわち金に侵入をしたのであるが、その時にもちろん金人で成吉思汗《ジンギスカン》の参謀になった耶律《やりつ》楚材《そざい》などのような有名な人もあったが、とにかく蒙古人の思想は、やはり蒙古人の国粋を維持して行くという考えが強かった、ある人は、支那の土地を取っても、漢人は国に益がない、厄介なものである、漢人は穀物などを作ったり何かして、土地を荒らしてうるさいものである、こんなものは皆打ち殺してしまって、その土地を野原にして、蒙古人がそこを牧場にしてしまうがよいという考えを真面目にもっておった。この時このごとき政策のために虐殺さるべき幾百万人民の生命を済《すく》ったのが耶律楚材であるが、耶律楚材が成吉思汗に説いて、漢人もそう役に立たぬものではない、それには役に立つ証拠を見せて上げようと云うので、成吉思汗から漢人の土地を任せて貰い、そうして一年間に銀五十万両、絹八万匹、粟四十万石という租税を上げてみせた。租税が上って利益があるということが分ってみると、なるほど漢人というものも蒙古人のために役に立つものであるということが分ったので、それで支那の土地を牧場にするということも成り立たなかった。しかしとにかくその時からしてすでに蒙古人は蒙古人のやり方をもって、それでよい、支那人は支那人のやり方でやって行くべきものであるという考えがあった。殊に蒙古人は支那本部を征服する前に、既に中央アジアからヨーロッパに掛けての諸国を早く征服したが、これらの国には支那に劣らないところの一種の文明をもっておった。それで蒙古人は支那へ入って来ても、遼・金などが全く野蛮人から支那へ入って、支那の文明に眩惑するというような傾きは無かったのである。蒙古人は支那人とかあるいは外の国から考えれば、文字も無く、遊牧的生活を送っておるけれども、蒙古人自身はそれで立派な長所があると信じておったのである。それからまた中央アジアやヨーロッパなどの文明国を討ち平らげたところからして、それらにも特色の文明があるということを見ておった。それから支那へ入って来て見ると、支那にもそれ相当の文明があるということを認めた。かくこれらの国は各その特色の文明があるので、その特色で治むべきものであって、これは別々に取り扱うべきものであると考えた。それで蒙古人がアジアを一統しておった時には、人種を分けて、蒙古を一つとし、色目《しきもく》というすなわち中央アジアなどの人種を一つとし、それから漢人を一つとし、こう三様に分けておった。漢人のうちでまた漢人と南人とを分けて、金の国から入ったものを純漢人とし、宋の国のものを南人と称した。もちろんその間に幾らか階級を附ける思想もあったので、蒙古人をばこれを天から降《くだ》って来た世の中を一統すべき貴い人種としておった。その次には何を貴んだかというと、色目であって、中央アジアからヨーロッパに掛けての人種を貴んだ。それから漢人を幾らか下等に見ておった。また漢人の中でも宋から入って来た南人を最も下等に見ておって、これを蛮子と云っておった。元の時代に高麗《こうらい》王が代々元の公主の婿になる例であったが、高麗はやはり漢人の一種として待遇されるので、高麗の忠穆王《ちゆうぼく》は色目に列して貰いたいという上表をしたことがあるくらいである。宋人は蒙古人を北虜だと考えておるが、蒙古人はやはりまた宋人を南蛮と考えておったのである。とにかくそういう風にして蒙古のことは自分の一族の者がこれを支配する。それから漢人のことは耶律楚材などがこれを支配する。それから色目人のことをば、鎮海《ちんかい》という人に支配を命じて、そうして各々別々にこれを管轄しておる。それで支那全部を統轄した時でも、やはりその各々の風俗習慣に依ってこれを治めたので、元代の裁判の判決例のようなものが、「元典章」という本に現われておるところから考えてみると、漢人と色目人との間に訴訟があっても、漢人は漢人の法に従い、色目人は色目人の法に従うということにしておったのである。これは実に漢人と異種族とを同時に治める方法としては、一つの新しいやり方で、従来漢代とか唐代とかのように、異種族との関係は、両方互いに風俗習慣を共通するようなところまで折り合って、そうして融和するので、風俗習慣の相違から来るところの悪感情を除き去った結果、両方が仲好くなるというやり方とは全く違って、今度は各々その特色を保持せしめたままに、それを統轄するということに変って来た。これは異種族統治上から云えば、一つの進歩とも言えば言い得るのであるかも知れぬ。反って蒙古などのような極めて単純な文化状態にあるものが、異種族を統轄するについて、自分の習慣を他に強いないのと、他の方にも一種の長所があるというところを認めるというところから考え出したから、容易に行われたのであるかも知れぬ。

清朝の支那文化本位

清朝になっては、女真《じょしん》すなわち満洲という異種族から興って、そうして蒙古を取り、支那を取り、それから進んで西蔵を支配し、さらにまた一部の土耳其《トルコ》人を支配するようにまでなったのであるが、その統治の方法は大体においては蒙古人の方針と変らないようである。しかし民族の自重心すなわち我が特色を保持する考えにおいては、蒙古民族よりかも遥かに劣っておる点がある。満洲人の理想とするところは、まだ支那に乗り込まないうちから、既に金の世宗の国粋保持主義を理想としておったのである。しかし蒙古のごとく支那を平らげる前に、中央アジア以西の文明国をまず平らげて、そうして支那の文化に驚かないまでの素養を造るということが出来なかった。やはり満洲の山中で野蛮の生活をしておったものが、一足飛びに支那の都に入ったので、その文明に幾らか眩惑せざるを得なかった。それがために自分の国粋を力《つと》めて保持するという精神は、殊に乾隆《けんりゅう》帝の時代などにおいて盛んに起ったのであるけれども、その実その議論を主張するところの乾隆帝という人が、既に支那の文明にかぶれておるところの著しい一人であった。つまり支那の文明を標準として、そこまで満洲人の文化の度を達しさせたいという考えが本になっておる。それでその後になって全蒙古人を支配し、一部の土耳其人を支配し、また西蔵をも支配してはおるが、いつでも支那の文明が本位になっておる。清朝でも康熙《こうき》帝の時などは、反ってヨーロッパ人を盛んに利用して、その学問芸術を輸入しようと務めたのであるが、それさえも乾隆帝以後に至っては、その精神も衰えて、やはり支那の文明を基礎にして、すべての他の文明をば単に副食物としてこれを取るというくらいに過ぎなかったのである。それで蒙古人を支配する上については、蒙古の習慣を重んずるということで、別に理藩院《りはんいん》において蒙古人を支配する規則を拵《こしら》えておる、土耳其民族すなわち回々教《かいかいきょう》人を支配するには、また「回部則例」というような特別の規則を作っておる。西蔵などもつまりその国の習慣たる宗教政治をそのまま持続して、これに監督官をやって置くに過ぎないくらいの仕方であったのであるけれども、蒙古時代のごとくすべての文明の民族を平等に扱うのみならず、むしろ支那の文明を、西域などの文明よりかは重んじない傾きがあるほどな、思い切った思想は無かったのである。それで満洲人は支那を統轄しておる二百余年の間に、漸々支那の文明にかぶれてしまって、ついには支那人と全く変らないところの感情を持つようになって来た。ただ清朝において異種族を支配するという考えは、漢人を本位として立っておる国が、他の異種族の者を懐柔して、領土をも拡《ひろ》め、種々の国語を使っておる人種を統轄しておるということを以《もっ》て誇りにしようという考えであったので、蒙古人のごとく種々なる民族を皆自分の手で支配して、各その特色を持たせながら、世界を統一して行こうというような、雄大な規模が無かったといってもよい。

革命の漢人本位

東洋において異種族間の感情を基礎にして、大なる領土を統轄した思想というものは、以上に述べたように、ある文明国を基礎として、そうして他のものをそれに同化させようという考えの下に起ったのと、それから各種族の文明を独立させて、そうしてそれを統一しようという考えから起ったのと、二つに分けてみることが出来るのであるが、今日以後においても、支那がもし五大民族を統一しようということになると、このどちらかを採るより外に致し方がないのである。ところが今日の革命というものは、もちろん漢人を基礎にして起った。たとい革命を起したところの南方の者が敗北して、そうして却って横から出てその功績を奪い取った袁世凱が、いよいよ支那を支配するということになったにしても、とにかく漢人本位で成り立ったのが今回の革命の本質である。この漢人本位で成り立った新しい国が、どういう意味でもって五大民族を支配しようかということを、一つ考えてみなければならぬのである。南方の革命軍が起った初めは、殊にその革命思想を吹き込んだ有力なる人として、章炳麟《しょうへいりん》などの考えは、一方においては漢人が曾《かつ》て支配した土地を皆恢復《かいふく》してこれを統轄しようという考えも無いではなかった。例えば安南《あんなん》のごとき、朝鮮のごとき、そういう土地までも恢復しようかという考えもあったのである。けれどもとにかく革命という理想を強く南方の人々に吹き込む根本としては、つまり満洲人に対して反抗するというのが一つの主張であった。それで最初の間において革命軍は、満洲人の虐殺をも行いかねないような勢いであった。今の五族共和論が起って、最初の理想が幾らか変化しておるけれども、しかし漢人というものが自己の文明を誇り、自己の能力を頼むあまりに、たとい五大民族を統轄しても、五族各々平等なものとして、それらの風俗習慣もしくはそれらの文化を尊重して、そうして自分と同等のものとして扱うという考えになり得るや否やということはよほど疑問である。つまるところ漢人を中心として、それに外の民族が附属して、統轄されて行くべきものであるというような理想になっておるに過ぎない。

それで今日でも一方には五族共和という説を立てるけれども、北京《ペキン》にある中央政府においては、おもにどういう人を使って、その上に政府が成り立っておるかというと、悉《ことごと》く漢人である。もちろん満洲八旗《まんしゅうはっき》〔清代において満洲人が所属した社会組織・軍事組織〕などの残っておるものに対しては、それを支配するために幾らか満洲人を都統などの官に任命しておることもあるけれども、今度新しく興った国の政治というものを、異種族と一致してやって行こうという考えはないのである。古の蒙古人などのように、大なる領土を統轄するについて、その異種族に各々その特長を発揮させて、そうして公平なる眼を以てこれを支配して行こうというような、雄大なる規模を持った人は、とうてい今日の中華民国の主たる人物間にはないことが明らかである。そうしてみると、どうしても漢人中心というやり方である。

異種族の解体

その結果としては、自然に他の各種の民族がそれに対して反抗心を起して、各々独立の考えをもつようになることは、これはやむを得ざることであって、満洲人のごとく既に大多数を挙げて支那の内地に入ってしまい、そうして自分の元の根拠地は、却って支那の移民のために奪われてしまっておるというような民族にあっては、やむを得ず支那人の中に同化して、そうしてその生存を図らなければならぬのであるけれども、蒙古とか西蔵とか、それから土耳其種族というものになると、従来清朝の時において支那に服従しておったところの、自分の頭の上の重みが緩むと同時に、たちまち独立心を起すのは当り前のことである。元来が蒙古人でも西蔵人でも支那に服従しておったというのは、すなわち満洲の天子に服従しておったので、満洲の天子という者が統一しておればこそ、これに服従もしておるのであって、漢人が打ち立てた国に服従するという考えは最初から無かったのである。それで満洲の朝廷というものが倒れると同時に、各異種族の領土というものは、解体してしまうのが当然のことである。蒙古人が独立を唱え、西蔵人がイギリスに頼るというようなことは、当然これはあり得べきことで、あるいは今の内蒙古《ないもうこ》のような、支那の本国に近い部族、あるいは北京などに来て始終生活しておった者が、それらの感情からして、急に離れにくいというようなこともあるであろうけれども、支那の政府というものがますます民主的に傾いて行くと同時に、ますます異種族の統轄力をば失って行くべきはずである。今日においては五族共和ということも、事実上ほとんど意味が無いのであって、あるいは袁世凱などが一時の政策として、蒙古の王とか西蔵の喇嘛《ラマ》とかいう者などの機嫌を取って、そうして個人的にその関係を繋ぐということは出来るかも知れぬけれども、大勢は既に解体する方に傾いておるのである。そうしてこれらの民族というものが、もし自分で独立して国を成し得れば格別であるけれども、成し得ない以上は、つまり近い所の強国に頼って、そうしてその国を一時成り立たせるというような傾きを生じて来る。すなわち外《がい》蒙古《もうこ》がロシアに頼り、西蔵がイギリスに頼るというようなことになって来るのである。

統轄の実力

もっとも支那という国は異種族の領土を統一するについては、どの時代においても極めて寛大な取り扱いをしたものである。ヨーロッパなどの諸国が植民地をもって、そうしてそこの各種族を統轄するのに、自分の本国の利益、すなわち詳しく言えば、本国の経済上の発展などを目的とするとは違って、支那人は異種族の土地を包括してその版図《はんと》とするについては、さらに経済上の利益ということを考えない。いずれ不利益ということを初めから覚悟してやっておる。それで外国から種々貢物《こうぶつ》を持って来ると、必ずそれより以上の賞賜と称して返礼のものをやるというような例になっておる。蒙古人でもあるいはその他の人種でも、自分の独立という多少の名誉心を捨てて、そうして支那の封爵《ほうしゃく》を受け、永くこれに服属しておったというのは、皆この経済上の利益から割り出されておるのであって、支那は宗主国としては他の国に見難いほど寛大なる国である。それで今日以後西蔵がイギリスに支配され、それから蒙古がロシアに追い追い支配されるようになって来ても、それらの国が果して従来の支那くらいに優待をし、永く続き得るかどうかということは疑問であって、あるいはその土地に産業上の利益があるとでもいうことになれば、その土着人にして勢力のある者をば優待して、その土地から利益を収めるということで埋め合わせをしてやることが出来るかも知れぬが、あまりその土地に利益があるというのでもない処においては、昔の支那くらい寛大、むしろ放漫に近い寛大であって、少しも干渉がましいことをしない政策を続けるということは、よほどむずかしいかも知れぬ。その時になって、昔支那に支配されておったことを思い出して、また支那に頼りたいというような考えが出て来ぬとも限らない。しかしそうなって来ると、それらの各異種族の人民が支那の文明に同化するということも甘んずる時期になって、そうして東アジアの方はほとんど皆一つの支那民族というものになるような姿に変る時でなければ、再び漢人が異種族を統轄するということは、漢人の方から考えても、また異種族の方から考えても出来ぬことと思う。どちらかと云えば、当分はこれらの種族の者が一時皆支那から解体するということは自然の成り行きである。五大民族の共和ということは、一時の権道としては大に面白いやり方であるけれども、結局これは実行の出来ぬところの政策である。

漢・唐・元・明の実例

以上は異種族間の感情問題から見た考えようであるが、一つは支那を中心にして立った国の政治上の実力、すなわち兵力とか財力とかいうものから考えると、今日において異種族統轄ということの支那にとって不可能なることが分る。これも古く漢代に遡《さかのぼ》るというと、漢は匈奴のような強敵を撃ち退けるのに勉《つと》めたが、これはもちろん異種族を統轄するという意味ではなしに、単にこれを辺塞《へんさい》附近から逐斥するという目的であるが、これがために絶大の努力を要しておる。それから漢の時には南方においても漸々領土を拡げて行った。これらの土地は拡げるにしたがって、それ相当の利益も挙って来べきはずの処であるけれども、ただしこの域外発展ということのためには、実に莫大なる費用を要したのである。幸いに漢の武帝が非常に英明な人で、またその時には将軍にも衛青《えいせい》、霍去病《かくきょへい》以下、有力な人物があり、長い間の訓練で弱い支那人も随分良い兵士になって、辺境の防備も匈奴に乗ずべき隙を与えないようになって来たのである。それにも拘らず、武帝の晩年は、費用のために追われて、あらゆる新税を起し、あらゆる専売事業をやって、それでもほとんど国力が続かないくらいに疲弊をした。漢民族の発展としては、古来漢の武帝ほどに大成功をした人は少ないにも拘らず、また漢の武帝の域外発展の政策というものは、支那では代々国力疲弊の上から一つの戒めになっておるくらいである。

唐の時にこの域外発展をやったのは、おもに初代の最も盛んなる時に止まって、唐はその後に国内においても、兵力を擁して朝廷の命令に服せない藩鎮《はんちん》などが殖《ふ》えて来たので、中葉以後は域外発展ということも全く絶えてしまった。国の初期にはいつでも経済の余裕を生ずるものであるから、漢でも文・景両帝の後、唐でも高宗の頃などに域外征伐をやったのであるが、唐が域外発展のためにどれだけ国力の疲弊を来《きた》したかという証拠は、却って漢ほど明瞭に分らない。しかし回紇《かいこつ》〔ウイグル〕種族などを兵士として連れて来て、それを利用した結果というものは、随分それらの者が驕慢《きょうまん》なのに苦しんで、あるいは結婚政略を以て慰撫したり、あるいは遥かに吐蕃の邏娑《ラサ》へ使者をやったりして、異種族との融和を図っておったのである。

元の代においては、その大なる領土の中心は支那にあるわけではない。最も経済力の無い蒙古に中心を置いて、そうして経済の力のある支那とか西南アジアとかいうものをば支配しておるのであるから、その大なる領土をもったために、その国力の疲弊ということは明らかに現われておらぬ。しかしそれにしても元の世祖忽必烈《フビライ》が、少しでも海外発展をする、すなわち日本を征伐するとか、瓜哇《ジャワ》を征伐するとかいうことをやると、非常に国力の疲弊を感じて、西域から来た阿合馬《アフマド》という宰相は、種々の専売事業を起して非常な負担を人民に課し、それを軍費に使ったのである。そうして元の末年には結局経済力の無い処を自分の根拠地としておるのであるから、経済力のある地方がこれに対して叛乱を企てると、国力が支えきれぬというわけになって来る。元は世祖以来、成吉思汗が平定した西域の諸国をば、実際すでにその領土として支配しておらぬ、元の宗藩国の中で元と最も仲の好い伊児汗《イルハン》国などにおいても、単に婚姻の関係を続けておるというだけで、事実上これを支配してはおらなかった。時としては同族の中で、仲の悪い国、例えば太宗の裔《すえ》たる海都《かいと》などはしばしば元と戦いを交えたくらいである。元の末になって、元が支配しておる土地の東アジアの一部の方では、最も経済力のあるすなわち支那の江南地方が盛んに叛乱を惹起したので、大都《だいと》すなわち今の北京さえも持ち切れずに、とうとう蒙古に逃げ込んだのである。これはつまり中心力の置き所が違うのであるけれども、すなわち過大なる領土をもっておると、その経済力が漸々薄弱になって来るということは明らかである。

明の時はもう支那本部の漢人の方にだけ立て籠《こも》っておって、異種族に対してはこれを防禦するに止まったのであるけれども、明の国力も結局その防禦に労《つか》れて、最後には日本との戦い並《ならび》に満洲防禦のために非常なる出費をして、そのために内地に叛乱が起って、その内乱と外寇《がいこう》とのために亡びるというようなことになった。

清朝の統一は財力に困る

それから清朝は最初の間満洲からして蒙古の一部分を取って、次に支那を取り、さらに外蒙古、新疆《しんきょう》、西蔵という方に漸々発展をなし得たというのは、満洲のような文明の程度の低い処に、平民同様の生活をしておったものが支那の都へ入って、従来の簡素なる生活を幾らか維持しておるから、明のごとく宮廷の費用がさらに掛からない。これはよく清朝の盛徳として、清朝人がしばしば称揚したところであるが、初め康熙帝が宮廷の中にある十三衙門《がもん》を廃して、それから宮廷の費用を非常に節約して、数十分の一というものに縮小し、宮廷で使っておる宮人、宦官は、明の時の十万余人を四、五百人に減じたというようなことで、とにかく従来の満洲における簡素なる生活を幾らか維持しておったので、その初期にはしばしば戦乱が続いても、その倹約の力でもってとうとう支那を十分に統一することが出来るようにもなり、また康熙年間は中央政府の収入というものも非常なる増加を来さぬのであるけれども、やはり倹約の力でもって、康熙帝が蒙古を親征し、国力の発展をするだけの基礎は成し得たのである。乾隆帝の時に至っては「十全記」というものを自分で作って、そうして国力発展をやるについて、失敗なしに大領土を支配するまでに立ち至ったということを誇っておるのであるが、これは実を言えば皆財政に余裕があったからである。支那という国は戦乱さえ二、三十年以上も無ければ、その国土が非常に肥沃《ひよく》で、物力が豊富であるがために、財政に余裕を生ずる国である。戦乱が続けばそのために荒らされるので、一時疲弊をするけれども、戦乱が止みさえすれば、急に経済力の発展を来すことは、何朝の時代でも同様である。康熙六十年の間に、天子は割合に倹約に暮らしておったのであるが、その間において人民の方の富力大に増進しておったので、末年すでに国庫に数百万の儲蓄《ちょちく》を生じた。康熙帝の次の雍正《ようせい》帝はまた非常に財政上の緊粛に長じた人であって、従来官吏の懐ろに入って、人民の利益にもならず、また朝廷の収入にもならなかった、所謂中飽《いわゆるちゅうほう》〔徴税した税の横領〕ということを禁じて、皆これを朝廷の手に収めることにしたので、財政は急に豊かになって、その末年には銀六千余万両の剰余を生じた。その次の乾隆時代は清朝の極盛に達した時で、人民の富力も最上点に達しておって、国庫の収入は余る一方であるから、この時代には幾度も征伐をやった。例えば新疆を開くについて二千余万両を使ったとか、四川《しせん》の奥の両金川の土人を征伐するがために七千余万両を使ったとかいうようなことで、征伐のあるごとに大変な銀を使っておるけれども、その度ごとに財政の欠乏を告ぐるということは決して無くて、いつでも国庫に余裕があった。国庫に余裕があったために、内部における兵隊の給料をさえ増すということになったのである。このごとく国の富力の最上点に達した時であって、十分に征伐も出来るし、また征伐をした後、異種族の者を帰服させるについても、金ずくで懐柔することが出来るというわけであった。

財力の疲弊と統一力の弛解

これがすなわち清朝が元に次ぐほどの大領土を持つようになった由来であるからして、国の富力というものが減退すれば、それを維持することの出来ぬということは、明らかに知れておるわけである。前にも云うがごとく乾隆の末に三省に亙《わた》る一揆の騒動があって、八、九年間も継続した。そうするとその次の嘉慶《かけい》の代には大変に国庫に欠乏を来して、前に兵隊に増してやった給料の一部分を減じて、原額に戻すというようなことにまで及んでおった。それから以後というものは、清朝の国力はますます下り坂になって、収入もますます減じて来る。その上今度は単に支那の周囲にあるところの蒙古とか、西蔵とかいう未開種族との関係のみでなく、遥かにヨーロッパ強国との関係を生じて来る。イギリスと阿片《アヘン》事件に関して戦争を開くとか、引き続き英仏同盟軍のために北京の附近を荒らされるというようなことが生じて来て、これがために単に軍費として金を使うのみならず、幾千万という償金を取られるようになって来る。清朝の国力が疲弊した最大原因としては、魏源《ぎげん》などは兵隊の給料、黄河の工費、宗室の食禄《しょくろく》、租税の未進等の項目を挙げておるが、要するにこれらの原因から、すでに内部で富力が弱っておるところへ、海外との関係で、非常に金を使うことが生じて来たので、ますます経済力の窮乏を来しておる。咸豊《かんぽう》から同治《どうち》に掛けて、長髪賊《ちょうはつぞく》が南方に起って、国力疲弊の極に達した時などは、その龍興発祥の土地であるという満洲の地方においてさえ馬賊が横行したり、封禁地を侵して幾百万畝の私墾をした者などあるのに、ほとんど度外に視《み》ておるより外に致し方がなかった。幸いに蒙古とか新疆とかいうものは、従来長く恩恵を与えた惰力で、これは急に謀叛をするものもなし、また隣り合っておるロシアなどの国の力も、まだ甚だしく支那を侵害するまでにはなって来ておらないから、異種族の統轄を無事に維持しておったとはいうものの、この騒乱の間に出来た新疆地方におけるロシアの侵入は、ついにかの伊犁《イリ》問題を生じた。すなわち髪匪、捻匪《ねんぴ》の内乱が治まると同時にこの伊犁問題が起ったり、安南の宗主権を放棄して、フランスの保護に移して、手を切らなければならぬようになって来ておる。清朝の末年においても、既に異種族に対する統轄力は、実際上このごとく弛《ゆる》んで来たのである。もしこの時に蒙古人などが叛乱を企てたならば、とてもこれを征伐して統轄する力は無かったのである。

蒙古、西蔵

元来蒙古の征伐は、支那人にとってはよほど困難なことであって、明の永楽《えいらく》帝も一度は斡《お》難河《のんが》まで進んで兵糧に窮したことがあり、一度は清水源という処から師を班《かえ》しておる。康熙帝が蒙古を親征した時でさえも、その戦略、兵糧の運搬などのためには、非常な苦心をした。康熙帝は人に勝れた独創力があって、自分の考えを廻《めぐ》らして新しい方式を立ててやり通す人であり、砂漠中では親しく水草の地を見定めて、宿営の指図までして、士卒と甘苦をともにし、辛うじて準噶爾《ジュンガル》親征の成績を失敗なしに挙げたのである。もし蒙古が清朝の末年に叛乱を企てたならば、既に成功しておったのであろうけれども、蒙古人は初めに満洲の天子のために征服されたその威力と、それから長い間服属しておった恩恵とを忘れないので、この革命の起るまでは安全に経過したのであるが、今度の革命が起って、そうして清朝というものが倒れた。自分が従来服属の目的にしておったものが無くなってみると、支那の人民に服属するという考えは最初から無いのであるから、それで今日において外蒙古の独立というような騒ぎが出来る。

また西蔵地方は蒙古などのように戦端を開いても独立するというほどの力があるのではないが、これは宗教のために各地方に関係をもっておるので、世界の強国の勢力に対しては、非常に機敏な感情をもっておる。昔からそういう実例があるので、元の時にも彼方から喇嘛教で有名な帝師となった八思巴《パスパ》という人が来て、元の世祖の非常なる尊敬を受けて、それによってその国を巧みに維持した。明の時でも太祖・成祖が支那の内部を統一したということを聞くと、これに関係を附けて、冊封《さくほう》を受けて国を維持しておった。それが明末になって、あまり近くない土地、すなわち満洲に国が興ったということになると、その勢力がまだ支那を統一するほど盛んにならない時で、わずかに蒙古の一部分を征伐して成功したというに過ぎない時に、既に非常に鋭敏なる感じをもって、満洲の天子は文殊菩薩《もんじゅぼさつ》の化身であって、世界を統一すべきものであるという文書をよこして、これに関係を附けておる。こういうようにある点においては、世界の有力者に対して非常に鋭敏な感じをもっておるから、前からしてロシアの方に関係を附けようとして、清朝の末年からその間に交通があったのであるが、最も近い所はイギリスであって、イギリスの方から考えれば、貿易上の関係などもあるので、打ち捨てて置かれぬことであるから、ロシアに先んじてこれに遠征軍をも出し、そうして今日の関係を生じて来たのである。かくのごとく存外鋭敏な民族であるから、将来支那に頼って国を立てようという考えは、とうてい起り得るとは思われない。これらは皆支那から分離することは、将来の運命として、明らかに分っておることである。

満洲の特別状態

満洲の土地は、幾らかこれとは違って、満洲朝廷の興った根拠地であるとはいえ、今日では全く山東、直隷《ちよくれい》〔現在の河北省の一部〕あたりの移民地になっておって、満洲における者はほとんど大多数は漢人ばかりであるから、これはどちらかというと、その感情の上からは、支那の本国と一緒になるべきものであるように考えておるかも知れぬけれども、かの日清戦争、日露戦争以来、その自分が住んでおるところの土地が戦地になって、勢力がどういう風に傾いておるかということは、満洲の土着の人民には最も明白に呑み込まれておるのである。それで日露戦争以前においては、満洲における支那人は、ほとんど皆遠からず、ロシアの支配を受けなければならぬものと覚悟をきめておったのであるが、日露戦争以来またすっかり形勢が変るというと、日本の兵隊の強いこと、また日本人は淡泊な人民で、これに服属しても一向差し支えないということをあくまでも承知しておるので、土着の人民というものは日本人に対して何の悪い感情ももっておらぬのである。ただ一つは日本の当局の不用意でもあるが、日露戦争以後に、かように大勢上外国の勢力に服従しなければならぬものと覚悟をした人物を以て満洲を支配させずに、日清戦争の経験も、日露戦争の経験もないところの支那の南方人、殊に近来「変法自強」などという意味の新教育を以て養成されたところの南方人を多く満洲の官吏として移入して来た。これは日本の当局において、目先が見えてそれを防禦する遠識があれば、確かに防ぎ得たのであるけれども、その義にも及ばなかったので、つまり何にも従来の関係、それから大勢の如何《いかん》をも知らずして、何でも外国人を排斥さえすれば、国家の独立が維持されるもののように妄想しておる新しい書生輩を以て、満洲の官吏にさしてしまった。それがために日露戦争以後、満洲に来たところの官吏の日本に対する感情、政策が、非常に日本に不利であったということは免れない。今日でも一般の人民は日本の勢力というものを認め、また満洲において馬賊などから成り上って、そうして日清日露の戦争以来の実際のことを知っておる軍隊の頭目などというものは、何事があっても日本に頼らなければ危いということを深く呑み込んでおるのであるけれども、そんなことを知らない官吏のために邪魔をされて、日本と満洲との関係が、段々気まずい傾きを来しておる。今日でもその歴史を知らない南方人の官吏さえ逐《お》い退けてしまえば、満洲のことは、日本との間に何らの悪い関係がなしに、円満に行くべきはずである。それであるからこれは蒙古とか西蔵とかいうような、支那が異種族を統轄する意味とは違うけれども、つまり兵力、財力等から看た領土問題として、これをも支那が結局見切らなければならぬようになるかも知れぬのである。従来満洲の財政も、決してその土地からの歳入を以て、その支出を全部供給することは出来なかったのであって、皆支那の内地から補充をして維持しておったのであるが、近年になって奉天《ほうてん》省の財政が非常に発展をして、ほとんどその土地からの収入によって政費を支弁して、なお多少の余裕があって、どうかすると吉林《きつりん》、黒龍江二省の費用までも補助した上に、また中央政府にも金を仕送ることが出来るように成り来っておるが、これは果して何らの原因からそういうことになったかというと、全く日清、日露戦争以後、日本並びにロシアの資本が入って来たのみならず、日露の鉄道でもって、土地の産物が海外に輸出するので、満洲の富力を増したがために、そういうように財政が発展をしたので、もしも日露の勢力を引き去ってしまうと、満洲は依然として貧乏の土地に止まるのである。それゆえ単に支那の財政上から考えると、満洲を切り離す方が利益で、今日の財政ではこれを持ってゆくだけの実力は無いのである。要するに今日の中華民国の成り立ちは、今袁世凱が政務を執っておるとはいいながら、南方の革命軍の興ったために今日の形勢を来したのであって、謂わば漢人の天下で、漢人が支配するのである。漢人の天下で漢人が支配するということになると、支那本部の財力でもって、支那を支配するということを根本の主義として立てて行かなければならぬのであって、支那の根本の財政に害こそあるけれども、利益にはならぬというような土地をば切り離してしまう方が、財政の理想上から云うと至当のことである。

漢民族の発展は別問題

支那の今日は非常に財政の窮乏を告げておって、なかなか支那の本部だけの財政を整理して行くにも、将来非常な努力を要し、外国から借款を図ったり何かして、それで財政の基礎が立つか立たぬかということを、今非常に心配しておる最中である。今日においてはとても財政上損にこそなれ、利益にならない土地の支配を維持するということは出来ないのである。もっとも支那民族の発展ということから云えば、これはまた別問題であって、支那の国力発展とは少しわけが違う。蒙古などでも、従来支那人が追い追い多数入って、蒙古人の産業がそれがために奪われて、すなわち従来遊牧生活をしていたものが、農作をする支那人のために、漸々その土地を侵害されるということになって来ておるので、今度の蒙古独立なども、一つはそういう意味からして移住支那人排斥のために出て来たのであるが、支那人がそこらじゅう異種族の土地を侵害するということは、一方から云えば漢民族の発展とも謂うべきものであるから、日本の明治維新の当時に、一方に樺太を失うと同時に、また一方には征韓論が起り、台湾征伐をしたというような侵略的精神が、支那の人民の方からして起っておるべきはずということが、認められないこともない。しかし今日の支那人の発展、すなわち蒙古地方へ移住などするということは、全く平和的に経済上から発展すべきであって、これは新政府が計画すべき国力発展というようなものとは意味が違う。それで将来もし人民の実力さえ続けて発展して行けば、蒙古の土地が誰の領土になろうとも、西蔵の土地が誰の領土になろうとも、満洲が誰の領土になろうとも、漢人の平和的発展は必ずしも妨げられない。今日において国力すなわち兵力とか財政力とかいうものからして維持することが出来ない土地は、政治上からこれを切り離してしまって、単に将来の経済上の発展を図る方が至当である。

この観察点からして行くと、支那の領土問題は、政治上の実力の方から考えて、今日縮小すべきもの、五族共和というような、空想的議論に支配されずに、実際の実力を考えて、むしろその領土を一時失っても、内部の統一を図るべきものということになって来る。今日支那の領土問題を論ずるにおいて、以上の二つの点、すなわち種族感情と、政治上の実力とが最も注意して考えられなければならぬところである。

三　内治問題の一　地方制度

支那の内治問題にあって、現今最も重大に視《み》られておるものは、地方政治と財政の二つであるが、このうち地方政治は、既に改革に着手されて、一部分は既に実行され、一部分は将来の実行を期せられておる。この地方政治については、従来は随分階級の多い制度であって、州、県、庁の上に府もしくは直隷《ちょくれい》州、直隷庁があり、府の上に道があり、道の上に省があり、省の中にはまた巡撫《じゅんぶ》及び布政使、按察使《あんさつし》等の階級があって、一省、もしくは二省、三省を総督が管轄することもあって、中央政府に統属することになっておった。この階級の過多なる制度

階級過多の制度

がよくないということは、前から議論のあるところであって、この度の革命を機会として、上の方では総督、巡撫を廃して、一様に都督として、下の方では、府、庁、州、県の階級を廃して、一様に県とし、直ちに省を以《もっ》て地方政治の小区画を一様に統一することにした、これだけ

は既に実行されておる。

小区画制

今日においてなお問題として残っておるのは、その省を廃して道を以て第一級とし、これを以て県を総《す》べんとするもので、あるいは全国を八十三州に分けるという説もあるが、要するに地方政治の大区画を析《さ》いて数を多くし、小さくするというにあるのである。これは今日に始まった議論ではなくして、十年前に既に康有為《こうゆうい》氏がこれを唱えてその著「官制議」の中に論じており、熊希齢《ゆうきれい》氏も別に著書はないけれども、同様の案のあることは、余《よ》が親しく同氏から聞いたことがある。康氏の説は今の道の区画を以て地方政治の最大区画として、約七十余道とするというので、県を第二中区とし、その下に第三小区として自治団体を置くこととし、その組織の理論も頗《すこぶ》る詳密を極めて、およそ行政官の数は多いほど、人民を治めるに都合の好いものという説である。それで古来支那の制度では、どれほどの官吏があったとかいうようなことを列挙して、その学問上の主義としては、康氏が反対すべきはずの「周礼《しゅらい》」をも暗に引用し、現在欧米並びに日本などの制度をも参考して、官吏増加説を唱え、官吏が増加して直接人民に接触する機会が多くなれば、したがって民間の事情が分り、政治の実績が挙がる。それから省の数を多くして、比較的小さい区画の長官が、直ちに中央政府にその意見を上達することが出来るようになれば、敏活に政務が行われるというような説である。しかしこれらはなお大に慎重に審慮すべきことである。なるほど既に実行したところの府、庁、州、県の階級を無くしたのは、あるいはその当を得ておるかも知れぬ。しかしこれから実行せんとする、省の区画を多くして小さくするという論は、理論としてはよいけれども、実際それが見込み通りに治績を挙げ得るや否やということを考えなければならぬ。実はその府、庁、州、県の階級を無くしたのでも、その階級を減らすことを実行すると同時に、ある地方においては今日の県をもっと大きくしなければならぬかと思うくらいである。現在の行政区画の実際を考えてみれば、支那の県は日本の郡に当り、支那の府は日本の県に当るのである。これは土地の面積ばかりから考えると、必ずしもそうはならぬけれども、その人民の数、租税の上り高などから考えると、大抵それくらいに見るのを適当とするのである。今日の日本においても既に郡制廃止などという議論が起っておるのであって、その階級を少なくするということにおいては同様であるけれども、それはつまり人民の負担を軽くして、直接に町村の自治団体と、最高の地方官とを接触せしめるという意味から出て来たので、単に官吏の数を多くすれば、人民を治めるのに便宜だと云うために考えられておるのではない。況《いわ》んや日本においても、交通機関の発達した結果、既に今の府県の区域が小さ過ぎるというので、これを合併してはどうかなどという議論さえ出て来ておるのである。しかし日本の方から考えると、実際は行政区画の大小を論ずるよりかは、その組織の根源に遡《さかのぼ》り、繁文を省き、事務の簡捷《かんしょう》をさえ図れば、必ずしも区画の大小は問題にならないのである。支那における現在の政治論は、草創の時代であって、まだ細かい地方政治の根本の理論にまで立ち入る時期になっておらぬから、あるいはその粗大な点から考えて、大小区画などを論ずるのは、機宜に適したものであるかも知れないけれども、康氏などのごとく、単に行政区画を多くして小さくすることが、地方行政の最も善い方法と考えるのは、あるいは誤っておりはすまいかと思う。

漢・唐の制

これについても従来の歴史を切実に考えなければならぬのであるが、「周礼」などのような政治上の理想制度は、別問題として、その信拠するに足るものでは、前漢《ぜんかん》の時の郡がおよそ百三あったのが、今の新しく造ろうという道、もしくは州の区画の大きさくらいのものである。これはもちろん民政にとっては便利であったということは、古来の沿革で証明されておる。しかし支那のように地方行政官が司法の事をも兼ね、あるいはまた軍政をも兼ねるようなところにあっては、一概に民政ばかりを標準として議論を立てられない。それのみならず漢の時には百余郡の太守《たいしゅ》の上に十三部の刺史《しし》を設けて、六条の条件で各郡の監督をしておったが、これは妙な制度であって、その十三部の刺史たる監督官は、天子から勅令でもって派遣されるのであるけれども、各郡の太守よりかは官階が卑《ひく》いので、太守はすなわち二千石の秩《ちつ》であるのに、刺史は六百石である。今日の日本で云えばあたかも督学官などが学務に関して地方官を監督するような状態になっておる。然《しか》るにこれが前漢の末になると、卑いものが尊い者を治めるのは、春秋の義に合わないという論があって、刺史を秩二千石の州牧《しゅうぼく》に改めたことがある。

唐《とう》の時は各州の刺史というものが、すなわち漢の各郡の太守と同じようなものになって、その数もまた増して開元《かいげん》の盛んな頃には三百余になった、すなわち清朝の知府《ちふ》よりも数が多いのである。しかしこれらの変化は名目だけのことであって、その上に監督官としてやはり採訪使、または観察使を置いて、これを支配しておる。その採訪使、観察使の分配は、天下を十道に分けて、それにまた多少の派分をして十五の採訪使を置き、漢と同様に六条で各州を監督しておるのである。この採訪使、観察使は、要するに朝廷の欽差《きんさ》の職であるけれども、唐では兵乱の結果、さらに節度使《せつどし》を置くようになって、地方に固着した職に変じてしまった。その沿革から考えてみると、もし今日の支那において、省の区画を小さくして、道または州とし、これを七、八十くらいにしても、やはりその上にその監督官のようなものを必要とすることがないかと考えられるので、すでに常設官にあらざる巡按使を設けるなどの説もある。日本のように行政の分科があって、税務の方は税務官があり、逓信《ていしん》の方はまた逓信の官があり、軍隊は軍隊で独立しておって、地方官は単に地方の民政ばかりを掌《つかさど》るものであれば、府県ぐらいの大きさが中央政府に直隷しておっても格別差し支えはない。しかし支那においてはどちらかと云えば地方官の主要な職務は税務と詞訟とで、その他のものは皆それに附属したようなことになっておる。税務官とか、裁判官とかは日本でも民政官たる府県の数と必ずしも同じだけの数を要するものではない。

宋・元・明の制

それからまた唐以後の沿革を考えてみると、小さい区画の上に大きい区画を立てる傾きがますます強くなって来ておる。宋《そう》の時代は州県の守令にさえ権知《けんち》すなわち一時仮に司《つかさど》る意義の官名を附けるくらい、すべての地方官制が定着せぬ時代であったが、やはり大体は二十三路に分けて府州を配属せしめておる。

元《げん》の時はその領土が非常に大きかったために、天下を十一の行中書省《こうちゅうしょ》に分け、その中で今の支那の本部をば九省に分けて、各路の上をさらに統轄することになっておる、この行中書省というのは、すなわち中央の中書省の出張所というような意義で、実は地方官という性質ではない。

明《みん》の最初の制度としては、全体を十三布政使に分けておるのであるが、これもその名義からいうと中央政府の出張官のような意味をもった使の字を用いた官であるが、明では最初からこれを地方官として制定した。そうして明の時には、中央政府では前にも云うごとく、六部《りくぶ》が皇帝に直属して、徴税権、兵権、司法権は別々に独立した職務になっておるが、地方官でも布政使は財務官、按察使はおもに司法官、また都指揮使は軍務官というような分離した立て方であった。しかし明一代の沿革は、結局この三権分立の制度から漸々《ようよう》変って、後には三権を一人で握ったような総督、巡撫が、布政使、按察使の上に出来ることになった。総督、巡撫も元来は漢代の刺史に類した巡按御史《じゅんあんぎょし》からして、事変のある時臨時兵権並びに糧餉《りょうしょう》徴発権を併有した職務に変形して来たので、やはり中央からの出張官であるが、これが清《しん》朝になると、布政、按察両使と一様に固定した地方官の姿になってしまった。

変遷の大勢

それで支那の地方官制の変遷を通じて考えると、州郡の守令、すなわち支那を七、八十ないし百から三百、四百に分けたものの上には、どうしても九とか十とか以上、二十前後までの監督官をその上に置くことになり、また各種の政務の科目を分けられてある官職からして、後にはこれを総合したものになる方に傾いて行き、昔は中央政府の特派官であって、純粋の地方官でなかった官吏が、漸々純粋の地方官になるという傾きになって行っておるのである。このごとく自然に傾いて行く結果は、もちろん政治上に種々弊害があって、いつでも創業の君主、中興の時代などには、官制の意義を元の通りに引き戻そうとするので、今日においても改革論の出来るのも無理のない次第である。しかしこの政治上の弊害というものは、どういうところから出て来ておるか、単に制度が惰力で変って来た、すなわち分科の行政を総合行政にし、特派官の制度を固着の地方官にし、地方行政区画の小さいのを大きくしたというところから弊害が出て来たのであるか、あるいは根本に弊害があって、その弊害に対するやむを得ざる救済策として、後来の大行政区が出来たのであるかということを考えなければならぬ。

顧・黄二氏の意見

支那の政治の弊害を論じた人は、昔から多いのであるが、そのうち明末清初の際における顧《こ》炎武《えんぶ》、黄宗羲《こうそうぎ》などは、痛切に弊政の惨烈なる結果をも目撃し、その胸底《こんてい》にも根柢ある経綸《けいりん》を抱いておったので、その言うところは、最も耳を傾ける価値あるものであるが、この二人はともに地方鎮撫《ちんぶ》の方針としては、行政区画の大きくして権力の強いのをむしろ弊害とはせずして、それがすなわち朝廷の安固〔安全かつ堅固なこと〕を維持する所以《ゆえん》だとする傾きがある。この二人は従来唐の時代には藩鎮《はんちん》が盛んで、地方に兵権をもったものが跋扈《ばっこ》することになったからそれで衰えて亡んだという論に反対の意見を持っておる。それは地方に兵権をもっておるものが多くあるのは、中央政府の薄弱な所以であったけれども、地方に兵権をもっておるものの全く無くなったのは、同時に中央政府の滅亡を来《きた》す所以となった、ここを考えなければならぬという議論である。支那のような社会状態の欧米もしくは日本などと異なっておる国においては、一概に欧米文明国の政治の外形に模倣して、その国が治まるべきものであるか否かということも考えなければならぬ。文明国の政治でも、その起源はやはりその国特有の沿革から由来しておるので、理想から割り出されたものでないことも少なくない。そういう制度は一国もしくは数国において利便であっても、これを他の国々に応用することの出来ないものもある。康有為が挙げておる英国その他の小行政区制度でも、実は歴史的発達を尊重して、これを保持する風習から来ておるのと、古い風習が不経済、不便利でもこれを維持するだけの富力があるという点からも出ておるので、これが理想的良制とは云われない。現に二百六、七十藩を三府四十余県に合併して、好成績を挙げた日本の実例を以ても証明されるのである。それだから支那は支那だけの従来の政治上の利弊として識者に考えられておったところのことをも十分に考えなければならぬ。

大区画の利およびその根柢

今日この省を廃して行政区を小さくするという説は、康有為その他が唱え出してから清朝の末年において既に当局省に考えられたことであって、すなわち中央集権の実行に伴って必要とせられたのである。それで総督、巡撫は、権力が過大であるから、地方官を小さくして統一に便にしたいという考えなのである。しかし支那のごとく非常に国土が大きくて、その交通もまだ十分に敏活には行かず、それから一体人民が国に対する感じが頗る遅鈍であって、一方に激烈な騒乱があっても、一方の人民は一向平気でおるというような国にあって、もしこの小区画制を実行したならば、思いの外の叛乱、もしくは外国の侵略があった時に、それに対する防禦が出来るかどうかということが、また一つの問題である。近年のことに考えてみても、既に北清事変の際に、北京に外国兵の侵入したがために、光緒《こうしょ》皇帝と西太后《せいたいこう》とが蒙塵《もうじん》して、陝西《せんせい》地方へ走り去った、その時において支那の国を維持したものは、おもに南方の二総督すなわち劉《りゅう》坤一《こんいつ》、張之洞《ちょうしどう》とそれから山東巡撫袁世凱《えんせいがい》との三人の力である。殊に南方の二総督が少しも北方の騒乱の影響を自己の管轄区域に及ぼさせずに、安全に根拠を占めておって、一は陝西に逃げた両宮の声援をもなし、一は両宮に対して実力を以て改革を要求したためであるということが出来る。もしこれが南方に小さい行政区画のみが分立しておって、大きい勢力で統一しておることがなかったならば、こういう場合には土崩瓦解の状態に陥ったに違いないと思われる。内治を整頓して、小さい行政区画で政務を敏活にやろうという国は、まず第一には政治組織の完全し、国民の程度が高くて、内乱の憂いのほとんど無いこと、第二には国防も完全して、外国の侵略に対しては、これを国境以外で防禦し得らるること、第三には国民の愛国心が強烈で、国の独立に対する感覚が鋭敏で、いかなる事変に遭遇し、またこれを放任しておっても自然に統一の出来るというようなことを必要とするのである。今日の支那においては、いずれの点においてもまだそういう場合に達しておらぬと思う。

それにこの大きい行政の区画の施設も、既に数百年の因襲を経来《へきた》っておる。元の行中書省を設けて以来、既に六百年、明の布政使設置以来としても五百年を経ておる。それでその中には江南と江北の地方を一省の区域に入れた旧《もと》の江南省、今の江蘇《こうそ》、安徽《あんき》両省のようなものがあり、浙東《せっとう》と浙西《せっせい》を一省の区域に入れた浙江《せっこう》省のようなものがあり、内江、外江を併せて一省にした四川《しせん》省のようなものがあり、地方天然の山河の形勢から生じておる区画を無視し、もしくは禹貢《うこう》の分州、その後にも、唐の分道の精神を失って、険要の利用が出来ないようなことになり、それがために元、明二代の末路は内乱の防禦に非常の不便を感じ、亡滅を早めたという非難もあるが、しかし大体においては各省の区画にはそれ相当の理由があって、その不自然なところは他の何らかの政務上の管属において、多少の矯正が出来ておる。すなわち江蘇省に二布政使を置いて、南京《ナンキン》と蘇州《そしゅう》との両中心を保持するような類である、その外においては地方の形勢並びに民族等によって、自然に分たれておるので、多少の修正を加えさえすれば、完全な区画になり得べきものである。それだからたとい新制度に遵《したが》って之を小区画に分けても、恐らく経済上もしくは政務上において、現在の省を成しておる区域内のものは、連合を要することになる場合が多かろうと思う。一例を以て言えば、現在支那の貿易商などが、広東《カントン》省のものは一つの広東会館を機関としておる。もし新区画に依ると、広東一省が五州くらいに分れるはずであるけれども、将来とも行政区画によって、五箇の会館に分れるだろうとは想像されない。福建も新設区画では三州に分れるはずであるけれども、商人などが一つの福建会館から分離するとも思われず、それから寧波《ニンポー》から上海《シャンハイ》その他の附近まで及ぶ江蘇、浙江の大なる地方は、その方言などが大方共通するがごとく、商業団体も三江会館で統《す》べられておるが、これとても二省に新設せらるべき六州に分れてしまいそうにもない。山西省のものがどこへ行っても一種の銀行業を営むというようなこともあり、山東省のものはどこから出たものでも、多く労働者として認められておるようなこともあって、とにかく今日の大行政区というものは、大体において地勢並びに風俗からして、自然の道理に適《かな》っておるのである。

そうしてみると、今日それを小さく分けても、従来からの大きい区画内には、また何か共通の仕事を以て連絡しなければならぬようになりはせぬかと思う。単に官吏を増せば政治が敏速になるとか、行政区を増せば中央政府の威令が行われるというようなことは、北京の中央政府に強大なる権力を占める君主のごときものがあって、中央集権を決行しようという場合ならば、あるいはよいかも知れぬ、我々も清朝の末年において皇帝が存在して、政治上の改革をやると云う上からは、この小区画説にも理由があるものと思ったのであるけれども、今日は既に共和政治になったのである、何の政治でも統一を必要とすることはもちろんであっても、中央政府の権力の非常に大なることを要する理由はよほど無くなったのである、今日において清朝末年と同様なる行政区画の改革論を主張するのは、あるいは間違っておりはしないかと思うのである。ただし支那の人民の程度がさらに進んで来て、その愛国心が非常に盛んになり、内乱の憂いも全く無くなるという場合になれば、それはまた別問題であって、その時は今日の行政区をまた改革してもよいのである。

増官論の誤り

ただしそこになおどうしても考えなければならぬことは、官吏を増せば行政が行き届くようになるという議論である。これはどこまでも誤りであると云わなければならぬ。康氏などは台湾の例を挙げて、台湾は元は支那ではわずかに一府を置いて、それに僅少の県を附属させて治めた処である、然るに日本ではこれに総督を置いて、多数の勅任奏任の官吏を置いて、非常に綿密な行政をしておって、そのために治績が挙っておると言っておる。しかしこれらはまた別の点からも十分に考えられるのである。イギリスなどのような植民政治を執る国で見るというと、多少種族の異なって、しかも特有の文化を所有せる人民を治めるには、多くその種族の自治に任せて、多数の本国人の官吏を派遣しない。それが却《かえ》って殖民政策として成功を告げておるのである。

日本が実行しておる殖民政策はヨーロッパ諸国などとは頗る同じからざる点があって、資本が有り剰《あま》るがために、その下し場所を求めるので殖民地が要るとか、またヨーロッパのある国からアメリカなどへ盛んに移民の行くごとく、人口の過多なるがために、それを捌《さば》く必要上から殖民地が要るとか、工業が盛んで生産品が過剰を来すがために、殖民地が要るとかいうのとは幾らか違っておる。もちろんそのうち人口の過多を捌く方法としては、日本にも同様の理由があるのであるけれども、台湾などに対しては、その割に多数の日本人が入り込んではおらぬ。日本の現今の殖民地に対する実状は、教育を受けた人間が有り剰って、それを使用するに困る場合が多いので、多くの官吏を製造して、それを植民地に捌いてやるという、方針というではないけれども、確かにそういう傾向になっておると言い得るのである。これは殖民地を見事に治めるがために多数の官吏を要求するのではなくして、官吏になる人が多数なので、殖民地にも多くの官吏を用いるのやむを得ざるに至っておるのである。台湾の治績が清朝の時より挙っておるとか、朝鮮の土人が韓国時代よりも経済上幸福になっておるとかいうのも事実ではあるけれども、これは他に理由があるので、官吏の多数なる結果ではない。現に日本においてもしばしば冗官の淘汰《とうた》が問題になって、一つは財政の上からも来るのであるが、とにかく官吏が多きに過ぐるということが問題になっておる。それでこれを外国の行政の整頓した国々に較べると、官吏の才能が不十分にして、そうして数ばかり多くする行政の仕方を日本は執っておるのである。これらのことは今後の支那においては何も学ぶべき必要の無いことである。

官吏の収入

かつ支那においてこういう多数の官吏で支配するという方法を学ぶと、その利益を享《う》くる前に、たちまちに非常な弊害を生ずる憂いがある。日本は誠に官吏が多数であるけれども、官吏の収入は非常に少ない。それで今日においては官吏以外の職業を求めるものの方が非常に多くなって、そうして官吏は多くても、そのために一国の経済に影響することは、大したものではないのである。もちろん行政財政の整理をする時には、いつでも官吏を減らすけれども、これは整理の仕方に依っては別の方法を執ることも出来るし、また従来日本は官吏が多きに過ぎたので、今減らすのが当然だという道理にもなり、むしろ今日では行政整理の根本問題は、官吏の多少よりかも、能力ある官吏が、他の職業に従事すると同様に、安心して生活し得るかどうかということが問題になっておる。然るに支那においては官吏の生活は、日本よりも遥かに豊かで、名目はともかく、事実は非常に収入の多いものである。それで官吏の数を多くするがために、今までの官吏の収入を減らして、日本のごとく極めて貧乏な官吏を造り得らるるものであれば、多数出来ても国家の経済には大した差は無いけれども、官吏は収入の多いということが原則になっておって、そうしてその上に数多くこれを造るということになると、さなくとも収支相償わない支那の現在の財政状態ではとうてい堪うべからざるものである。

胥吏の弊

支那の官吏の収入の多過ぎるというのは、これは積年の弊であって、共和政治になった今日などにおいては、その弊害を釐革《りかく》する必要があることはもちろんである。そこでもし、改革の時機が到着しておるからというので、官吏の数を殖《ふ》やすとともに、その収入を減じようということであれば、これは謂《い》わば政治上の根本改革の問題である。支那の官吏の習慣として、その大多数は、知県《ちけん》のごとき小さい官吏からして、その職務の取り扱い方に通じておって、これを処置するものがない。中央政府が六部に分れておるがごとく、知県の下にもやはり六房を分けて、幕賓《ばくひん》が各々その位置を占めて、実務を取り扱っておる。この幕賓もしくは官吏の品流〔官位〕に入らないので、一種の官吏の下働きをする職業、すなわち胥吏《しょり》というようなものがあって、実際の政務を執っておることは、上は六部から、下は知県衙門《がもん》まで共通しておるので、この胥吏がまた代々世襲してもおり、またその株をも売買して、動かすべからざるほどに盤踞《ばんきょ》しておるので、顧炎武は古人の言を引いて、官に封建なくして、吏に封建ありといい、黄宗羲も同様のことを言っておる。この胥吏を廃して、士人を用いるという宿論を実行しようとは、清朝の末年からしてすでに試みたのであるが、要するにこれは官吏が実際政務を知らぬでも、盲判を押せばそれで務まるという習慣が全く改まらない以上、恐らく実効のないことと思う。しかしこれはなお弊害の小なる者で、政治教育の如何《いかん》によっては、漸々に革新の途《みち》がないでもない。

日本との比較

ただ今一つ重大なることは官吏の政治的徳義の問題である。実はこれはいずれの問題にも関係し、またいずれの問題の根柢ともなることであるが、支那のごとく数千年来政治上の弊害が重なって、官吏という者にはほとんど政治上の徳義が麻痺して、その弊害ということをも自覚しないようになっておる国にあっては、この問題を解決することは、容易ではない。しかし日本の維新の実例を研究すれば、この問題解決の曙光《しょこう》を認め得られないとも言えない。日本においても徳川時代の末路には、徳川家の領土内でも、各藩でも、官吏の政治上の徳義は、甚《はなは》だ低くなったもので、到る所に腐敗を来して、何事でも賄賂《わいろ》で以て成功するというような有様であった。この腐敗を代表すべき一種の公然たる名詞さえ出来て、すなわち役得ということについては、世間はこれを以て必ずしも不徳義と考えない程度までに下落しておったのである。明治以来、言論の自由ということが認められて、政府とか、官吏とかを攻撃することが、公然自由になったので、新聞その他の言論の機関が、明治時代以後官吏の不徳義過失に関する攻撃を無遠慮にする外形のみを見ると、明治時代の官吏の弊害が前代よりも甚だしくなったように見ゆるけれども、近年まで生存しておった徳川時代の故老の経験によると、実は明治時代の官吏は、徳川時代に比して遥かに徳義が上進しておったということを認めるのである。つまり言論が自由になった結果、不徳の事があるとそれを遠慮なく摘発するので、自然表面に現われるところの悪事の数が多く見えるのであるが、徳川時代においては悪事の摘発の機関が無いところからして、すべてのことが皆泣寝入りになっておったのである。それで歴史に昧《くら》い者が動《やや》もすれば徳川時代の封建の世の中には、いつでも武士道というものが十分に行われて、上級の武家、すなわち将軍とか大名とかいうものからして、下は槍一筋の平武士に至るまで、武士道を以て生命としておったかのごとく空想するのであるけれども、実は武士道というものは、単に徳川時代の理想であって、講釈師などの談を聞けば時々えらい人があるようであるが、事実行われておったことは極めて稀《まれ》であって、一般には腐敗を極めておった。ただ徳川の末年に国歩が艱《かん》難《なん》を来してから、始めて人心が奮起して、今まで細身の大小を帯していたものが、講武所《こうぶしょ》風とかいう太いものを帯して歩くといったようになったので、それが明治になって外国との関係上、いずれの階級にも愛国心が普及することになった。今の人が謂う元禄《げんろく》武士とかいう、その元禄時代には、どちらかといえば武士道の衰えておる時で、赤穂《あこう》四十七士などの盛んに称揚されるのも、その腐敗した世の中にあれだけの人間が幸いにもあったということが珍しかったので、その外の世間は腐敗を極めておったのに対照しての賞讃と見る方が事実である。

改革の効

然るに明治の世の中になって、ひと度大改革を経るというと、比較的官吏の徳義が上進して、もっとも今日においても多少の弊害が無いということはないけれども、しかしながら判任官とか巡査とかいうものが、低い給料を貰って生活難に苦しみつつも、支那の吏胥《りしょ》などのごとき非常な不徳をせずに、歯を食い縛っても自分の品位を維持して行こうと勉《つと》めておるような有様は、維新の改革から産み出されたところの新しい現象で、この点から云えば明治の世は、確かに所謂昭代《いわゆるしょうだい》として差し支えないのである。

改革というものはそのごとく人心を一新するの効能があるものであるから、よしんば支那のごとく数千年の積弊をもって来た国であっても、真正に改革が行われさえすれば、政治上の徳義というものも、再び回復することが出来ないとは限らぬと思う。しかしこれは改革の仕方にあるので、その点において袁世凱が、もし某博士などの言うがごとく、清朝からして主権を継承して、治者の地位に立ったので、革命に依って与えられた地位でないというような解釈が真実であるとすれば、人心の一新ということは非常に困難を覚えるのであって、支那のためには大いなる不幸を悲しまざるを得ない次第である。これは必ずしも某博士の解釈を待つまでもなく、袁世凱の現在の地位は、実にこの人心を一新すべき改革の時機をみすみす逸しておるような傾きを明らかに認めるのである。それは例えて言えばこの本の附録にも書いてある通り、徳川将軍が政権を奉還しても、そのまま徳川家がまた引き続き事実上政権を握っておったと同様な形にあるのが今の袁世凱の地位である。それであるから袁世凱を始めその部下の官吏も、やはり清朝時代の官吏生活の因習から脱却し得ないのである。

官吏の貴族生活

日本でも徳川の時代には士族以上の階級、尤《もっと》も下級の士族は随分苦しかったものであるけれども、上級の士族以上の社会は、国民の程度に比較して非常に贅沢なる生活を送っておった。日本には二百幾十藩の諸侯があり、それから徳川という大きな覇者がある。その当時の徳川家の生活を考えるというと、畏《おそ》れ多いことであるけれども、今日の皇室よりかも遥かに贅沢な生活をしておったらしい。それから二百幾十藩の諸侯は平均して今日の県知事よりかも遥かに小さい地方を管理しておったのであるが、その生活は今日の県知事などの夢にも思い及ばざる贅沢をしておったので、その代り百姓というものは、生きないように死なないようにという、徳川の元祖家康以来の方針に依って支配されておるので、その汗水流して取ったところの収穫の過半というものを、皆治者たる武士に取り上げられておったのである。もし日本の国がもっと小さくて、徳川の初年以来開墾すべき余地が無いものであったならば、この一種の不具の制度からして、既に破産をすべきものであった。幸いに徳川の初年から三百年近くの間、幾らか新しい土地を開墾するというようなことで、日本の富が漸々増進して行ったから、百姓の方でも武士の圧迫に幾らか堪え、武士の方でもその子孫が殖えては新家庭を起し、一種の耕さないで食う階級が漸々増加して行くにも拘《かかわ》らず、その生活を維持して行ったのであるけれども、徳川の晩年においては、既にこの制度の不都合な結果をよほど実際に現わして来て、各藩の大名は皆大阪の商人に向かって、少なきは幾万両、多きは幾百万両の借金をしないものはなかった。徳川幕府の旗本が蔵前《くらまえ》の札差《ふださし》に対する関係も同様であって、悉《ことごと》く借金でもって経済を維持して来ておったのである。ただこれがすべて内国債であり、事実上それを返済をせぬでも、とにかく融通の機関でもって、大阪の商人並びに蔵前の商人というものが正金を握らない名義上の富の増加に依って、この一国の借金政策を維持して来たのであるが、明治維新とともに大阪の商人並びに蔵前の商人は、そのために大多数潰《つぶ》れてしまって、日本の財政の非常に不具な組織から来ておるところのすべての弊害は、この商人らの財産が犠牲になったので、すべてに対して結末を着けることが出来るようになったのである。

支那の今日も幾らかそれと類似したようなことがあるけれども、これは従来の弊害を打ち切りにするについては、明治維新時代の日本よりかは遥かに困難な地位に立っておるのである。支那の官吏は、その制度からいえば、所謂王侯将相何《いずくん》ぞ種《しゅ》あらんで、日本の封建時代のように、士族と平民というような階級は無いのである。しかし不思議なことには、支那の官吏は種として貴族ではないけれども、官吏の位置さえ得るというと、何人《なんぴと》もまた少なくとも貴族の生活をせぬものはない。支那の知県は日本の郡長ぐらいの低い行政官であるが、それを三年もやればとにかくその一家族が一生食うだけのものが出来ると謂われておるくらいである。もちろん中には清廉で、そういう風に出来ぬ人もあるけれども、一般には地方官をした者の子孫で相当の財産を持っておらぬものはないのであって、支那で財産家の出来るという一つの要素は、その一家族のうちのある人が、立派な官吏になることを以て最もおもなることとしておる。従来商業などに依って産を作ったものでも、塩商などのような、半官半民の関係をもっておる者の外は、いかなる商人でも、官吏をするほど大きな財産を作るということは出来ないのである。況んや農民などにおいては、あれだけの大きな国であって、土地の肥沃《ひよく》平衍《へいえん》なることも非常なもので、幾らでも兼併をすることが出来るような状況にありながら、日本の農民ほども大きな財産を持ったものが無いのである。

つまりあらゆる職業のうち、官吏ほど産を積むに最も便利なものがないというところから考えてみると、日本の封建時代の武士と違うは、ただ世襲でないというだけであって、その一代は貴族生活を送り、あるいはその子孫も余沢《よたく》を蒙る点においては、日本の上級の士族以上の地位を皆もっておると云ってもよい。日本では封建時代の破滅とともに、上級士族の多数が勢力を失って、そうしてすべての政治上の弊害を一掃し、新たにこれに代った者は、三百年来上級士族の圧迫を耐えて、その脳力、その体力を鍛錬しておった下級の士族、もしくは上級の農民で、それらの者がこの立憲政治の根本とも称すべき中等階級を形作ることが出来、それらの者がまた新時代の政治上の実際の権力を握ったのであるから、中には華族などで大官になった人もあるけれども、その華族の大半たる公卿華族というものの生活も、昔は上級の士族ぐらいの生活をするものはよほど良い方であって、中にはほとんど下級の士族よりかも、その爵位の空しく高いだけに困難な生活を送っておったものもあるのであるから、新しい時代にこれが官吏となって、あまり多からざる俸給を貰って、それに満足して、その多年鍛えて来たところの脳力体力を発揮して、またそれに伴うところの徳義心を維持して、新時代の政治を執り行うことが出来たのである。

袁の政府に革新の気分なし

ところが支那においては、官吏が貴族生活を送ることは日本の封建時代と相類しておるが、この度の革命に依って袁世凱の政府に官吏となった者が、やはり依然として清朝時代の官吏と同様に、官吏となれば貴族的生活を送られるものという考えが少しも払い去られないのである。近頃大総統の年俸を定めたということであるが、俸給と手当てを合して二百万元に近い。清朝時代の各地方の総督などの収入は随分大きなものがあって、昔は広東の粤海関《えっかいかん》の監督などは、恐らく大総統の収入以上の収入があったのであるから、支那一国の大総統としてこれくらいのことは不思議ではないけれども、日本の明治維新の頃はもちろん、今日の総理大臣の収入にこれを比較しても、その過大なることを認めざるを得ない。したがってそれ以下の官吏でも、例えば北京における各部の長官とか、それから新しく出来るところの各州の長官とかいうものなども、従来の支那の同階級の官吏と同額以下の俸給に甘んじて、極めて簡素な生活をなし、その割に極めて堅固な政治上の徳義心をもって、そうして政治を執り行うことが果して出来るかどうかということは非常なる疑問である。

日本の維新に依って新たに政治の局面に立った官吏は、俸給も自分らが最初下級の士族として生活しておった時よりか豊かにされたには相違ないけれども、その徳義心の根柢というものは、その俸給にのみ関係するというようなわけではなかったのである。ところが支那の従来の官吏は、つまりあらゆる職業のうちの最も割の良い者ということを認めておったので、今日新しい共和政府の官吏としてもその考えを脱し得るや否やということは疑わしい。しかしこれはその周囲の空気にもよるので、一国の人心が皆革新の気分になれば、官吏とても新しい気分になれぬとは言えぬと思う。すなわち袁世凱の共和政府では、旧来の清朝の政治組織をそのままに承《う》け継いで、その官吏も旧来の清朝時代の官吏を主脳として用いたのであるから、それで昔風の官吏生活を送らなければ、官吏たる体面を成さないように考えるかも知れないけれども、もしこの改革事業が全く革命党の人々に依ってなされ、そうして日本の下宿屋にころげておったような白面の書生が天下を取って、溌剌たる意気を以て政治の局面に当ったとすれば、恐らく従来の官吏のごとく贅沢をせぬでも、極めて簡素なる生活に依って、低い俸給を受けて、支那のような大きな国家を料理して行くことがあるいは出来ないとも限らぬのである。

これは政治上徳義の革新について単に一端の議論であるけれども、このような状態はすべての事に渉《わた》るのであって、もしこの改革の際にすべての古い状態を皆打ち壊して、新しい国家をそこに打ち立つるのであれば、随分思い切った方法に依って一刷に刷新することが出来るのであるけれども、今のままでは昔の政治組織をそのまま承け継いで、徐々にその弊害を除いて行こうというのであるが、行政上の弊害というものは、これを徐々に除くということは反《かえ》って容易ならざることである。もしこれが徐々に除き得るものであったならば、何も清朝が倒れぬでも済むわけである。政治上の弊害は積み重なる時には、どこまでも一方に積み重なって、いかにこれを救済しようとしても出来ないようになって行って、とうとうその惰力で引っくり返るまで押し詰って、引っくり返ったところで新しく局面が開いて、また初めから組み立てるというような形になるのが常である。それで清朝の末路に種々の方法で新政治を試みたけれども、その新政治はすべて清朝の衰亡を救うだけの効力が無くて、ついに顚覆《てんぷく》するに至ったというのも、すなわちそのゆえである。これは日本の維新の例ばかり必ずしもそうだというのではないので、支那においても既にそういうことが前からある。

明・清の易姓の効

明清の易姓《えきせい》によって、政治上の組織はほとんど変ったところはないが、改革の効のあった著しい例を挙げることが出来る。明代の朝廷の財政というものは、帝室すなわち宮中の財政が非常に大きくて、表の政府すなわち府中の財政は非常に小さい。それで政府は始終財政の困難に苦しんでおるけれども、帝室はいつでもそれほどに苦しまない。明の末年に大きな征伐でもあって、金の要るという時には、政府に金が無い際には、いつでも御手許金すなわち内帑《ないど》の下附を請求しておる。また帝室の内部においては宦官《かんがん》とか宮人《きゅうじん》とかその外のもので、北京《ペキン》の宮城の中にまた一つの国を組織したようなものを形作っておったのであるが、一旦明が亡んで清朝になってみると、清朝は満洲の片田舎から興って、極めて簡素な生活をした夷狄《いてき》が急に成り上って、支那のような大きな身代の主人になったのである。それであるから清朝は制度において明代の形を踏襲しておるにも拘らず、明の制度について根本からの改革を加えたのは宮中の制度であった。そのことは康熙《こうき》帝などもしばしば自慢のようにこれを言うておるのであるが、このことについては既に前の領土問題の条中にもほぼ説いておるごとく、宮中の十三衙門を廃したとか、その費用を幾十分一というほどに節約したとかいうようなことは、清朝の記録にも載せてあるので、清朝の初めには始終征伐のために軍費が多く要るので、政府の財政はいつでも歳入不足に苦しんでおったのであるけれども、別に民間から増税をもせずに、全くただ帝室の費用の節減のみでもって、その困難なる財政を支えて来たということを言っておる。かくのごとく帝室と政府との関係だけは、清朝が明朝に代っただけでも、かくのごとき著しい改革を成し遂げることが出来たのであるが、ただ清朝の一般の政治組織は、明朝の旧に依って、そのまま地方を安堵《あんど》させるような方法を執ったのであるから、明以来弊害を残しておったところの地方行政などというものの改革は、とうとう出来ずにしまったのである。しかし清朝一代を通じてとにかく帝室の経済の縮小せられて、それがために人民に租税などを増徴せずに済み、あるいは実際の効能は無かったというけれども、康熙、乾隆《けんりゅう》の間には幾度か租税の免除をも行うことが出来たというのは、つまり清朝という田舎の小さい身代のものが、明朝のような大きな身代の家へ乗り入ったから行われたことである。それで今日でも革命党のような一介の書生どもが空拳にして天下を取ったのであって、生れてから贅沢の味を知らぬような者が政治上の中心になり、大総統にもなれば、あるいはおもなる官吏にもなるというのであれば、あるいはその政治組織を一変して、これに低い俸給を与えても、それに満足をして、そうして極めて縮小されたる経費でもって、行政を維持して行くということが出来るであろうけれども、袁世凱並びにその部下のごとく、清朝時代において既に官場《かんじょう》〔官界〕の弊習が身に染み込んで、半貴族的生活を送った者が中心になっておる行政であっては、とうていこの数百年来あるいは数千年来の積弊を一掃するということは思いもよらぬことである。

自治団体と官吏

康有為は従来の地方政治の弊害は、官が人民のために政治をして、人民の自治を許さないためであると云うけれども、この論もまた別の方面からさらに一考してみねばならぬのである。すなわち支那では隋《ずい》・唐《とう》以来人民の自治は存在しておるが、官吏は自治の範囲に立ち入らずに、ただ文書の上で執り行うところの職務だけを行っておる。どちらかと云えば官は人民を治めないと言うことも出来る。この弊害の由来も久しいものであって、昔は名族が盛んであった時は、それらが地方に各根拠をもって、その勢力で自然に地方が治まり、民政の最も行き届いたという漢の時などは、県の下に郷官、または郷亭の職という、すなわちその土地の名望で任命される官吏があって地方行政をやっておった。三老というのは教化を掌り、嗇夫《しょくふ》は訟を聴き賦税を収め、游徼《ゆうきょう》は賊盗を循禁すというので皆郷官である。それで郡県の守令はその地方の名望ある者の言を聴き、また地方から自ら属僚を選んで任命し、首尾よく民政を治めるようにしたのであるが、隋の文帝が郷官を廃してからは、官吏という官吏は皆渡りものになって、その制度の美意が全く崩れたのである。

殊に近代の制度としては、何人でもその生れた地方において官吏となることを許されない、必ず自分の生れた以外の地方で官吏をしなければならぬということになっておる。渡り者の官吏の常として、その任期の間だけ首尾よく勤めて、租税を滞りなく納め、あるいは盗賊も出ないというようなことで済めばよいとしたのであって、地方の人民の利害休戚《きゅうせき》というようなものは念頭に置かないのである。その弊害が積り積って来て、地方官の重要職務たる徴税権を利用して、耗羨《こうせん》〔正規税以外の付加税〕その他、名からして陋規《ろうき》という不都合の規定により、人民から手数料を徴収して、官吏を勤めておる間に一種の金儲けをするのが、公然の秘密になっておる。それで一期三年くらいの間において、一族が一生食えるだけの財産を蓄えるということを目的としておる。それでも自分で直接に民政に当っては悪いことをするのに多少気が咎めもするが、その間に胥吏とか、幕賓のような便利な機関があって、欲望を達するには都合よい行政組織になっておる。

それがため、地方の人民というものは全く官の保護を受けるという考えは無くなってしまった。地方の人民にとってすべての民政上必要なこと、例えば救貧事業とか、育嬰《いくえい》の事とか、学校の事とか、すべてのことを皆自治団体の力でするということになって来た。近年までは府学の教授、県学の訓導《くんどう》なども、その職は単に学問をして郷試などで及第はしたが、知県以上の職務を得ない者の食い扶持《ぶち》を得るところだけになって、少しも教官たる実務を行わない。教官たる実務を行う者は、皆地方が立てた書院の方にある。前に述べた通り救貧、衛生その他の義務的の事業も、皆地方の人民が勝手に経営しておるのである。甚だしきは警察の仕事までも、各自治団体で自治区域の兵を養う。すなわち多くは無頼漢に一方に職務を得させ、そうしてそれを以てまた無頼漢を防ぐ方法を執っておるのであって、すべての政務というものは皆地方の自治団体が自らこれを行っておって、その上に三年に一遍交代して来る渡り者の官吏は、首尾よく税を納め、首尾よく自分の懐ろを肥やせばそれで済むということであって、どちらかと云えば人民が皆県よりも以下なる屯《とん》とか堡とか、その小さい区域において自治をして、官の力を借らないのである。

康氏の言うところとは全く反対の有様をもっておるのである。

それでももしその地方に不穏のことがあって、盗賊などが出る時は、官吏は自分の行政区さえ侵されなければ差し支えないというので、成るべく隣りの行政区にこれを逐《お》いやるようにする、隣りの行政区でもまたそれを自分の区域内に入れまいとするに過ぎない。結局責任の譲り合いで、その間に盗賊などは雪達磨《ゆきだるま》を転がしてだんだん大きな物になるように大きな団体になって、剿滅《そうめつ》が出来ぬようになって来るのである。明の亡びたのなども全くそういうような原因から来ておるのであって、李自成《りじせい》、張献忠《ちょうけんちゅう》などの討伐軍として、明から派遣された大兵を擁しており、征伐の職務をもっておる武官、例えば左良玉《さりょうぎょく》なども、成るべく自分が鎮撫しておる地方を侵されなければよいというので、その盗賊を逐《お》い廻しておって、接戦をしない。その間に盗賊の勢力がますます大きくなって、李自成のような大きなものが明を亡ぼすようになったのである。人民はそういう場合にはその自治体たる県、鎮の城壁に憑《よ》って防がないと、どうにも仕方がないのである。それで前にも例に引いた乾隆・嘉慶《かけい》の際において、三省の大騒乱を来した白蓮教匪《びゃくれんきょうひ》の一揆《いっき》騒動の時などは、常備軍たる緑営《りょくえい》も戦わず、中央から派遣された禁旅八旗兵はなおさら戦わずというので、仕方なしに地方で義勇兵を募り、それから各自分の郷里を護《まも》ることを主として、一揆が来れば城に立て籠《こも》って、あらゆる財産を城に皆持ち込んで、そうして城外は皆空虚にして、掠奪《りゃくだつ》されるものの無いようにし、そして敵の弱味に乗じて逆襲してこれを敗るというようなことで、一揆の騒動はとうとう治まることになった。この時に一揆の騒動の治まったというのも、つまりは人民が自ら各地方を防禦するということからして成功したのである。

近代官制の由来

つまるところ近来の支那は大きな一つの国とはいうけれども、小さい地方自治団体が一つ一つの区画を成しておって、それだけが生命あり、体統ある団体であるが、その上にこれに向かって何らの利害の観念をもたないところの知県以上の幾階級かの官吏が、税を取るために入れ代り立ち代り来ておるというに過ぎない。それで謂わば殖民地の土人が外国の官吏に支配されておるのと少しも変らないのである。そういう政治組織が根本になっておるから、もし地方に大なる兵力その他のものを備えた官吏がおってこれを鎮撫するのでなければ、いつ騒乱が起るかも分らぬのである。何ゆえとなればそういう小さい自治団体というものは、必ずしも現在の主権者にばかり服従しておるものではない。どの主権者に服従しても一向差し支えないのであるから、実際にその時に主権を握っておる者は、地方鎮撫ということを目的として、総督巡撫のような官史を派遣して鎮定しておるのが、すなわち支那の近代の官制の由って来るところである。そういう惰力で出来た官制であるから、これを一時に変更するということは、その惰力を打ち壊す力が無ければとうてい出来ないのである。もちろん近日の革命以来、官吏というものは皆地方から選挙されたので、中央の派遣者でなくなったということだけはあるが、その代り今日の有様では地方の都督並びにその以下の者でも、中央政府に対してほとんど服従の考えは無いのである。これを服従させるがために、地方の行政区を小さくして、権力を小さくし、それから軍隊はこれから引き放して別に中央政府の権力に直接隷属するというようなことにしようというのが今日の改革論の理想であるけれども、もしそういう風に行政区画を小さくし、一方には中央政府から派遣された軍隊が地方人民に対してまだ十分の親しみをもたないような時に当って、もし相当な強い一つの謀叛の団体が出来、それが兵器の準備などのあるものである時には、とうてい大騒乱に陥ることを防ぐ力は無くなるのである。

画一政治の無効

彼此《ひし》の現状から歴史から考えて、支那の幾百年来の政治上の惰力の根本を改正しようということになると、なかなか一朝一夕のことではない。教育も進歩し、愛国心も殖え、従来のごとく君主を頭に戴かずしても、自分の国に対する義務を十分に弁《わきま》えるというような考えが、人民の間に行き渡らなければ、とうてい共和国としての真の統一事業は出来ない。その間に幾ら官制の改正に依って、行政の敏活を図ろうとしても、一方に便利なことは、必ず一方にまた弊害を生ずるようになって、十分の成功はむずかしいのである。況んや日本でも、あるいはロシアを除く外の欧米諸国でも、同じ国の中において、地方に依って文明の度に非常な差があるというようなことは少ない。それだから画一制度を以てこれを支配することが出来るけれども、支那のごとく江蘇、浙江などのような非常に文化の進歩した地方、それから財力の豊富な地方もあれば、辺徼《へんきょう》の雲南、貴州、広西とか、吉林《きつりん》、黒龍江とかいうような文化の度の進まない地方もある。これを画一の政治で治めるということも、将来にとってはよほどの疑問であろうと思う。これらは皆今日の支那の内治を改革するについて、当然考えなければならぬことである。

尾大の弊は自然の惰力

以上は内治論として、地方制度に関する総論であるが、現在の事情から考えてみてさらに困難なことがある。もちろん日本でも封建からして今日の立憲政治に変るまでの間には、種々急激な変化をするについて困難を感じたのであって、初め封建を壊して郡県を敷こうという時に、薩長《さっちょう》のごとき大藩からして版籍奉還ということを申し出《い》でて、そうして土地を皆朝廷に返して統一を図ったのである。今日でも各省の区画を小さくしようということになると、自然有力なる各省都督が版籍奉還と同様に、自分の地位を抛《なげう》って、各省の先駆をして見せなければならぬので、それがために黎元洪《れいげんこう》などが都督廃止論の先駆となるような手づまに使われるのであるが、支那において最も困難なことは、清朝の時代からして、各省の総督、巡撫などが権力が過大で、中央政府の命令が行われにくいということを言うのであるが、しかし命令は行われにくいけれども、総督巡撫を取り代えようとすれば、いつでも取り換えられたのである。何人を総督巡撫にしてやろうとも、それは中央政府の勝手次第で、それに反抗するというような総督巡撫もなかったのである。清朝の初めに呉三桂《ごさんけい》や、尚之信《しょうししん》や、狄精忠《てきせいちゅう》や、地方の叛藩を平らげる時は、随分困難をしたけれども、その後総督巡撫が地方に有するところの勢力を利用して、中央政府に謀叛を企てるというようなものは一人も無かったのである。それにも拘らず、また何人を総督巡撫として地方へやっても、その地方へ一旦出掛けて行って、その地位に据わると、一廉《ひとかど》の勢力になって、そうして中央政府の命令が相変らず行われないということになる。これは幾百年来の惰力から来た、自然の勢いであるので、今日でも黎元洪が自ら職務を抛っても、黎元洪に代って兵を統べるという何人かが湖北におると、そこに一つの勢力が出来て、その人はやはり中央政府の命令通り動かしにくくなるのである。近頃南京を革命党の手から取ってから、張勲《ちょうくん》がその後城へ入ったが、張勲の職務を免ずるについて、随分困難をしたようである。さて免職せられた張勲は、別に相当の地位を授けられ、馮国璋《ふうこくしょう》が代って南京に勢力を有するということになると、たといそれが袁世凱に反抗する考えがなくても、中央政府の命令が何事も思う通りに行われるということがむつかしくなるのである。近頃の新計画のごとく地方の行政区画を小さくしても、軍隊を全国九軍団に分けて、地方を鎮撫する以上、その軍隊の方に勢力が帰して、依然として総督巡撫と同様になるかも知れぬ。殊に総督巡撫は民政上の責任のある官吏で、地方人民のことにも注意するのであるが、もし単に軍事上の官吏として兵権を擁したものが地方に派遣されておるということになると、民政上の責任が無い代りに、なお地方において驕慢《きょうまん》を振る舞って、中央政府に迷惑を懸けるのみならず、地方の民政官にも非常な迷惑を懸けることになる憂いがある。それはすなわち唐の藩鎮などがその適例である。

こういう点をすべて考えるというと、今日においてこの行政区画を変更するということは、理論としてはあるいはよいかも知れぬけれども、なかなか容易に実行は出来ない。また実行が出来たところが、支那の民政上の根柢の弊害が除かれない以上、すなわち人民が自ら支那の国民であるということを自覚して、そうして強い愛国心を生じない以上、いろいろな小細工をやっても、決してその成績が挙がるべき見込みはないのである。今日において内治上そういう小細工をするよりも、誠実に時宜に適する方針を求めようとならば、中央政府におるものも、地方におるものも皆一致して、私心を去って国を維持するという考えが十分に起ることとなお日本の維新の際のごとくでなければならぬ。日本の維新の際は、多少人と人との間に小競り合いはあっても、日本の統一事業、日本の国力を進歩せしめるということについてはすべて一致した考えを以て、しかもこれに対して非常に強烈な愛国心を加えて進んで行ったのである。

要するに今日の支那の内治の問題は、その当局者なり、人民なりが国に対する義務を感ずる道徳の問題であって、小さい行政上の制度変更や何かのような末の問題ではないのである。

四　内治問題の二　財政

目下最難の問題

支那が目下最も困難を感じておるのは財政の問題である。これは清《しん》朝の末年からして既に非常な困難に陥っておったので、宣統《せんとう》三年の予算において、政府の提出案は既に収入が二億九千六百九十六万余円であるのに、歳出が三億七千六百三十五万余円かであって、約八千万円の不足を生ずるということであった。その当時資政院においてはこの予算を修正して、歳入を三億〇一百九十一万余円とし、歳出を二億九千八百四十四万余円として、三百四十六万余円の剰余を生ずるようにしてあるけれども、これは机の上での修正で、実際は政府案の方が信用されるのである。その革命以後、財政状態はさらに善くならないのみならず、ますます紊乱《びんらん》を来《きた》して、殆《ほとほ》と手の下しようがない有様になっておる。中華民国第二年の予算を立てた際には、随分出鱈目《でたらめ》ではあるが、歳入を三億一千余万元とし、歳出は六億四千六百余万元で、その差を内外債で埋め合せようというのであったが、歳入の半分以上を借金で埋め合せるという予算案さえ、既に珍無類のものであるのに、その実際に至っては、さらに驚くべきものであって、熊希齢《ゆうきれい》氏の施政方針中にいうところによれば、民国元年より二年十一月までの間に、各省から中央政府に送金した額は山東、河南、湖南、広東《カントン》、江西《こうせい》等で二百六十余万元に過ぎない。そうして反《かえ》って中央政府が地方政府の請求に余儀なくされて支給した額が一千四百余万元で、また地方政府が従来分担しておる外債や賠償金を支払わないのみならず、地方債すらも支払わないので、中央政府が立て替えた額も九千余万元に上ったのである。中央政府の収入は海関《かいかん》、塩税、鉄道の収入等であるけれども、そのうち海関と塩税とは外債の担保になっておるから、実収にはならない。熊氏は新たに財政計画を発表して、関税、塩税一億四千余万元を除きその他の収入を一億七千七百余万元と予算し、それで歳出を大節約して二億五千万元と見積り、七千余万元の不足を税制整理で補充しようということになっておる、これが現時の財政状態である。

妥協政策の結果

ところで袁《えん》政府というものがもし力を以《もっ》て統一したものであれば、すべてこの機会に乗じて種々の果断な政策を行い、例えば日本の維新の際において徳川家の八百万石の収入を七十万石に削減し、各藩の収入の幾分を中央政府に差し上げさせて、財政を維持し、それから廃藩置県を断行して、財政の統一を完成することを得たのであるが、袁世凱《せいがい》のごとく妥協政策に依って成立した新しい政府は、各地方政府に向かっても空文の催促状を出すのみで、威力を以て納税を要求することが出来ないので、このごとき非常な困難を来したのである。それのみならず各地方においても革命の起る当初、支那で昔からこういう際に行う風のある人民安堵《あんど》を主とする名義上の政策からして、従来の地租などを軽減しておる。江蘇《こうそ》省のごとき、地租の最も重い省においては、革命乱の起った宣統三年に江寧《こうねい》布政使（南京《ナンキン》）の所属各地で六割の減少を示し、江蘇布政使（蘇州《そしゅう》）の所属各地において四割の減少を示しておる。それに一方において革命戦争のために、一時軍隊の募集などをしておるので、支那全国の軍隊は革命前の二十鎮《ちん》（師団）から激増して八十個師団までに達したことがある。その一個師団中の実数はともかく、この激増のために不確定ながらも民国二年度の陸軍部予算は、宣統三年の政府案に比して、四千万元近くの増加、資政院の査定額に対しては八千余万元の増加を見ることとなったのである。それで各省ともに、民国二年度の予算を編成したところでは、いずれも数百万円の歳入不足を発表していないものはないような始末で、頗《すこぶ》る多額の地方債を生じ、袁の中央政府に立て替えさせただけでも一千三百余万元に上ったということである。

軍隊の二重設備

もし袁世凱が威力を以て統一して、地方の兵力を全く無くしてしまえば、莫大の費用を省くことが出来るのであるけれども、元来が南方において兵力を蓄えておって、その力で袁世凱と妥協をしたので、袁に圧迫されないだけの兵は備えていなければならず、袁世凱の方でもそれと対抗するだけの兵力を要し、つまり一国の中で軍隊の二重の設備を要することになっておるのである。それで支那の全体から云うと、実際に地方安堵のために要する軍隊よりかは幾倍の余計な員数を養って置くということになる。それを解散するというのが動機で、また第二の革命を生じ、その結果南方は失敗したけれども、南京でいえば、革命派に代って入った張勲《ちょうくん》の兵も、元来は袁世凱の部下の兵というのではなくして、革命政府のために一時南京を逐《お》われて以来、袁世凱の方から軍費を供給されておったがために、今度は袁の味方をして南京に入ったのであるから、これも袁世凱が要する軍隊としては実際余分なもので、その他江西の李《り》烈鈞《れっきん》が失敗して、北軍がこれに代ってその地に駐屯し、湖北の革命以来増募した軍隊は解散されて、北軍に明け渡したといっても、そのために北方の原駐地の袁軍は、格別減少もせず、だんだん補充されておるところから考えると、つまり軍隊の解散ということも、南軍の解散した欠額を北軍で補充して行くだけのことで、袁の威力からいえば、あるいはこれがために幾らか確乎となったといえるけれども、財政上からいえば、依然として不必要な費用を支弁しておるわけになっておる。ゆえに中央政府の方から考えても、地方政府の方から考えても、とうていその財政を維持し得べきものではない。

　殊にこの際支那にとって、日本の維新の際よりも不利益な事情は、日本では、廃藩置県の際に、藩の財政を皆朝廷に引き継ぐのが正当なことであるから、それまで各藩が負担しておった数千万の負債を政府が引き受くべきはずであったにも拘《かかわ》らず、それらのことは各藩の消滅するとともに皆義務が消滅してしまって、そのために大阪などのような日本全国の融通の根本になっておったところの大資本家が幾十も潰《つぶ》れたのであるが、とにかく地方の負債の義務を、中央が全くこれを引き受けなかったために、明治維新の財政は、新たに興った中央のことだけを支弁すれば、それでよろしいのであって、大した困難に陥らなかった。もっともそれでもやはり一時は困難して、外債説も相応に勢力があって、吉田清成《よしだきよなり》という人がアメリカへ出掛けて行くと、その時に森有礼《もりありのり》氏が公使であって、外債論に反対して、吉田の借財に関する使命を無駄にして帰したことがある。その上に西南役《せいなん》を経て非常な財政の紊乱を来したけれども、大隈《おおくま》伯の不換紙幣発行策で、やりくりして困苦を凌《しの》いで来て、そうして松方侯などの堅固な兌《だ》換《かん》政策となり、日清戦争までにはようやく財政の基礎を立て得たのである。

無制限の借款

支那はこれと異なって、各省が従来借りておる負債は、多くは外債であるところからして、日本の各藩が大阪の資本家から借りたもののように、棒を引いて義務を消滅させるというわけにはとうていいかない。その上に革命に次いで各省が財政に苦しむというと、前にもいうごとく袁世凱の大風呂敷的の懐柔政策の結果として、それに対して随分苦しい工面の外債を分配しておる。そうして外国からは際限なく借金を出来るものと思って、すでに五国借款の二千五百万ポンドや、クリスプ借款も瞬くうちに銷費《しょうひ》してしまって、またまた大借款の計画をしておる。それにも係《かかわ》らず、支那公債の外国市場の価格も下がらず、五国の方でも、財政上全く支那を見限りもしないのは、支那が大国で、日本の維新当時のごとく財政上外国に信用が乏しいというようなことも無し、またその国の天産が富有で、外国人の狙っておるところであるから、それで案外容易に借金が出来るのであるけれども、この借金の出来るのがすなわち今日の支那にとって一つの不幸で、清朝の末年からして既に外国が競争して金を貸し附けようとする傾きがあって、今日袁世凱の政府になっても、この風がなお止まない。それで西洋においても幾らか支那のために親切に考え、また世界の大勢上からして極めて着実に東洋の問題を考えておる新聞などの議論は、支那の借款が際限なく増加して、結局その危機を来すに至りはせぬかと心配しておるけれども、中には自国の一時の利益さえ図れば、跡はどうでもよいというような政策を執っておる国もあるので、今以て支那に金を貸す競争が止まないのである。しかし支那の財政がいつまでも回復せずして、紊乱に紊乱を重ねて、とうてい手が附けられなくなれば、もちろん貸附を引き締めるのが当り前であるから、遠からずして列国が覚醒して貸附競争があるいは止むかも知れぬ。ただし袁世凱の政府から考えると、目下のところ、背に腹は換えられないような危急の場合で、とにかく借款で以て一時を凌ごうとしておるのであるから、今しばらくの間はいかなる方法を取ってでも借金をして一時は凌ぐにしたところが、下痢患者に固形の営養物を与えるように、ますますその病勢を激しくするばかりで、結局財政の基礎が立つ見込みがないわけであるから、もし袁世凱もしくは熊希齢などのような人にして、深遠なる財政上の考えがあるならば、今日において真に財政に関する将来の方針を立てなければならぬのではあるまいか。

統一の望みありや

もっとも袁世凱の目下のところでは、とにかく借款によって一時財政を弥縫《びほう》して、その間に支那の統一を図り、統一をした上で全体の政務の整頓をすれば、財政上の整理も出来、そうして永遠の基礎が立つと思ってやっておるに相違ない。現に熊氏の施政方針などにも、この意味を見《あら》わしておるが、しかし果して袁の中央集権政策で、統一が出来るであろうか、これが大なる疑問である。前にも言った通り、袁世凱の統一が威力統一であれば、無論中央集権政策が成功するのである。我々も清朝の末年においては、支那のごとく尾大《びだい》掉《ふる》わざる形勢に陥っておる国は、どうしても中央集権を必要とすると考えて、その当時は曲りなりにも清朝という二百年来の積威をもった中心があるのであるから、それが発奮して中央集権策を取れば、統一力の振起せぬこともあるまい、もし中央集権さえ成功すれば、各種の改革も着々緒に就くであろうと思ったこともあったが、第一は西太后《せいたいこう》と光緒帝《こうしよ》が一時に崩御し、第二は張之洞《ちようしどう》のごとき元老が死んで、中央の重さが急に減じた上に、宣統年間の新政が無方針、無定見で、自ら亡滅を速《いそ》いで、最早国政の中心というものがなくなってしまい、それに代った袁世凱は、依然として威力統一をするだけの準備も胆力も無い。第二の革命乱を経て、多少威力統一の一歩に近付いたようなところもあるけれども、それさえ自ら使用した張勲が南京に入れば、今度はその張勲の位置を動かすことにさえも困難をして、手を代え品を代えて、長江巡閲使という閑職に祭り込んだとかいうのであるが、実際は単に南京を退去させただけで、張勲は依然万余の兵力を擁し、その上長江の旧式水師《すいし》の兵船やら、南洋の艦隊の一部までも要求し、長江の沿岸の砲台をも占領せんとしておるようである。これでは反って南方に余計な嚮背《きようはい》の知れない兵力を野飼いにしたような結果になる。

軍隊と地方との関係

湖北の黎元洪《れいげんこう》は好人物で、袁世凱に好意を表して、あるいは自分の地位を抛《なげう》って、廃省を実行させるともいわれ、ついに湖北を棄てて袁世凱の懐ろに飛び込んで、運命をその手中に託してしまったが、しかし湖北の問題は黎元洪一人の問題ではなくして、黎元洪の過去は単に湖北の勢力の代表者として置かれたのである。湖北の地方が悉《ことごと》く袁に服従を甘んじて、国会をも無視し、単に中央政府の権力を大きくするということに賛成するようになれば知らぬこと、湖北の地方に依然として一種の主張があり、共和国肇造《ちようぞう》の精神が存在しておれば、たとい黎元洪の地位を動かし得たとしても、袁世凱の兵隊がそれに代って湖北を鎮撫《ちんぶ》することになったとしても、結局湖北の民力に依ってその軍隊を維持し、地方と軍隊との関係が密接して来るにしたがって、いつまで袁世凱に服従するかということは疑問である。

南京においても張勲に代って馮国璋《ふうこくしよう》がそこを鎮撫することとなったとしても、元来が袁の部下というよりは、清朝に恩義のある関係もあり、軍隊の費用を袁の手から金を貰わずに、地方の収入で維持して行かなければならぬということになると、地方の郷紳《きようしん》なり、近頃では新進の志士、学生の思想が重視せらるる世態になっておるから、これに耳を傾けねばならぬことになるからして、自然地方人の意見が、知らず知らず軍隊に薫染《くんせん》するようになって来て、どこまでも袁世凱に服従するかどうかということは分らないのである。つまるところ支那ではこの革命の乱に依って、今まで清朝が強弩《きょうど》の末勢で、辛うじて維持しておった形式上の求心力を全く破壊して、そうして数百年来漸々惰力《ようよう》でもって盛んになって来た遠心力が、急に現われて来たのであって、今日において単に中央政府から一時金をやるとか、それから袁世凱の人格とは云われないかも知れないが、とにかくその個人的吸引力で、中央に対する地方の関係を清朝時代の有様までにさえも戻そうということは、よほど困難になったのである。

軍隊精神の将来

袁世凱の直接関係のある軍隊は、目下幾万かあろうけれども、それを地方に派遣して地方と軍隊との関係を生じさせることになると、その軍隊は皆多少地方化するということは免れない。況《いわ》んや今の軍隊というものは皆雇兵である。しかし立憲政治の国として、いつまでこの雇兵の維持が出来るか、もっともアメリカのごとく現在でも雇兵の制度を採っておる所もあり、イギリスなどのごとく長く義勇兵でもって維持しておった国もあるので、また支那に徴兵制度を布《し》くなどということは無論当分出来もしないけれども、いかに雇兵にしても、兵士に多少教育を施すことの必要は、清朝の末年からして、すでに袁世凱の新軍においても感じておったので、たとい外国に対して防禦力を備えることは、支那の軍隊に依っては当分望みが無いということを、支那の政府が覚って、単に内地を鎮撫するだけの兵隊を造ろうとするのであっても、従来のように、兵隊と無頼漢と一致しておるというような意味の兵隊だけをいつまでも維持してはおられぬ。

幾らか教育を受けさせるということになり、もしくは教育のあるものを募集するということになると、この教育ということと、それから自由思想ということは、どうしてもある程度までは決して分離することの出来ないものであるから、一国の人心を繋いで、政治上の中心になる皇帝もないという今日の支那の状態においては、この教育のある雇兵が、いつまで袁世凱の政策に服従するかも疑問である。もしまたさらに進んで徴兵制度でも施行することになったならば、どうしても地方人の意見によって軍隊の精神が動かされることはもちろんであるから、地方から募集された兵隊が袁世凱に皆服従するとは、とうてい考えられないのである。今日では現存の軍隊に依って、袁世凱が政策の基礎を立てておるであろうけれども、軍隊精神の将来を考えれば、袁にとって最も頼みになりそうな軍隊の方から見てさえも、袁世凱の政策が決して永続すべき安全のものでないということが知り得らるるのである。それで袁が今まで借款によって得た財力で収攬《しゅうらん》して、その部下と信じて地方に派遣する軍隊が、地方と関係をもつごとに袁に対する心が薄くなるということであれば、つまるところ軍隊に依って中央集権を行うということは、結局見込みがないと云ってもよい。また袁世凱もいつまで借款に依って軍隊の甘心を繋ぐということも出来るはずがない。

連邦制度

そうすると威力統一ということは、ほとんど今日において見込みがないので、将来支那が纏《まと》まった一国として成り立つということの希望は、つまり革命のため、その他外国の圧迫のため、いろいろなことからして、支那の人民が覚醒して、その国をどうか一国として成り立たせたい、外国の分割を免れようというところに愛国の熱情が生じて、それを基礎に統一するものと期待せなければならぬ。その代りこの統一は各地方の利害と衝突しない、統一力としては極めて薄弱ではあるけれども、分離しないというだけを程度とするところの統一であるので、今日までの地方制度の変遷から生じた現在の状態から考えると、一種の変形した連邦制度のようなものを国の基礎として、それに依って統一をしなければならぬ。もっともこうすれば中央政府の権力も極めて小さい代りに、中央政府の義務も小さくするのがよいので、中央政府の財政も非常に縮小するというところに、国是の根本を立てるより外に途《みち》はなかろうと思う。

今日において袁世凱その人にしても、ここに深遠な慮《おもんぱかり》を運《めぐ》らして、そうしてとうてい威力統一の見込みがなく、財力で懐柔して地方の人心を繋ぐことも、最早継続する見込みが無いと覚った以上は、今までの政策を全く改めて、地方の財政は成るべく地方に依って維持し、その代り地方の習慣も重んじ、地方の独立をも認めることを根本の主義とし、地方においても今より以上無謀な借款もしなければ、中央政府に対抗するために必要としたような軍隊をも、自ら地方政府の力で解散し、中央に対する敵意を全く水に流して、各々その地方の行政、財政の基礎を立てる、これが将来の支那が執るべき政策の第一義であると思う。

国防の不必要

清朝という朝廷でもあって、昔強大であった国の体面を維持しようという我慢でもある間は、不必要な領土の保有もやむを得なかったこともあろうが、それでさえ、李鴻章《りこうしよう》のごときその実力を知覚した政治家は、いつでも領土の縮小を犠牲としても、外国と平和を保つことを主としたのであるが、この深意は張之洞や曾紀《そうき》沢《たく》のごとき人物でも了解しなかったので、況んや袁世凱のごとき、猿智慧で大局に通ぜず、大計を知らぬ機会主義の政治家には、語るに足らぬところで、恐らく今でも清朝の滅亡が、その一大原因を利権回収論に発することを悟るまい。しかし今日において深識ある政治家は、将来二十年くらいは支那が絶対に国防の必要がないということを、最もまず知らなければならぬ。現にロシアとかイギリスとかから、蒙古《もうこ》とか西蔵《チベット》とかを侵略されたとしても、これと兵力で対抗する力は絶無と謂《い》ってもよいのである。支那が全く国防を廃しても、その侵略される土地には制限があって、決してその独立を全く危うくするようなことには至らない。これは列国の均勢の御蔭である。また四十個師団や五十個師団の兵力があったとしても、その素質も大方は知れており、日本とかロシアとかが、断乎としてこれを亡ぼす決心であれば、とても防禦の出来るものでない。その他の列国は日露両国のある以上、支那の本部に指をさされるはずのものでない。それだから外国に対して兵備を維持する必要のないことは、熊氏の施政方針にも言っておるが、また地方に対して威力を用いる実力もすでになければ、その必要もまた全く無い次第だとすると、今日のごとく袁世凱が部下に幾万の兵力をもっておると云う必要が無くなって、大に陸軍の減少を図るも差し支えない。熊氏の方針でも五十万などといっておるが、事実は二十万も要しないのである。日本が朝鮮を経営するのに一個師団半の兵力で、それさえ実際は装飾に過ぎないので、真の内地統治の機関としては、一郡に十数名の憲兵で十分なのである。支那も内治本位とすれば、各省の要処に一個連隊くらいずつの兵力を二、三か所も置いて十分の訓練を施し、やや大なる匪賊《ひぞく》の勃発に備えて置けば、その他は一県に二、三十名の巡防兵を軍隊の中から選抜して、県衙門《がもん》の護衛とし、それ以下は郷村の自治団体に、地方の警備を任じても決して危険なことがない。

自治的行政および財政

元来が政府を信用しない支那の社会組織は、比較的自治団体が発達しておることが、一つの長所である。清末の先識者たる馮桂芬《ふうけいふん》という人は、宗法を復することを以て、自治団体の組織を完成させんとの論で、山東、山西、江西、安徽《あんき》、福建、広東の各省は、一族の団体で割拠しておるが、その強い宗族が横暴をするという弊害もあるけれども、その利用の方法によっては、自治の基礎を立てることが出来るということを認めておる。江蘇、浙江《せっこう》などのような商工業の発達した地方は、これとは趣を異にしておるけれども、これも支那にすでに発達しておる同業組合の組織、農村の保甲《ほこう》制度などを基礎としたならば、決して自治制の行われないということはない。その上に郷官制度にして、知県《ちけん》以上の官吏も地方の利益に同情をもつこととなれば、始めて数千年来の積弊が一掃されて、支那人民の救済が出来るのである。この大なる利益は、統一力の薄弱とか、国勢の一時不振とかいうことくらいに換えられないと思う。

それで中央政府では、今日袁世凱が一時政府を維持する基礎としておる官業、すなわち交通部、例えば鉄道の収入を根柢《こんてい》としてやっておるような政策をしばらく継続するものとして、それに各省と融和せる以上、清朝時代の半額くらいは地方の送金があるものとして、小さい中央政府を維持し、成るべく外国の借款に依らずして財政の基礎を立てる。今日においてはなお多少の借款をしなければ凌げないことは、もちろんであろうけれども、将来の財政の基礎を借款に依らずして立てることにして、歳出入の調和を得るよう、考え直さなければならぬ。現状では清朝の昔に返しても、収入が三億万そこそこで、支出はその倍数をも要するということであるけれども、それはすなわち中央集権で統一しようという政策であるから、このごとく多額の費用を要するので、各省の独立財政を認めて、中央政府というものもあまりそれに依頼せずに、財政の基礎を立てることと、消極的に考えて行けば、今一年や半年のことはしばらく措《お》いて、その後は外債に依らぬでも、財政の維持が出来ぬようなことはない。もっともとうてい中央政府の信用でこれを維持するだけの地方送金が得られぬとすれば、ある種類の徴税、例えば釐《り》金《きん》〔太平天国の乱以後施行した国内関税〕を存するとすれば釐金、その他契税、また新設の見込みある通行税、印紙税、煙酒税等の管理を列国の人々に委任すること、なお海関などのごとくするも、一つの便法である。塩税なども外国人の手に帰すれば、外債担保以上の収入を得て、中央政府の財政を裕《ゆた》かにすることは疑いもなきことである。ただし熊氏が計画せる営業税、所得税、遺産税等は、行政の今一段整頓するまでは、成功の見込みがないものである。

財政の共済

現在熊希齢内閣が執っておる政策は、一方には省を分割して行政区を小さくして、中央政府の権力を大きくしようと云うのに、一方では軍隊の数を減らして、経費を節減しようとしておる。これらは今日の窮境からやむを得ざることであって、それより外に袁政府の立場としては致し方がないのであろうけれども、実際その政策は自ら相矛盾しておるのである。中央集権を行おうとするならば、軍隊を減少することは決して出来ぬ。軍隊を減少しようというならば、中央集権の政策を廃さなければならぬ。ここにおいて今の熊希齢内閣の方針に根本の誤謬《ごびゅう》があると云わなければならぬ。今日においてそのどちらかを罷《や》めるということであれば、中央集権主義を抛って、全然消極政策を以て基礎を立てるより外に途がないのである。ただ地方の各省がその地方の収入で財政を維持して行くということになるについて、いろいろ差し支えのあることがある。

一つは土地の肥沃《ひよく》な、天産物の多い各省は、独力で財政の維持が出来るけれども、従来独力で財政の維持の出来ぬ各省もある。例えば東三省《とうさんしょう》やら、新疆《しんきょう》などは、まだその将来の運命が知れぬものとして除外しても、広西とか、貴州とか、それから陝西《せんせい》、甘粛《かんしゅく》とかいうような地方になると、従来でさえも既に各省からして補助を受けて、それで財政を維持して来たのであるから、今後においても独力では財政の維持が出来ぬという理由があるのである。それらは極めて弱い統一であっても、支那の統一を維持して行こうというには、どうしても清朝の時のごとく、それに対して豊富なる他省から補助をしなければならぬ。今日の支那の人民の愛国心がいかなる程度にあるにしても、結局その低い愛国心に訴えるより外に途がないので、幸いにも革命を起した各省、例えば江南地方とか、広東とか、湖北とかいう地方は、やはり革命を起すだけに、最も人民の知識も進歩しておって、国家に対する義務をも弁《わきま》えておるのである。それで支那の統一を維持しようという上からは、多少本省の費用を割いても、それらの維持の出来ぬ省を補助して行かなければならぬということを了解することは難くないことであろうと思う。

農民の負担

かくのごとく、一面には貧乏なる各省をば補助すると同時に、一方にはまた各省において各々その財政を支持して行こうということになると、豊沃なる各省でも、税制の改革をもなし、財政上の基礎を鞏固《きょうこ》にして、永久の維持の出来る方針を立てなければならぬ。もちろん立憲政治の基礎は、支那のごとくまだ工業などの発達しない国においては、農民に置くより外に途がないのであるから、農民が従来よりも大きな負担をもしなければならぬことは、やむを得ざることであろうと思う。それで従来から地租を根柢として、財政を改革しようということは、ロバート・ハート〔一八三五―一九一一年。アイルランド生まれ。清朝末期に洋関総税司を務めた〕などからして、既にその論があったので、その外に多少雑税を起したにしても、財政の最大なる基礎は農民に求めなければならぬ。支那の農民が中央政府に対してもっておる負担は、決して重くはない。ただ政治の組織が悪いから、所謂《いわゆる》官吏の中飽《ちゅうほう》の額が大きいので、結局は相当の負担をしておることになるが、かくのごとき弊政は今日においてどうしても改革しなければ、支那の革命は、実は何の意味も無くなるのである。それには各省が各々その自治主義の政府を立てて、ちょうど政治上手の行き届くだけの区画において統治をすれば、今までの支那の中央政府が各省に対して、大きな領土において空文の命令を下しても、さらに実行が出来ぬために、目的の政策を達することの困難であるというような憂いは減少するであろうと思う。

負担軽減と行政組織

日本では維新の際に幸いなことは、断然たる改革に依って、郡県政治を施行してから、農民の負担は実際減少したのであった。日本のような狭い所で、二百六、七十藩もあって、各々それが大名という貴族に依って支配されておる間は、よほど農民の割合の好い所で六民四公という収入の割合であり、甚《はなは》だしい所は六公四民ぐらいの割合で、農民は非常に重い負担をしておったものである。それが各藩を廃し、多数の貴族を事実上なくしたがために、人民の負担が大に減じた。地租改正の時は農民の誤解からして騒擾《そうじょう》もあったけれども、その後海外貿易が漸々発達して、それに伴《つ》れて土地の価格、穀物の価格なども増加するにしたがって、農民は非常に軽い負担をもっておるということになって来た。今日においては幾度も戦争を経、国債に対する負担が随分増加したけれども、維新の際は実際農民の負担は減少した。これが安全に財政の基礎を立て得た所以《ゆえん》で、ある期間の財政は無事に順調に向かって来た、すなわち西南戦争以来、日清戦争までの間は、年々に歳計の上においては、その膨脹を見たけれども、その実金銀の比価の変遷から考え、また人民の所得の年々増加して行く割合に較べては、国民の負担は、年々減少して行く傾きがあったのである。

今日の支那においては、それとは少しく事情が異なって、各藩というようなものの廃すべきものもなし、士族というような政権を握っておった階級を廃することも出来ないので、直接に人民の負担が減ずべき条件は備わっておらぬようであるけれども、もし革命の際において、従来の政治の組織を一変して、前にもいうごとき官吏の生活状態が改まり、一切平民的になって、その上従来の盲判を押す機械のような官吏と、人民との間に財政の真実の機関を壟《ろう》断《だん》する吏胥《しょり》という階級が横たわっておって、所謂陋規を楯に取って、官吏の収入も、自分らの収入も殖《ふ》やすところの民政請負組織を、根柢から廃絶せしめて、日本のごとく格別厚くない収入で、官吏が自ら事務を取り扱うということにすれば、支那においても実際人民の負担は減じ得られぬことはないのである。支那の民政の大なる弊害は、天子の命官と政務とは、その間に懸け離れた境目があって、その境目におるものが政務を壟断しておる、そうして官吏は単に政府の収入並びに自己の収入を図る職業であり、官吏と人民との間に、商売上の所謂コンプラドル〔貿易に関係した仲買人〕のような組織のものが政治上にもあって、官吏と人民と両方の死命を握っておる組織である。このごとき組織ではとうてい立憲政治の基礎が成り立たぬのであるから、革命の際にその組織を一変するということが必要であった。実はその方から考えて、我々は支那の人民の幸福、それから支那の政治の根本的改良ということのために、革命党の成功を望んだけれども、今日ではその希望は破れたのである。

そこで今日においては、支那の各省というあまり大きくない区画において、大きくないといっても、支那の各省の大きいのは、日本とかイギリスとかよりも大きいのであるから、相当に大きな領土であるけれども、謂《い》わば善い政治を行うということは、原則としてはその領土の大きさに制限があるといってもよい。際限なく大きな領土をもって、隅から隅まで行き届いた政治を行おうということは、とうてい出来ないのである。支那の各省は各々独立して善き政治を行うために、ちょうど相当の領土というべき形であるから、この区画内において、民政に対して、細かな点まで改革の行き届くようにしたならば、数百年来の官吏と人民との間にコンプラドルが挟まっておる弊政を改革することが出来るかも知れぬ。これが出来て、官吏は人民を直接に統治するもの、人民はその統治者として官吏に直ちに接触することになれば、人民の負担も減じ、各省で各々財政を維持しても、格別苦しまなくなるかも知れぬと思う。

交通の大利と天産の過豊

これが財政改革の一端であるが、その外にまた支那の全体から通じて見たならば、なお考うべきことがあるかも知れぬ。支那の従来の経済上というよりか、むしろ人民の生活状態の発展を考えてみると、一種異なった経路を経て来ておるように思われる。ヨーロッパのような、あまり土地の肥沃でない、中央に山脈の結簇があって、それから八方に分派しておるために、その間の盆地、低地間の交通路も甚だ平坦でない処へ出来た各国、それがまた同じような地勢が一国を成した日本のごとき処から考えてみると、もしも海の利用すなわちヨーロッパにおいては地中海、日本において瀬戸内海というものがなかったならば、交通は非常に不便に、土地もまた瘠《や》せておる。その結果として、やむを得ず人工を用いて、天然の不便に打ち勝って発達を図るということに傾いて来るので、工業の進歩をも、そのために促して来る。

日本は支那との交通は久しいものであるが、日本に産出し難い物、例えば薬剤のようなものは、皆支那から輸入するものと考えておったのであるが、徳川時代になって貿易の制限をしてから、日本で人工的に薬種《やくしゅ》を栽培することになった。足利時代においては支那の生糸を盛んに輸入して、これが海外貿易の重要な物であったが、徳川時代になってから日本の糸の産出も盛んになり、したがって織物も発達して、近代に及んで欧米の貿易が開ける頃には、幸いにも生糸が日本の重要な輸出品になるほどの発達をしておった。その外すべて人工的に物産を発達させる傾きが、徳川時代に盛んに興って、殊に日本の狭い国土の中で、また各藩がその地方において、各々物産の発達を図って、その交通不便のために受くる損失を償わんとした。もっとも日本ではこの手工以上に、真成の工業も発達せず、農家の副業以上に生産業も発達しなかったとはいいながら、織物も各地方に興り、綿布も全国一般に産出が善く行き渡っておって、人工で物産を生ずる基礎があったがために、明治の代になって海外貿易をすることになっても、この萌芽が発育して、真の工業の発達を企図するようになって、今日紡績業などの発達は、久しい間の経済上の歴史から来ておると云っても差し支えない。

ヨーロッパでは近代は全く工業の世になったのであるが、その工業が独立して発達した、すなわちマンチェスターの発達などは、やはり最近世のことである。ヨーロッパでも中世に植民地新発見の盛んな頃は、植民地というものは濡れ手で粟を摑むようなやり方で、富力を増進し得べきものと考えておったのであるが、段々植民地が成熟すると、次第に奇利は減じ、したがって植民地の経済も平常に復すると同時に、政治上にも植民地が独立することが盛んに流行《はや》り出し、アメリカの独立のようなことが出来、結局世界中どこへ行っても、濡れ手で粟を摑むごとくに儲かることは困難だということが、経済上の原則になって来ると、ここに始めて工業の発達を来して、今まで植民地は天産品の採集地として考えられたのが、今度は工業の材料、すなわち粗製品の輸入地にして、また精製品の輸出地となったので、手織物の産出も従来の毛皮などのような高価な天産物の代りに廉価にして使い得るようになり、紡績業の発達も、従来高価な絹の輸入の代りに廉価な製品を代用するということで、無限に使えば尽きる患いある天産物を利用するというわけでなく、また得難い物を遠方から取り寄せるというわけでないから、漸々生活の状態が廉価にしてなし得らるるということになって来た。この工業製品の普及の結果は、貴族と平民との生活の階級に大差が無いようになって来るので、工業の進歩、すなわち平民の進歩で、近世文明の真成の意義をそこに現わして来たのである。

支那ではそれと違ったところがある。支那は今日ではいかにも交通不便の国のようであるけれども、もしこれが鉄道も汽船も無かった時代として考えると、支那のごとく交通の便利な国はないのである。広大なる沃野の間を、黄河、揚子江という二大河が流れておって、南船北馬と云う諺のあるごとく、南方はどこまでも船で交通が出来る。また北方はどこまでも自由に馬で交通が出来る。馬といえば車の利用という義で、車同軌ということを一統の理想としておるくらいで、日本やヨーロッパのごとく、車を利用し得ない山道が多いとか、船を利用し得ない渓谷の急流があるとかいうものとは全く違う。それに気候も温暖で、天産物が非常に豊富である。それだから支那の官紳の生活というものは、務めて遠物を致すというのがその誇りで、また務めて天産物を利用して、それで贅沢なる生活を営もうというのである。一領の衣服に用いる毛皮のために幾千金を費やすとか、あるいは珠玉などのごとき調度品に大金を費やすというようなこと、また遠物を致すということを非常に貴ぶ。一夕の宴会があっても、日本の海産物もあれば、南洋の海産物もあり、果物にしても広東の茘枝《れいし》も、直隷《ちょくれい》〔現在の河北省の一部〕の棗《なつめ》も皆あるというようなわけで、とにかく遠方の天産物を自由に使用して、豪奢《ごうしゃ》な生活をしようというのである。こういう生活の方法は支那のごとく古代から比較的交通が便利で、商業の発達した国であっても、やはり遠物を致すには、莫大な費用を要するわけだから、生活の根本に金の掛かることは案外なものである。幾千年来商業が発達しておるから、満洲地方におって、蘇杭《そこう》〔蘇州と杭州〕の絹織物を平気で着ておるとはいいながら、その産地と満洲における価格を比較してみると、非常に差があるのである。支那で工業といえば、江南地方の絹織物などは幾らかこれに近く、産額も大なるものであるけれども、実はある階級の人の需要に応ずるために、価格を問わない手工品を造る組織であって、江南地方は一種の絹織物の専売権を得ておるような形を成し、北京における皇族から官吏から、支那流の一種の貴族階級は、皆専売の高価な手工品を着ておるのである。要するに天産の豊富と、従来交通が便利であるということと、幾千年来商業の機関が割合に発達したということからして、貴族的生活にそういうものを用いるのが当然となっておるので、真成の工業の発達を来さないのである。

かくのごとき社会では、低い階級の人民の生活は、よほど質素にしなければならぬことはもちろんで、支那人の生活の上下の間の差は、日本に比して遥かに大きい。その代り細民の困難を救済する必要をも認めておるが、それも農業本位の経済を脱しないので、穀物の輸出入に禁放の手加減を保留しておる。すなわち各地方官がその地方で天災とか飢饉《ききん》とかがあると、その管内から穀物の輸出を禁ずることは、珍しくない例になっておるが、それを全国に応用して、やはり穀物を外国には輸出しないということを原則にして、それで細民の生活が高価にならぬようにしようという考えであった。

ところがそれは外国と関係の無い時においては、あるいはそれに依って細民の保護も出来たのであろうけれども、今日のような四海に交通する世の中になって来ると、これは全く盲目の政策であって、もしこの穀物の解放を断行したならば、農民の生活程度が向上する傾きは、確かにある。もちろんそれがために一部分の細民の不幸を、一時は来すのであろうけれども、農民の生活程度が向上して、そのために官紳たる貴族の生活と農民の生活との間に大差が無くなって来て、絹帛《けんぱく》、綿布等の製産品を需用することが増加するから、そこに工業の発達ということも出来る。工業が発達をすると、幾らか一般生活程度の向上のために苦しむ人民の救済も出来る。もちろん経済上のそういう大なる変革を来す際に、工業が起ったがために、それに使役される職工として収容される人間の数には限りがあって、非常に多数の細民を救済するということは出来にくいので、イギリスの工業の発達の際に生じた多数の失業者が、今日ほとんど救済の見込みが無いロンドンの貧民窟を形《かたど》ったのである。支那でも多少こういう弊は防ぎ得ないことであろうが、全体の経済から考えてみると、農民の生活が向上し、それがために工業も発達するということは、どうしても起って来なければならぬのである。

それで支那の経済の改革を図るためには、今日においては穀物輸出の禁止を解く方針を立てることが、一つの重要なる問題であると思う。支那が穀物の輸出を解放するということになると、日本などとは遥かに異なった結果を生ずる。日本は土地が瘠薄《せきはく》なる山国であるがために、いかに農業が発達しても、耕地には制限があるけれども、支那のごとき莫大な沃土を控えておる国は、穀物輸出を解放すると、その産額を激増すること予期せらるるのである。

既に江南地方において、繭が海外輸出をすることになると、輸出をしなかった時代よりかは、幾倍の産額を増加しておる。満洲地方において大豆を輸出することになってからは、今日に至るまでその産額は幾十倍の増加を来しておる。これらは従来ほとんど予測していなかったところの産物であって、それがまた鉄道その他の交通機関の発達とともに、ますます生産力の増進を来すのである。こういう風にして農民の生活を向上すれば、また農民の負担を増加しても差し支えないのであって、つまりそういうまだ潜伏しておる各省の財源があることを知って、その発展を求めたならば、各省においてもその収入の不足のために、いつまでも困難するということもあるまい、これらも十分に考量せなければならぬことである。要するに支那の将来の財政の改革というものは、やはり世界の大勢にしたがって、従来の方針を全然改めるということの必要を生じて来るであろうと思う。

幣制改革論

その他においても種々困難な問題があるのであって、清朝の時からして既に計画をして、今日に至るまでまだ十分に行われないのは、貨幣制度の改革である。今日でも幣制の改革を企図しておるけれども、まだ出来べき見込みも十分でないようであるが、これがもしいよいよ貨幣制度改革の資本を得て、着手するということになっても、随分困難なことであろう。それは度量衡制度の不完全なること、それから各市場において銀の相場などの均一でないこと、例えて云えば上海《シャンハイ》には上海の両というものの相場があり、天津《てんしん》には天津の両があり、営口《えいこう》には営口の両があるということで、到る所相場が異なってあり、到る所用いるところの度量衡をも異にしておる。これを統一するということは、従来の習慣を全く破らなければならぬことで、意外に困難なることには相違ない。しかしそれは日本でもやはり同一であったので、徳川時代の各藩は各々の紙幣が行われており、また時としては各々異なった銅銭も行われておったが、維新の統一からして、全くそれを改革してしまった。支那においてさらに困難な点は、日本は政治上の根柢から出た相異であるのに、支那は元来商業上の習慣から来た相異であることであろう。しかし結局これは画一制度を断行して、その不便を切り抜けるより良法はあるまい。支那においてその内部の商業の盛んであることは、日本の従来の徳川時代の比ではない。したがって商業上の習慣は、その淵源が深くして、日本などよりかは遥かにこれを改めにくいことが多くあろうけれども、これらもあるいは政治上の弊害が、関係をしておるかも知れない。

最近数年間の経験によっても、財政改革という美名の下に、各省の官吏が変革を機会として、私腹を肥やすような方針を執ったのである。一例は各省に一時流行した銅元の鋳造である。従来の制銭の代りに銅貨を製造して、それに代えたのであるが、もちろん経済上の便利よりかも、官吏の方針から出たので、銅貨を無制限に濫造して、従来の銅銭と引き換えの際に利益を得るようなことを図ったので、銅元過剰のために市場を攪乱《かくらん》した弊害はあったけれども、その結果市場に銅元が充満して、従来の孔銭はほとんど跡を絶った。それだから財政の改革を決行して、中央に信用のある銀行を立てて、確実な兌換《だかん》制度を行い、また度量衡の統一をも図ったならば、これらの弊害はあるいは除き去ることが困難でないかも知れぬと思う。

支那人は商業が久しく発達しておった代りには、その商業上の計算は非常に鋭敏であって、商業上に損の無い制度でありさえすれば、すなわち経済上人民の損失にならない制度でありさえすれば、日本人などよりも喜んでこれを利用する傾きがある。ただ商業上の習慣に依って各市場にまた新しい貨幣に対する一種の相場を生ぜぬということはあらかじめ料《はか》られない。それで例えば上海で通用する一円が、天津へ行くと一円で通用しないというようなことなどにならぬとは限らぬけれども、政府と人民との間の取り引きの関係は、官吏の私腹を肥やすことが止んで、そうして制度が正しく行われさえすれば、既に元《げん》の時などにおいても、兌換制度がうまく行われて、紙幣が通行して、硬貨を鋳造せぬでも用が足りたくらいである。これは必ずしも困難な改革ではないと思う。

財政の根本も、やはり政治の根本と一致するのであって、今日のところでは中央集権主義の政治、中央集権主義の財政というものは成功する見込みが乏しくて、やはり地方分権でやって行く方法が成功するに近いと思う。これは袁世凱がやっても、あるいは革命党の人がやっても、何人《なんぴと》がやっても同じことであって、もし非常な天才、すなわちフランスの革命の時のナポレオンのような豪傑が出て、そうして政治の根本を天才に依って根柢から覆すでなければ、必ず自然の必要上、我々が考えたごとき落着に至るものと思う。

五　内治問題の三　政治上の徳義および国是

進歩せる政論

およそ革命以来、熊希齢《ゆうきれい》氏の施政方針発表に至る間の支那政論の経過を考え、これを清朝《しん》末年の政治に較べてみるに、あるものはその時の方針を踏襲しており、またあるものはその時より一段進歩した思想になっており、あるものはその当時よりかも退歩に傾いておる。すなわち外交に関しては熊氏の施政方針に拠《よ》って見ても、国家の独立を妨げず、かつ比較的利益の交換をなし得る範囲では、外国とは成るべく懸案をも早く片付けるようにし、難儀なる交渉の起らないように努めても、外国から堪えられぬような要求を加えられることは、断じてあるまいというので、どうかすると従来の領土を固く保持するという主義をも幾らか抛棄《ほうき》して、内治を専心にしようという意見のようで、今日内治の艱険《かんけん》はさらに外交より甚《はなは》だしと言っておる。また実業の方針についても熊氏の考えでは、外国商人の支那に投資する者は、その生ずるところの利益は彼の得るところは三、四にして、その六、七は我の手に得るところなれば、政府は国民とともにこれを歓迎せんとすと言っており、また交通上のこと、すなわち鉄道、航路、郵便、電信の拡張に関しても、政治問題に雑入せざる限り、外資の投入を喜んで迎えると言っておる。清朝の末年に謂《い》わば清朝を亡ぼしたところの主義は、一つは利権回収論であり、一つは中央集権論である。利権回収論が盛んになってから、その実力をも計らず、また適当な経営の法をも講ぜずして、鉄道、鉱山、その他すべての権利を自分の国に回収し、それについては外国の感情をも害し、困難な関係を生じても、体面を維持しようという考えであった。その結果として、一時領土に関する方針なども、ますますその取り締まりを緊粛して、今日では外国との関係上あるいはとうてい支持し得ないかも知れぬと思うくらいの土地で、その当時からして、管理の行き届くべき見込みも立たなかった処をも、強いて新しい府州県等の行政区を設置して、厳重にこれを監督しようという考えであった。しかしそれは実は支那にとっては非常に不得策なことであって、支那のような現在財政の窮迫を感じており、領土を防護する兵力も無し、また経営の人材も乏しい際において、外国との交渉を滋《しげ》くしても手を拡《ひろ》げるというのは、最も危い途《みち》であったのである。

それで今日この外交問題、殊に領土問題などに、袁世凱《えんせいがい》の政府すなわち熊希齢内閣などが幾らか冷淡に傾いて来ておるというのは、むしろ進歩と云ってもよい。もっともこれは袁政府の方針というのみならずして、革命党の領袖《りょうしゅう》においても、大かた同意見のようであるのは、すなわち支那の現在政治家の達識が、始めて物故した李鴻章《りこうしょう》の程度に及んだというべきものである。

これは日本の維新の際においても同様であって、徳川政府を亡ぼしたのは、やはり当時の攘《じょう》夷《い》説、すなわち利権回収論と同じ性質のものであったので、それが明治政府になると、翻然として手の裏を返すようにその不可なることを覚って、その当時局に当った岩倉とか大久保とか木戸とかいう人は、悉《ことごと》く皆しばらく国権の回復を後廻しとして、内治に力を尽すという方に傾いた。これは一部論者からいうと国家の屈辱であるというけれども、日本の政治に一定の方針を与えたのは、この時に始まったので、わずかに条約改正の一事にさえ、二十余年の歳月を隠忍して過したのであるが、今日の勃興を来《きた》した基礎はこれにあるので、欧米列国の注意を惹《ひ》かない間に、国力の充実を完成して、一挙して日清戦争の成功を贏《か》ち得て、それから破竹の勢いでともかく一等国の列に入るまでになった。

踏襲せる政論

今日の支那もその点だけは幾らか覚ったものと見えて、今日の対外方針を温和、隠忍に定めるようになったのはその当を得たものと云ってよい。内治問題、すなわち地方行政などの問題は、これは清朝の末年からして既に起ったところの中央集権論を引き継いで、その政策を踏襲して来ておるので、さらに進歩の跡を見ないのみならず、その内部の局勢が著しく変化した今日において、なおこの政策を執っておることは、甚だ危険でありかつ愚なることと考える。既に上に言うごとく清朝の末年から見れば、財政も困難を増しており、中央集権策の実行には、ますます不利益な事情を加えておるにも拘《かかわ》らず、なお今日の施政方針として、このごときことに骨を折って、専制的統一策を遂げようとするのは、動《やや》もすれば支那をして土崩瓦解に至らしむる恐れがある。ともかくもこれはまだ清朝の末年において起ったところの議論をそのまま継続しておるのであって、それより一歩進んで外交策のごとく時勢に相応した処置をするところまで達していないと云うに止まるのである。

退歩せんとする政論

然《しか》るにここにさらに袁政府の方針が清朝の末路よりも退歩せんとしておるところの問題がある。熊氏の施政方針の中に見えておる吏治澄清〔地方官の行政体質をきれいにする〕の件、地方自治の件、司法独立の件、教育の件などは、皆近日袁政府が執るところの退歩的方針を示すものである。支那においては従来地方官がその本籍地において官に就くことを許さない規定がある。即《すなわ》ちその土地に生れた者はその省の官吏となることが出来ないのである。これは唐《とう》・宋《そう》以来から存在した習慣で、宋の曾子固《そうしこ》という人は、すでに官吏が生地からあまり遠方で職に就くことの困難な状態を説いて、その赴任のために種々危険を冒すことと、任地の風土気候に慣れないので、落ち着いて在任せぬことと、任地の人情風俗に熟しないために政務に失当なことの多くなることを論じておるが、それがため徽宗《きそう》の頃は、知県《ちけん》の選任はその郷里より遠くとも三十駅すなわち九百里以内と定めた。然るに明《みん》代に南京《ナンキン》、北京《ペキン》に両《ふた》つながら吏部《りぶ》があって、南官を北京で選補し、北官を南京で選補することとしてから、赴任者はどうかすると数千里の遠方にやられるので、着任するまでに皆負債が出来る、その土風も言語も分らぬところから、政治は胥吏《しょり》に任さねばならぬようになる弊害は顧炎武《こえんぶ》などの評論した通りである。

本籍回避の件

それで清朝の経世家は、このごとき渡り者の官吏の弊害を痛論して、成るべく郷官を用いるということが、一つの改革の方針になっておったのである。およそ地方官がその地方に親密な関係をもっておるほど、その地方の事情をも熟知し、その土地に安んじておるはずであるから、したがって人民の利益にもなる。例えば漢《かん》の時、三老とか、嗇夫《しょくふ》とか、遊徼《ゆうきょう》とかいう所謂《いわゆる》郷亭の職があって、県令らの地方官とともに政事を行っておったので、民政が最もよく成績を挙げたのは、歴史上の事実であるから、今日もこのごとき制度を復興したいという考えで、それがまた西洋の自治的行政の精神に合すると言われておった。然るにこの度の施政方針の中に書いてあるところでは、やはり本籍に官たることは情弊が多いから、昔の制度を斟酌《しんしゃく》して、一道というか、この度の改革の行政の区画でいえば一州であるが、その中には土地の者が地方官たることを回避するようにしようという方針になっておる、これらは明らかに改革論の退歩と謂うべきものである。

この退歩は決して民政を基礎にして考えたのではない。つまり中央政府が専制的に傾く時には、郷官がその郷里の利益を代表して、中央政府に対抗するということが極めて統一に不便であるから、このごとき退歩論を生ずるのであるが、中央政府さえ非常な権力を握るという野心家が立っておらずに、地方の利益の上に中央の政府を形作るということを原則とすれば、かくのごとき退歩をせぬでもよいのである。もっとも各国とも国情の相違はあるので、支那のごとく国民の政治上の徳義心が、数百年間の悪政の結果、既に麻痺しておると云ってもよいくらいの国にあっては、幾らかヨーロッパとか日本とかいうような自治制度では実際に適合しない点もないとは限らぬ。このごとき政治上の悪習は、朝鮮などにおいても見受けるところで、朝鮮は昔から郡守の虐政の結果として、地方の人民が、久しい間官吏と利害相反する地位に立っておったので、今日でもその本籍の者をその地方の官吏にすると、夥《おびただ》しい弊害を来す傾きがある。それは朝鮮人でその従来の国情に通じた某紳士などは、明らかに本籍の官吏の弊害を指摘しておって、今でも朝鮮では官吏を本籍地で選任しない方がよいと言っておった。しかしこれはつまり国民の政治徳義というものが根本の問題であるので、とうてい自治的行政に依って成り立つことが出来ないほど国民の政治徳義が敗壊されておるものであるなれば、支那はとうてい共和政治でも立憲政治でも、今日世界の最良の政治として認められておるところの民主的政治を実行するに適しない。さらに進んで言うと、今日の文明国と同一な政治をしてはその国が治まらない。徳義心なき官吏なり人民なり、それらの者が醸《かも》すところの弊害に対する防遏《ぼうあつ》手段のみを講じておる、極めて徳義の低い政治に依って維持しなければならぬので、さような国はいかに改革してもとうていこれは存立すべき見込みが無いので、結局この自治的政治が出来るか否かということは、極端に言えば支那が存立し得るか得ないかという問題にも関連するのである。

自治制施行の件

また地方自治も、清朝の末年に各地方においていろいろこれを実行してみた。それは、日本とか西洋の諸国とかが国力の盛んなのは、地方自治の精神に富んでおるからである、それが立憲制の根本となるのであるというので、数年の間非常に急激に自治制を行わんと努めた。然るにこの度の施政方針に依ると、成績がまるで予期に反しておって、それがために従来郷曲《きょうきょく》を武断せる徒輩が、この制度を楯に取って、いろいろ横暴な挙動を以《もっ》て、一己《いっこ》の益を占める者が多くて、自治の効能を見ずして、その弊害ばかり残るような実際の事情になっておる。これは皆自治制の権限も明らかならず、系統も立たず、またそれを実行するに十分の訓練をも経ずして、急激にこれを行ったがために、自治制というものは世間に非難されることになって来たと言っておるが、これらも結局は国民の政治徳義の問題であるので、なるほど我々の実際に知るところにおいても、支那のある地方で自治団体を組織してからこれを利用して食物にする徒輩が横行して、良民は却《かえ》ってそのために必要もない醵金《きょきん》を脅迫されて出したりなどするに過ぎないので、日本でもよくあるところの政治上の運動を商売にしておる者だけが利益を占めて、それらに懐ろ手をして食う途を与えてやったような実情にもなっておる。

ただしそれでは支那人に自治の能力が無いかというと、必ずしもそうではない。従来支那の人民はその治者たる官吏が、皆渡り者であるがために、これを当てにせずに、一村一部落、もしくは一家族が皆団体を成して自治をやっておったので、この自治体には、義田《ぎでん》、義倉《ぎそう》などから、養育衛生の事業、もしくは教育すなわち教読の雇い入れなどまで備わっておるのが常である。それゆえこの昔から存在して来たところの自治団体を根柢《こんてい》にして、旧来の習慣を斟酌し、その上に新しい自治制を築き上げれば、自治制も立派に成功すべきものであったのである。然るに当局者は、その管内に自治制を施行したということを早く誇らんために、単に欧米もしくは日本の制度を翻訳的に施行しようとした、そこに自治制の弊害が現われて来たのである。

このごとき翻訳制度の急施は、日本でも幾らか同じような傾きがあって、日本の郡以下町村の自治などに至っては、多少これがために旧来の良習慣を破壊して、徳義の上に成り立つべきところの自治制を、単に制度法律の上に成り立たせようとしたので、少なからぬ弊害を醸して来た傾きがないでもない。しかしながら要するところは日本の国民が、自治制を遂行し得るところの政治上の徳義と、潜勢力とがありや否やということが結局の問題なので、一時の便不便、多少弊害の有無によって、世界共通の美法に、軽々しく疑いを挟むべきものでない。日本でも今日はなお試験時代と云ってもよいのであるから、況《いわ》んや支那においては数年間翻訳的に自治制を行ったばかりで、その効能を見ないからといって、全く自治制に失望をして、そうして昔時の習慣がよいと速断して、官吏が自治制に干渉する方がよいというような、急激な退歩的意見を出すことは、あるいは大なる謬《あやま》りではないかと思う。

司法独立の件

司法制度に関することも同様であって、司法の独立は立憲国の要件であるけれども、一、法規の不適、二、法官の人材に乏しきために、すでに実行した結果では、頌声《しょうせい》が起らずして怨声《えんせい》が起り、従来の陋制《ろうせい》を以て、却って善しとする傾きがあるので、すでに成立せる司法官庁はこれを改良整頓し、その籌備《ちゅうび》〔準備〕未完の地は、審判検察の職務を暫時行政官に兼務せしめるというのが、熊氏の方針であるが、司法総長梁啓超《りょうけいちょう》はついにこの方針によって、清朝以前の通りに大部分復旧することとした。

これらは支那の近日のような反動時代において免れ難いことであるけれども、このごとく一時の便宜のみを見て、軽々しくその主義を変更するは、政治上無定見を示すものである。一体行政官が司法官を兼ねるのが、すなわち支那の長い間の民政上の弊害が伏在した所以《ゆえん》で、朝鮮においても、郡守という行政官が司法権を握っており、それから警察と云うか、兵力と云うようなものまでも握っておったので、小さい天子のような形になり、日本で云えば昔の大名と同じような権力をもっておったので、人民は為《ため》に一日も寧処する〔安んずる〕ことが出来ぬような弊害を来したのである。それで支那においても元《げん》代は各路の州県官すなわち民政官と、課税官と、断事官とは別々になり、明の制度にしても、一省の大きさにおいては、財政官たる布政使と、司法官たる按察使《あんさつし》とは別々になっておるのであるが、人民に直接に接触する下級の官吏が、皆司法行政を一手に握っておるところから、大なる弊害を来したのである。支那では新制度によって、司法行政を分けても、反《かえ》って弊害があるというのが復旧の口実であるが、従来外国居留地などにおる支那人が、自国の裁判よりも外国の裁判に信頼するという傾きがある。外国人との関係の訴訟の時などは、いかにしても外国人よりか有利な地位を占めにくいにも拘らず、外国人の裁判の方にはそれでも道理を認める点があって、なお支那人の裁判よりか信頼するに足るというので、その方に頼るという傾きになっておるのは、すなわち行政司法を混雑させた支那の政治が信用せられない明白なる証拠であって、これもわずか数年来の経験に依って、支那の民度がまだ行政司法を分けるまでに至らないからといって、旧の弊害のある組織に戻すというのは、極めて薄志弱行の政治と謂わなければならぬ。

支那の政治の改革は、いつでも反動が起ることが多いので、例えば宋代の王安石《おうあんせき》の政治改革に対しても、非常に反対が多かったのであるが、神宗《しんそう》が果断で幾年か遂行すると、その間には反対論者の中にも新制度の方の利益をも認める人が出来て、司馬温公《しばおんこう》が新法を全部廃停して、制度の復旧を主張した時には、蘇東坡《そとうば》などのごとき激烈なる新法非難家さえも、新法の全部を罷《や》めて、また旧制に復すということの弊害を論じたことがあるくらいである。況んや法の精神から云えばどこまでもよいので、ただ支那の現在の官吏が能力が乏しいのと、人民が良い法の精神を味わうだけの力が無いので、行政司法を分けるということの利益を感じない場合に、わずか数年の間で効能が無いから、旧法に復するというように、方針が一定しないようでは、とうてい政治の改革を断行するの能力が無いものと謂ってもよいのである。

孔教論

教育方針のことなども同様である。革命の初めに我々が予想したのは、儒教に立てたところの五倫五常に対して、新しい共和組織の精神が一致しないという点からして、数千年来の倫理理想にも影響を及ぼしはすまいかということであったが、果してそれが事実に現われて来て、一時孔子の教の共和国に適するや否やを吟味するというような議論も出来、あるいは孔子の教を廃するというような極端の論までも生じたのである。この反動として近来はまた孔子教を国教とするという議論が出来、そのことを憲法の上にまで載せるともいい、最近には祭天、祀《し》孔《こう》ということを、政治会議の諮詢《しじゅん》案にまで出した。この国教論の主張は、幾らか西洋の学問をした者の考えから出て来たので、孔子の教もやはり宗教である、宗教の無い国はないから、支那にも宗教なかるべからず、それで孔子の教を国教としなければならぬというような説である。これもやはり反動時代の極端論たるを免れないので、孔子の教が果して西洋の学者の所謂《いわゆる》宗教という意義に合するや否やも疑問であり、またもし孔子の教に優秀な点があるとすれば、それは果して西洋の宗教に似ておる点においてあるのか、それとも西洋の宗教と異なる点において長所があるのかということも、十分に研究を要することであって、孔教の真義も十分に研究したことのない留学生の説に雷同して、支那に従来例のない、西洋でも近時重要視しない、国教というようなものを定めて、元来異教の信仰が自由なる国風を改め、この時代後れの方法によって、国民の精神を固めなければならぬというような極端論は、あまり感心すべきことではないと思う。

日本でも維新の当時、一種の国学者の偏見からして、仏教を廃し、時としては儒教までをも排斥する傾きがあって、一時は神道を以て国教に定めるかも知れぬような状態にまで至ったけれども、これは一時の逆上した世論で、その後人心が平正に覚醒すると同時に、時代精神からも、また国民性の本義からも、漸々《ようよう》信教の自由を許すようになって来て、それで仏教は徳川時代に較ぶれば非常な迫害は受けたけれども、それさえ次第に勢力を盛り返し、外国から入ったところの基督《キリスト》教なども自由に布教を許されることになり、近来はやや時代遅れの感があるけれども、三教合同などというような議論もあって、政府でも各種の宗教の同一なる地位を認める傾きになって来た。日本のこの三教合同には、儒教は加わっておらぬけれども、これは儒教の名目が加わらぬからと云っても、儒教が排斥されたというのではなく、孔子の教の精神は、日本の国体とうまく融和して、既に日本固有のものと同じようなことになっておるので、すでに教育勅語にもその精神が顕《あら》われておるから、特別にこれを宗教として取り扱う必要がないと認められておるのである。況んや支那においては孔子教は、もちろん支那の倫理の根柢であるから、今日これを取り立てて国教とするのせぬのという議論をする必要はさらに無いのであって、支那における他の宗教、例えば支那に古くから行われて、国民性に融和した仏教、また元来支那民族とあまり関係のない回々《かいかい》教、支那人の低い信仰から発達した道教、及びそれから近代になって入った天主《てんしゅ》教なども、皆儒教の精神に背反しないような態度を以て漸々普及して来ておるのである。ゆえに今日改めて孔子教を国教とせぬでも、孔子教の精神で支那の倫理は認められておるのであって、一時革命のために多少の疑問も存して、孔子教の尊厳を幾らか損じたからといって、その精神が支那の民心から決して消滅し去るはずのものではない。それを取り立てて孔子教を国教とするなどというのは、政治上の専制的統一の意味を教育の上にまで及ぼそうとする傾きがあるので、これによって却って後々孔子教がその外の宗教の反抗を受け、外来の宣教、すなわち基督教などならばまだしも、支那民族の信仰に根柢をもっておるところの道教または仏教などとも衝突するようになって来た日には、却って自ら孔子教を小さくして、従来の極めて寛大なる精神を失わしむるに至るので、実に無用の問題を担ぎ出したといって可なるのであるが、ただし実は袁世凱が天子の真似事をして、共和国の総統に不相応な祭天の虚礼を行ってみたいのが真意で、孔子を利用するのであるならば、孔子こそ実に迷惑至極の沙汰である。

袁氏の新名辞解釈

およそ右に挙げたところの各問題は、第二革命乱の結果として、第一革命の起った当時勃発したところの急進の思想に対して、反動して起ったところの退歩的思想を現わすもので、支那にして果して一国の独立を維持し、改革を遂行し、文明国と同一歩調を以て進み得る国民であるとすれば、このごとき一時の現象は決して永久の政治の方針となるべきものではなかろうかと思う。もっともこのごとき評論は、袁世凱が熊希齢の立てた施政方針を実行する意思があるものとしての上の議論である。然るに近日の状況に依って段々考えてみると、果して熊希齢の立てたところの施政方針をさえも遂行して、それで将来の計画を立てるという精神がありや否やということも、疑問になって来ておる。例えば近頃国民党の議員を捕縛して郷里へ帰したり、国会をほとんど封鎖して、新たに政治会議という無勢力な諮問機関に過ぎない会議を起したり、平等、自由、民意、輿論《よろん》、共和、愛国等の名辞について一々ある意味の解釈を与えんとしておる様子を見ても、この疑問は理由あるものである。

支那の平民的萌芽

袁世凱は平等ということに関して云っておる。今の人ややもすれば平等というが、外人の平等とは人格の平等、法律上の平等にして、決して部長と書記と平等なるべく、師長と士兵と平等なるべく、校長と学生と平等なるべきに非《あら》ざることを知らぬ。ここにおいて種々上を犯すようのことが発生するなどと曰《い》っておるが、これは西洋の人権説の根原をも知らないのみならず、支那における近来の平民的傾向をも理解しないものである。支那の平等主義の実現は、髪賊《はつぞく》平定の際、曾国藩《そうこくはん》の軍隊組織において著しく見《あら》われておることは、拙著「清朝衰亡論」にも述べてあるが、劉坤一《りゅうこんいつ》、張之洞《ちょうしどう》両氏の「変法《へんぽう》会奏」第二摺にも、同様の意見が出《い》でておる。すなわち今日の文武官員は官気最も重し、官気の重きは人心を失い政事を害するの根である。故の大学士曾国藩、巡撫《じゅんぶ》胡林翼《こりんよく》が常に切々これを言った。「文官は其《その》民を賤視して、民と接すること罕《まれ》に、之《これ》を炫《まどわ》すに儀従《ぎじゅう》を以てし、之を威《おど》すに鞭朴《べんぼく》を以てす、故《ゆえ》に民隠《みんいん》〔人民の苦しみ〕に通ずること罕なり、武将は其兵を賤視し、兵と楽しむこと罕なり、駆って賤役と為《な》し、視《み》て利藪と為す、故に兵情を識《し》ること罕なり」と曰っておる。

袁の言うところはこの十数年前の漸進的政治家らの意見に比べてさえも、退歩の跡を見わしておる。実際支那のごとき官場臭味の多い国でも、その裏面にはすでに平等の曙光《しょこう》が閃《ひらめ》いておることは争われないので、必ずしも曾・胡二公のごとく、非常の際においてのみこれを発見せずとも、世の変遷につれて起って来る生活の変化が、自然に新しい気運を促して来たのである。康有為《こうゆうい》は唐・宋から明までは京朝すなわち中央の官にもなお儀仗《ぎじょう》があったが、清朝になって京朝官の儀仗は皆除かれ、親王宰相といえどもまた儀衛なきこと欧米と同一で、その余の百官庶僚は平民に等しい、これは真に平等の先発で、文明の進化である。ただ一たび国門すなわち北京から外へ出れば、顔色が異なって、州県等の地方官になれば、威福が並びに行われる。これは人民を子弟と思わずに、蛮夷《ばんい》異域の新たに征服した敵と思っておるのであると論じ、日本でも変法の始めに、首として親王大臣の儀仗を去った例を援《ひ》いておる。康氏は支那の地方官が衙門《がもん》内に住居《すまい》し、その部下の員役が繁多にして、妻妾は高く留まり、僕婢も夥しいので、費用がしたがって続かない。もし自分で借家をしておれば、房数も少なく、自ら節倹になりやすい。それゆえ役所住居をするのは、ただ民情に隔絶するばかりでなく、自然に奢靡《しゃび》になりやすからしめる。北京の官署では皆公務を執るばかりで、人が住《すま》っていない、各国の官署も同様である。印度《インド》のような植民地のみは、その長官は役所住居であるけれども、それ以下の官吏は皆朝夕は借家に帰りて、日中のみ公務に趨《おもむ》く、役所で公務を執る時は私事で応接するような累がなく、朝夕宿へ帰る時は公文書を取り扱う労苦がない。かくのごとく公私画然としておるのは尤も便利ではないか、その借家は公費を給しておるけれども、土地の便宜で給与し、広いも狭いもその人の望み次第である。支那でも僻地では急にこのような方法は行い難いことで、これを行っても人民の家屋を強制的に借り上げるなどの弊も生ずるであろうが、しかし現に地方でも長官一人の外、佐弐《さじ》各官は皆今日でも借家住居をしておるのであるから、この方法も決して行われ難いことではないと曰い、日本の官吏は行くには徒歩、住居は借家で、匹夫と異ならない、それゆえ俸給が少なくても、どうか暮して行く、支那のように一たび官吏となれば、体裁ばかり繕って、威張ることを能事とし、小民を圧制して恐嚇《きようかく》するのは、古代の野蛮の習俗で、兵力で人の地を取り、威力でおどした余風である。文明の世は官は人民のために事務を執る僕である、人の僕たる者がその主人を震驚恐嚇するという奴があるかとまで極論しておる。この康氏の論は、支那でも平民主義が自然に発生して来る実情をよく説明したもので、これが世界共通の自然の発達である。

然るにその国がすでに共和国となり、平等を本義として、すべての制度をも建て、国民の先識者が早くも着眼した従来の情弊を矯正し、まさに萌芽しつつある文明の嫩葉《どんよう》を長育《ちよういく》して行くのが、当局の責任であることをも忘れ、曲学阿世《きよくがくあせい》の徒の甘言を聴きて、専制の夢を繰り返さんとするなどは、実に支那の国民を衰亡の悲境に導く罪人たるのみならず、また実に世界人道の公敵ともいうべきものである。そこで世間ではすでに袁世凱が帝位に即《つ》く野心あることを疑うようになり、袁その人もまた帝王の服たる袞冕《こんべん》を服して、帝王の礼たる祭天を行うなどという愚にもつかぬ真似がしてみたくなるので、それでも世間を憚《はばか》り、所謂王莽恭謙下士日の模様でやっておるなどは、いささか滑稽にも見えるのである。ここに至ると熊希齢の施政方針も、ついに一片の空文となるに至るべく、袁世凱は果してこれを実行する積りがあるかさえも疑わしくなるのである。

国是

およそ一国の興るには、畢竟《ひっきょう》その国家を治めて行くところの国是が無くてはならぬ。それが施政方針の基礎でなければならぬのである。日本でも明治の初めに五箇条の御誓文を発せられ、それから後その御誓文の解釈においては、いろいろ変遷をも経ておるということであるけれども、とにかくどこまでも国を開き、新しい政治を実行するという方針で、法律をも改め、制度をも改め、教育をも改め、そうしてどこまでもそれを遂行した。その後には、また立憲政治の採用に方針を定めて、実行するまでには年数を要したけれども、それを実行するということには当局者も徳義を守って、当初の精神を崩さなかった。それで伊藤公のごとき政治家は、生前いろいろなる非難も受けたけれども、立憲政治を日本に成り立てるということ、憲法が出来上ってからは、その憲法をばどこまでも維持して行きたいという精神を始終失わなかった。その当時でも一方の武断派に傾いた政治家は、あるいは一時の議院の騒動などから、憲法中止などというような謬《あやま》った考えを出す人もなきにしもあらずであったし、伊藤公もまた自分が作った憲法のために束縛されて、実際為政家としては、よほど困難の地位に立ったこともしばしばあるけれども、幸いに伊藤公は政略家としてはあるいは欠点があったかも知れぬけれども、政治上の徳義として、一旦立てた方針を枉《ま》げるべきものでないということについては、確かな信念のあった人であるので、とうとうこの立憲政治の存廃などについては、少しも疑いをもたなかったのである。それに依って今日までこの立憲政治も相続し、維新当時の改革の精神も相続して来たのである。こういうことは機会主義の政治家の学び得難いところであって、これすなわち伊藤公が新しい日本の創建者としては、故桂《かつら》公とか、あるいは現存しておる山県《やまがた》公などに対しても遥かに勝れておって、百世不朽であるべき点であろうと思う。

伊藤公の政治上の能力は、天津《てんしん》談判の際からして、李鴻章などもひどく感心したのであるが、李鴻章その人も、外国人に対しては権変計るべからざる人物のごとくにも考えられたが、実際は政治上の徳義は頗《すこぶ》る堅実なところのある人で、外国に対しては始終平和主義を取って、多少国の体面上屈辱ということを忍んでも、とにかく外国に対して事を起さずに、その間に内治を整頓するということだけは、一貫して変らなかったようである。日清戦争はその素志でもないのにこれを起した結果、全然失敗をして、李鴻章に対する支那人上下の信用が衰えたから、その深慮ある主義を実行し得ずに了《おわ》ったけれども、これは今日の袁世凱などとは幾らか異なる点であって、袁にしてもし真成に支那の地位を自覚し、支那の運命に関して、自分がもっておるところの責任を覚ったならば、その恩を受けた清朝に退位をさせて、共和政府を成り立たせたところの精神を、どこまでも一貫して、国会のごとき機関が、その一個の政策を実行する上からは、多少不便な点があり、一時これを無くした方が便利だということがあっても、その一時の不便、一時の困難のために、当初の精神を枉げずに、どこまでも共和国を成り立てて行くというような信念があり、それを国是として進行すれば、支那の国民も結局は困難を排して、かつ救済されて、そうして新しい国家を成り立てることが出来るであろうと思うけれども、もし機会主義の政治家として、自分の能力を頼んで、一時都合が好くさえ行けば、いかなる事でもなさざるところなきやり方で、国会をも蹂躙《じゅうりん》し、甚だしきは一時の反動的政論に駆られて、折角立てたところの共和政体をも蹂躙するということになれば、袁世凱一人の成功としては、あるいはこれを僥倖《ぎょうこう》し得らるるかも知れぬけれども、支那の国民はこれがためにとうてい救済すべからざる不幸に陥るということを考えなければならぬ。

日本の政治家でもこのごとき一時の不便困難のために、しばしば国是遂行の信念の衰えることが無いこともなかったので、明治の初年でも既に政府はまず内治を専《もっぱ》らにするということに国是を一定しておりながら、しかも台湾の生蕃《せいばん》の征伐をも卒然として行い、それから琉球《りゅうきゅう》事件に依って支那と衝突を起したりするようなことがあった。この時に独りその定見を固執したのは今日から見れば極めて臆病な政治家のようではあるけれども、木戸孝允《たかよし》のごときはどこまでも始終一貫した内治政策を主持して、ある機会からして外国に対して国威を張ることをも試みようかなどという迷いを少しも生じなかったのは、決して見るところがないとは云われぬ。国家は大きな生物であって、固定した政策を執って少しも融通が取れぬということは、頗る不便な点があるのであるけれども、政治家の信念とし、国是の方針としては、とにかく一貫したものがあって、そうして一時の便宜のためにそれを変えないというところの方針が無くてはならぬのであって、これは支那の当局者が最も日本の維新の歴史について、今日鑑《かんが》みねばならぬところであると思う。

機会主義の誘惑

何国の政治でも機会主義というものは、しばしば政治家を誘惑しやすいところのものであって、幸いに支那は今日軍事上の功名などが得らるべき場合が無いから、外国に対してだけでも、一種の誘惑に陥れられない利益があるけれども、もしこれが外国に対して軍事上の功名を得るような場合があったならば、フランスの革命の後にナポレオンのような事実上の専制家が出たような禍《わざわ》いは必ず来るであろうと思う。イギリスなどのような、長く立憲政治に訓練された国、またアメリカなどのように初めから民主政治で成り立った国は、その人民、その政治家ともに、皆その主義方針というものを以て生命として、主義方針を守るについて一時不便なことがあって、そのために我が当派の衰運を来すことがあっても、軽々しく歴史ある主義方針を変えるようなことはせぬだけの徳義をもっておるけれども、支那のようなそういう訓練をもたない国はもちろん、日本でもまだ国民にこの訓練が深くないという原因からして、しばしば政策が機会主義に陥る傾きがある。

しかし永遠に国家を安全に存立させようとするには、力《つと》めてこの機会主義を離れて、国是を一定しなければならぬ。袁世凱の顧問たる某博士のごときは、ある時支那の名士の宴会の席上において、袁世凱が大統領として、支那で政治を執るについては、議会に袁世凱の党派の多数を常に占めるようにしなければならぬということを言ったそうであるが、これは議論の前提を忘れて結論だけを考えたのであって、西洋の共和政治でも、大統領が党派に関係ある国、例えばアメリカなどにあっては、大統領が属する党派には一定の主義があって、その一定の主義に対して多数を占めるようにする。そこで議会の多数ということにも明白な意義があるのであるが、袁世凱のように政治上に何らの主義の無いものが、単に多数を占めて、そうして政治機関を思うように動かすということになると、これは全く専制政治と同一の結果になるのである。ただし袁世凱が大総統としての地位は、フランスなどの大統領のごとく、政治上の主義に超然としておるのであれば、別問題であるけれども、袁派の意見としてはむしろ米国流の大統領を手本としておるのであるから、ますますこの議論は価値のないものになるのである。

革命党もまた免れず

支那の今日にあっては、袁世凱に限らず、何人《なんぴと》でも政治上の主義方針すなわち国是というものを立てるということが肝腎であって、これはその人が不幸にして暗殺され、あるいは中途で病死するというようなことがあっても、その国是というものさえ一定しておれば、後から続いて出て来る政治家が、その方針に従ってこれを遂行して行くことが出来るので、したがって法治国たるの実も挙るのであるけれども、国是が立たずに、ただ機会に従い、便宜上いろいろな政策を思いつき次第やるというのでは、袁世凱のような人物が非常な勢力を得て、専制的に統一しても、それは砂の上に建てた楼閣のごときもので、直ちに崩れる虞《おそ》れがあるのである。

これは袁世凱に限らず、革命党すなわち反対党の方でも同様であって、袁世凱のしたことであれば、何でも構わず反対するというような手段は、政治家として、殊に今日の場合取るべきところではないと思う。例えば先年袁世凱が当時財務総長熊希齢の方針で、既に外債を起そうとしたことがある。然るにその時において、南京におった黄興《こうこう》などがこれに反対をして、外国債に依るのは、外国人に利権を占有されるという、例の清末の利権回収と一様の意見を以て、外国国民捐に依って財政を救済しようということを主張した。これらは最も識見の無いところの政論というべきであって、あの時において早く支那が一致して外債に依って、財政の状態を救済したならば、単に財政という方面から言えば、あるいは今日のような非常な窮境に陥らずに済んだかも知れぬのである。黄興らの主張はもちろん外国債がどこまでも悪いというのでもなかったらしいので、むしろ真意は他にあって、主として袁世凱の執る政策だから反対したものと考えられる。これは一国の国是としてはそれより外に途のないことをも、袁世凱に対する感情のために、自らその信念を欺くということになるので、すなわち革命党の政治家もまた機会主義のために囚《とら》われておると謂わなければならぬ。こういうことは最も慎むべきことで、たとい自分並びにその党派が立てたところの主義方針が、一時自分に不利益なことがあっても、そのために動揺しないというのが、文明国の政治家の徳義であり、また一国を救済するところの経世家の進むべき正路である。これは今日以後袁世凱の派でも、あるいは反対派の政治家でも、十分に注意をしなければならぬことと思う。

列国の監視

今一つ附言して置きたいことは、現在の支那は共和政体として、その立国を列国から承認せられたとはいうものの、なお袁世凱の統一事業が成功するや否やということは、疑問の裡《うち》に置かれてあるので、まさに世界列国の環視の真ん中で、統一事業の芸当をやっておるということを免れない。世界列国の意見を度外視して、その独立の本義に拠り、自由に思うところを実行するという地位までには、まだ至っておらぬのである。この際にあってはこれを監視するところの世界列国も、支那の幾億人民を救済し、世界の平和を図るという上からは、支那を真正に満足な共和政治を行い得る国として成り立たすまで、十分に監視しなければならぬ義務があると思う。それについてはその当局の政治家の機会主義に囚われて、ある時は人道に反し、改革の精神に反し、共和国の根本義に反し、例えば議員を捕縛したり、国会を閉鎖したり、あるいは暗殺を以て敵党に対するような、政治上の徳義に反した行為は、これに対して忠告をして、正理に帰するように導かなければならぬと思う。ただともかく早く統一をし、早く平和になる方が、貿易上に利益であるからなどと云って、目的の前に手段を問わないということを認容し、支那の当局者が正道に反した行為を執るのを黙々として看過するということは、世界の政治上の徳義に退歩を許すということにもなり、現在支那の当局者をして、世界共通の政治上の徳義を守るは、列国と均等の地位に立つ上に必要なることで、これを守らぬというのはすなわち自ら貶抑《へんよく》〔卑下〕する所以だということに強い反省を生ぜしめることをも怠るということになって、結局列国共通の政治上の徳義公道を守らずして、列国の伍に入り得る国の存在を認めるという由々しき大事になるのである。

正義の観念

今日文明が進歩して、各々その国においては政治上の徳義を厳重に守るにも拘らず、支那の内情なり、地位なりがそこまでに至らないからといって、放任して置くのか、それとも列国が各々その国の利益のために公道を忘れておるのか知れぬが、支那の現状に対する列国の監視は甚だ寛大に過ぐるように思う。これは決して支那の人民を救済し、また世界の平和を永遠に維持する所以ではない。もちろん世界の監視が寛大に過ぐるからといって、それを好いことにして、自国の内に対し、また外に対する政治上の徳義を疎《おろそ》かにするということは、なお以て支那の当局者として不都合かつ不利益なことである。日本がさもないことまで、外国から酷待されて、三十年も隠忍し、以て今日あるを致したのは、一つは強制的にも正義の観念を重大視せしめられたので、立憲政治の成功も、列国の厳酷なる監視に負うところ少なくないのである。

それに比して今日の支那は、列国に甘やかされておるので、正義の観念も発達せず、したがって共和政体の成功も危ぶまれるのである。当局者が真正に自国の前途を考えるならば、外から来るところの議論が、たとい自分にとって寛大過ぎて都合が好いとしても、そのために政治上の徳義を疎かにするということなしに、十分に守るところは守らなければならぬ。これは機会主義の政治家には、あるいは迂闊《うかつ》な空論のごとく感ぜらるるであろうけれども、この迂闊な空論の中に、立国の永遠なる真理が含まれておるのである。

附録

清国の立憲政治

近頃支那では立憲政治というのは大変に評判の好い語になっておる。一体支那のような守旧国が立憲政治に対して興味をもつのは誠に不思議のようであるが、支那は大体において守旧の国であるが、また時としては非常に急進の国である。近頃では急進の方に大分傾いておる。昨年北京《ペキン》へ往った時にも、新智識の官吏の中には、北京の城壁を取り払って、跡へ電車を敷設した方がよいというような急激な意見をもっておる者があった、それゆえ急激に立憲政治をやるとか、新内閣を造るとかいうことは決して怪しむに足らない。殊に支那では立憲政治を一つの護符、大層結構なお守りのように考え、何でも立憲政治をやれば国が盛んになるように考えておる。昨年日本が朝鮮の併合を断行した時に、支那の新聞は、日本は立憲政治をやったので国が興った、朝鮮は立憲政治をやらなかったので国が亡んだ、こういうので非常に簡単に一刀両断に判断していた。立憲政治さえやったら、支那の分割もなく、また決して亡びない、段々えらくなると信じておる傾きがある。

　しかしながら立憲政治をやりさえすれば国家が盛んになるということは、支那人のみならず、どうかすると日本人の間でもそういう考えがあるかも知れぬ。日本は国会を開いてから二十幾年になる。その間段々日本が盛んになって支那にも勝ち、ロシアにも勝ち、それから朝鮮をも併合して、国運が進んだのは事実である。これを支那人から見れば立憲政治のためだというが、あるいは日本人でもそういう意見をもっておるものが多いであろう。それで立憲政治にもまたいろいろ流儀があって、日本人が最初に理想にした立憲政治は、イギリスの政党政治である。ところが出来てみるとその通りには出来上らなかった。今日日本でやっておるのは立憲政治に相違ないが、政党政治になっておらぬ。時々なり掛けては失敗しておる。内閣では元首に対して責任を負うのだという議論を押し通して来たのであるが、しかしそれで立憲政治でないわけでもない。支那でやる立憲政治はどういうものであるか、支那人はそういう細かい考えはない。ドイツでもイギリスでも日本でも皆同じことであると思っておる。ただ立憲政治をやりさえすれば国が盛んになると思っておる。それで立憲政治はイギリスのがよいかドイツのがよいか、日本ではイギリス流にやろうとしたのが、ドイツ流になってしまった次第で、一種の日本流の立憲政治が出来たのであるが、どれがよいのか、今のところでは判断が出来ぬ。イギリスが盛んであった時は、世人はイギリスの立憲政治が世界中一番結構なものであると思ったが、近年のようにドイツが国運を持ち上げて来ると、ドイツ流もよかろうと思うようになる。そうしてみると国運の盛衰が、果して立憲政治にのみ関係するかどうかということも分らぬのである。それで支那が今日立憲政治を採用するのにまたどういう流儀のを採用するか知れぬが、結局どの流儀のを採用したからとて、国運がめきめきと盛んになって、強国になるかどうか、それはとても保証は出来ない。なお家族制度が現在支那に行われておれ、朝鮮にも行われておるけれども、それが一向国運隆盛の根本にならぬようなわけである。結局国の盛衰の根本は必ずしも政体によらないかも知れぬ。

それでは国運の盛衰なり、また立憲政治が順当に行われる基礎になるものは何かというと、手短かにいえば中等階級の健全ということであろうかと思う。このことについて、明治三十五年に支那へ行った時に、既に彼《か》の地の有志家の間に立憲政治論があったから、立憲政治ばかりやったところで、お前の国が盛んになるとは限らない、日本が盛んになったのは、昔からの由来がある、それは何かというと中等階級の健全であると云ったが、どうしても支那人には分らない、誰に説明しても分らないでそのままになったことがあるが、現在の支那の社会で中等階級が健全に存在しておるかどうかということはよほど疑問である。これは支那ばかりでない、大阪市なども、中等階級の健全ということは、どうかすると危いところで、市政の腐敗とか何とかいうことを騒いだこともあるようであるが、これは中等階級の不健全から来ておるのではあるまいか。しかし中等階級にも種類があって、最初日本が立憲政治を拵《こしら》えた時は、財産の中等階級を標準にして拵えたのである。日本で封建の末世に国家は誰に依って立っておったかというと、大名らは自分で背負って立っておると思ったかも知れぬ、徳川家でもそう思っておったろう。しかしその時に実際日本の国家を背負って立っておったのは、そういうものではなくして、最下級の士族である。それで維新の事業が出来上ったは、もちろん天皇陛下の御稜威《みいつ》にも依り、歴代の皇室の御盛徳にも依るけれども、その際尊王の大義のために働いたものはどういうものかというと、皆最下級の士族である。将軍でもなければ諸侯でもなし、諸藩の家老でもなし、上級の武士でもない、最下級の士族である。ところで維新になってから士族と平民との階級が無くなった。もっとも今でも名称はあるが、実際の階級は無くなっておる。ある地方では今以《もっ》て依然として士族の勢力のある所があるが、ある地方ではまるでその勢力が無くなっておる。それではその地方はどういうものが代って勢力の中心になっておるかというと、多くは農民の最上級のものである。国会が開ける前、開設論に骨折ったのは、やはり維新前からの状態が相続して来ておって最下級の士族がやり出したのである。国会が開けてから十余年の間、どういう種類の人が国会を組織する原動力になったかというと、大部分は最上級の農民である。そういう階級が日本にあったから、立憲政治がとにかく首尾よく行われ始めたのである。木に竹を接《つ》いだように外国の制度を持って来て行ったけれども、それが少しも不都合がなしに行われたというのは、すなわち中等階級が健全であったからである。

その後いろいろ変遷があって、大阪のような商工業の発展する処には別に一種の中等階級が出来て来ておる。しかしこれは全国から見るとまだ極めて微々たるもので、まず今のところではその新しい中等階級の存在を認むべきものは、東京とか大阪とか横浜とか神戸とかいう大都会だけであって、その他の処にはまだほとんど認められない。それはどういう人間であるかというと、つまり新教育を受けて一人前になった人間である。この新しい中等階級がどういうように発現したかというと、ついこの前の総選挙が一つの証明になる。東京では蔵原君が一文なしで運動をして議員になった。大阪では我々の友人の石橋君がほとんど一文も金を使わずに議員になった。それから横浜とか神戸とかでも、何か非常な金持ちと競争して勝った人があるようである。そういうのはつまり中等以上の教育を受けて、種々の誘惑のために支配されない人間が沢山出来て来た証拠であって、これらの人間が一階級を形づくるということは、今日のところでは大都会でなければ出来ないのである。従来の大阪は、大きな資本家と丁稚《でっち》とだけであって、中等階級というものは無かったといってもよいが、近年はそういうような人間の一階級が出来て来た。つまり気まぐれの人間の団体が出来た。そういう気まぐれの勢力で、一文なしで選挙運動をやっても当るような人が出来て来た。これは新しい教育の影響には危険思想が伴うように考えられるが、必ずしもそうでない証拠であって、新教育を受けて、謂《い》わば社会の従来の調子から見ると、多少気まぐれであるが、つまり他の誘惑の出来ない人間が出来て来るというのは、大変結構なことで、まず日本ではそういう人間が百姓の最上級のものに代って、新しい中等階級を組織するかどうかという道行きの最中にある。一方には古い制度、武士とか百姓の大きな者とかいう家族主義のようなものを固守しておる人間が段々減じて行くのは、これは危険には相違ないが、一方には他の誘惑のために動かされないという利益が出来て来る。これは新しい時代思想の一つの利益である。そういうことは利害伴うものであるということを考えなければいかぬ。

ところが支那では今始めて立憲政治をやるという場合に、どんな階級が中心になるかということはよほど分らぬ。自分が知っておるところで判断すると、日本のように士族というような階級は支那にはない。読書人というものが謂わば一つの階級になっておるが、しかし読書人が日本の新教育を受けたところの新思想をもった人間とは同一に見られない。日本では士族と密接して最上級の農民があったが、支那ではそういうものが中等階級をなしておるかどうかは疑わしい。支那の百姓はどこまでも百姓で、百姓の中から国会などへ出て、新しい時代の中等階級を形づくろうということは、支那にはむつかしいことである。それであるから支那で立憲政治の形が組織されても、その立憲政治を維持すべき階級が現在あるかどうかということが大なる問題である。まずそれが第一に支那で立憲政治の都合よく行われるかという大疑問であろうと思う、そういうことはあまり近頃の評論家でやかましく云う人はありませぬ。

そこでとにかくそれらの根本問題はしばらく置くとして、支那でも立憲政治を日本がやったような工合に順調に行くものとみても、近頃までの経過で、立憲政治の将来を批判するのは早過ぎる次第で、近頃内閣総理大臣というようなものが出来、それに協理大臣という副大臣が二人出来、それから各部の大臣というものが出来た。これが日本でいうと明治の初年伊藤公が新内閣を組織する前、三条公が太政大臣で、島津公が左大臣、岩倉公が右大臣、その外参議というものがあった、今から三十余年前の状態である。支那の現状を批判するについては、日本の三十年前と思わなければいかぬ。昨年始めて資政院を開いた。日本においては明治の初めに集議院というものがあった。木戸公が議長でその議員は各藩の代表者である。それが今の支那の資政院に似ておる。今の支那の資政院も各省の代表者から成り立っておる。日本の集議院の時などは、雲井龍雄《くもいたつお》というような腕白先生がおって、木戸さんなどを大層困らせたということである。支那でも昨年あたり、南方の新聞を主宰しておる資政院の議員などが、いろいろ苦情を捏《こ》ねて、随分議長を困らせておった様子が見える。支那の資政院は日本の集議院時代を以て比較せねばならぬ。支那の各省には現在諮議局が開けておる、これは日本において始めて府県会を開いた時代と比較になるほど、とても進んではおらぬ。その局で議論をすることも、各省の経済上の必要な問題でも議論したらよかろうに、分りもせぬ外交のことなどを議論する。やれ鉄道鉱山の利権回収だの、借款反対だのと言って騒いでおる。日本の府県会はそれよりかはよほど健全に発達しておって、最初は地方の財政を議することに限られておった。そのために府県知事が不急な道路を造ったり、金の掛かる工事などをやったりすることは制限されて、それが明治十一年頃から、国会の開けるまで所謂《いわゆる》議会の練習をした。日本では国会が開けてから、議会というものがゴタゴタになって、あまり良い結果を持ち来《きた》しておらぬように思うが、府県会の発達はよほど順調であった。ところが支那の諮議局はとてもそういうような健全なる発達は覚束ない、こういうようなところから考えてみると、支那の議会の将来はよほど危いものであるとも見える。ところが今より五年たてば国会を開くという。十年というのを八年にしたところが、それを三年に短縮しろというのを五年ということに折り合った。どうして開くか、隣の疝気《せんき》であるが心配なものである。日本では国会を造るについては、納税を以て選挙資格にしてある。ところが支那では人民の納税額の分っておるのはどこにもない。土地の税目などは無茶苦茶である。それでどうして税を取っておるかというと、「賦役全書《ふえきぜんしょ》」というものがある。また「魚鱗冊《ぎょりんさつ》」というものがある、百五、六十年も前のものであるが、それに某県の租税は一か年に幾万両収入があるということが書いてあると、今でもその通り取るのである。支那には時々大水害がある。黄河などは洪水があると七、八県の土地を浸しておる。それがためにある県には耕地が減じても定めの年貢を納めなければならぬ。ある県には耕地が増しても、規定の収税で済ましておる。誰某が何ほど出すなどということは知る必要がない。知県《ちけん》などでもそんなことは知らない。何でもこの県は何千何百両取らなければならぬということだけで沢山だ。そういう有様で選挙資格の標準にも何にもなるはずのものではない。それがもう四、五年の後には国会が開けるのだそうである。どういう国会が開けるかということはとても分らないがとにかく開くとなったらどうかこうか開くだろう、とにかく支那流の国会が成り立つものと考えるより外仕方がない。世界じゅう類の無い支那流の立憲政治というものが出来上るかも知れぬ。そういう風で開ける国会なら、国会にはなっておらぬだろう。国会が開けたら却《かえ》って乱が起るだろうという論があるが、しかしそれも分らぬ。支那流の国会が開けると、やはりまた支那流に治まって行くかも知れぬ。昨年資政院が開けて、弾劾《だんがい》上奏などが出て騒いだが、治まる時になるとうまく治まって行く。政府でやかましく云う議員を買収したという話があるが、買収したかどうかそこまでは分らぬがとにかくどこかで折り合うところで折り合うて騒動にもならずに治まっておる。それだから支那で国会が開けたからというて大した効能も無い代りに大した騒動も起らぬだろうと想像もされる。

これは自分が支那の外に立って、そうして支那流でなしに支那の立憲政治を考えるのであるが、それを今一面すなわち支那側に立って考えて、支那には立憲政治の根柢《こんてい》となるべき思想があるか無いかということは、これはまた一つの問題になる。それはもちろんある。あるのみならず支那の方があるいは反《かえ》ってよほどヨーロッパ人などに近い一種の思想を持っておる。近頃日本で漢学が流行《はや》って、支那思想は一体に穏健で、日本の国体などには非常に適したものであると考えておらるるようであるが、これらの側から見ると、よほど驚くべき思想が支那にはある。もっともその驚くべき思想ばかりが国会の根柢になろうというのではない、危険でない健全な分子も国会の根柢になるであろう。とにかく支那の今の新しい時代の人に行き渡っておる思想、すなわち国会でも開こうという人の間に行き渡っておる思想の来歴は、どういうものであるか、これが今日研究してみようと思う最も肝腎な点である。

その一つは、支那は存外輿論《よろん》の国である。支那は国の制度の上からいうと、無限の君主独裁の国である。それと同時に支那は非常な輿論の国である。輿論というのも支那から来た語であるが、どこから出て来るか分らぬ多人数の評判ということに重きを措《お》く国である。地方官の善悪などを天子が問うに、まず評判が善いか悪いかということを聞く。その人が実効が挙ってお るかどうかということにはあまり頓着しない。もっとも支那の地方官の任期の三年や四年で実効の挙りそうなことはない、とにかく評判に重きを置く。「声名好」と云えば好官だという。支那でも昔から政治家として実際に成功した人は、評判などを念頭に措かないが、そういう人をば管商《かんしよう》、すなわち管仲《かんちゆう》・商鞅《しようおう》の派として、これを悪くいう傾きがある。誰でも知っておる諸葛孔明《しよかつこうめい》、この人も政治上実効を重んじて、随分厳重な政治をして、ある論者からは管商派だといわれる。それでも孔明の政治はやはり評判で人を採って失敗した点がある。「三国志」

などに孔明涙を揮《ふる》って馬謖《ばしょく》を斬るということがあるが、これがすなわち評判に依って人を用いた失策である。一般の傾向としては、支那は評判に重きを措く国である。それがつまり一つの立憲政治の根柢になるのであろうと思う。現在では評判主義に対して反対の考えをもっておる人もあるが、要するにこれが一つの支那の立憲政治の根柢を成すに違いない。近頃支那でも新聞などはつまらないというものがある。日本でも近頃よく新聞などはつまらないといって新聞で反対した事がどしどし行われる。鉄道国有などには日本全国、一つも賛成した新聞はなかったが、政府が断行してしまった。それで新聞記者もやはりその鉄道に乗っておる。日本のように立憲政治の国で輿論を無視することの甚《はなは》だしい国はない。政治家などは輿論は愚論だの、人の噂も七十五日などということを言うものが多い。支那では、独裁政治の国であるけれども、天子が前いうように人の評判で官吏の進退を決する。日本に来ておる留学生などは、本国においてある問題が起ると、五百人なり七百人なり集会をして、電報などを本国に打つ。日本では青二才どもがそんなことをすると叱りつけて置くくらいのものだが、支那ではその青二才のやることが大変に応《こた》える。支那の新聞などは日本の者と比較すると遥かに下等で、支那の大官なども、新聞などはつまらぬといっておるが、さて新聞で騒がしく言うと、その恐ろしがること大変である。何でも一々新聞にほとんど盲従しておる。近頃では支那でも発行停止をやったり何かしておるが、しかしそれは怖々《こわごわ》にやっておる。日本でも明治の初年は丁度そんなもので、木戸さんとか大久保さんとかいう人が参議をやっておった時分、成島柳北《なるしまりゅうほく》とか栗本鋤雲《くりもとじょううん》、あるいは末広鉄腸《すえひろてっちょう》などという人が政府の気に入らぬことを書くと、これらの新聞記者に禁錮を命ずるという。しかしその時分禁錮を命ずるというのは、ただ新聞社の二階に立て籠《こも》っておって、芸妓を呼んで来て騒いでもよいというような禁錮であった。支那の政府が新聞に対する態度はほとんどそれと変らないのであって、日本では段々立憲政治が行われて、反って新聞を踏みつけにするようになって来たが、支那ではまだ立憲政治が出来ないせいか、非常に新聞を怖がっておる。輿論というものがこういう風に大変によく利く。立憲政治が出来上ったら、あるいは様子が変るか知れぬが、とにかく昔からそういうように輿論に重きを措く国である。それが支那の立憲政治の根柢となって、随分ぐらぐらした立憲政治が出来るだろうと思う。これは一種の支那の国情の上から立憲政治を観《み》たのである。

その二つは思想の潮流である。支那人に種族観念の現われたのはあまり古いことでない。支那人は自分の国を天下だと思っておる。他の国以上に超越したものと思っておる。外の国は皆小さくて、四裔《しえい》という、衣物《きもの》に附けた裾くらいのものだと思っておる。イギリスから乾隆《けんりゅう》の末年にマカートニーという使者が来た時に、支那では四裔の国から朝貢《ちょうこう》して来たから、自分の国の臣下を取り扱うと同様に三跪九叩《さんききゅうこう》礼を取らせようという考えであった。ところがマカートニーというイギリスの大使は、自分はイギリス国王の臣である、そんな馬鹿なことをするわけはないと云って、どうしても聞かない。それからいろいろ話が揉《も》めたが、イギリスの使者も、そのまま天子に会わずに帰っては目的が達しないから、自分は国王の肖像を持っておる、それに対して清《しん》国の自分と同等の大臣がやはり三跪九叩礼を行ったならば自分もやろうという相談を持ち込んだということがある。何しろ支那は外国というものは皆自分の国に附属したものと思っておった。それで本当に種族思想の起ったのは、外国から亡ぼされ掛かった時である。前には南宋《なんそう》の末、近頃では清朝のために明《みん》が亡ぼされる時に種族思想の発現があった。この種族思想の発現も南宋の時には格別のことではない。一体宋の亡びる時はみじめなものであって、文天祥《ぶんてんしょう》は宋末の大立て者であるが、敵国で牢の中に入れられておったとはいえ、随分優待されておったので、暇潰《ひまつぶ》しに「正気歌《せいきのうた》」などという長い詩を作った。正気の歌は結構だが、戦《いくさ》は下手であった。殺される時は従容として死んだというが、一体支那人は殺される時は多くは従容として死ぬそうである。明末の忠臣義士というものは、日本では文天祥ほどにあまり取り立てて言わぬが、文天祥よりもどの点から見てもえらかったのである、戦も相当に見事にしておる。南宋では都を落とされてから、今の香港《ホンコン》の附近の島の中に立て籠ったが三、四年も経たないうちに亡ぼされた。明末の忠臣義士の方が遥かによく持ち耐えた。鄭成功《ていせいこう》の家などは天子が無くなってからも、台湾に三十年以上も立て籠っておった。ある時は南京《ナンキン》征伐に出掛けて行って、水軍で南京を攻め落しに掛かった。結局敗北はしたが、その時に一軍を率いてさらに深入りをした人がある。それは張煌言《ちょうこうげん》という人で全くの読書人である。この人は南京から奥の蕪湖《ぶこ》、今では米の出る、日清汽船会社の船の着く有名な処であるが、そこまで深入りをして、明の余党を狩り集めて、清朝の軍と戦っておった。背後で鄭成功が敗北したから行き所が無くなって、辛苦艱難《かんなん》して落ちのびたことなどがある。この失敗にも懲《こ》りず、東南の島々、広東《カントン》、広西から緬甸《ビルマ》まで、落ちのびて長い間清朝に対抗した。全く亡ぼされるまでには十七、八年も掛かった。それだけ明末には宋末から見ると耐久力があって、種族思想というものがよほど盛んになった。その時代の思想が清朝二百余年の間にも伏流しておって、清朝のために圧服された後も、その思想は江南地方に全く流れが絶えない。その時代思想の代表者となった一人の学者がある。それは有名なる王陽明《おうようめい》の生れた余姚《よよう》県の人で黄宗羲《こうそうぎ》という人である。余姚県へは自分も往ったが、ここには王陽明の廟《びょう》などがある。この土地は王陽明の学派が伝来して、黄宗羲の先生で劉念台《りゅうねんたい》という人も皆王学派である。劉念台は明のために節義を守って、物を食わずに死んだが、黄宗羲は兵を挙げて清朝に対抗し、日本へも援兵を請いに使いを寄越した。「日本乞師記」という記事がある。そのことは成功しなかったが、とにかくそういうことまでして非常に明のために骨を折った義士であると同時に、これがまた明末の大学者である。この人の思想が二百余年間によほど影響しておる。

明末から清初に存在しておって、清朝の学者の元祖と仰がれて、二百余年間の思想を支配した人が二人ある、その一人は今申した黄宗羲で他の一人は崑山《こんざん》の顧炎武《こえんぶ》という人である。この二人が明末から清朝の初めに掛けておった大学者で、また清朝には仕えなかった人である。章学誠《しょうがくせい》という人は浙東《せっとう》学派と浙西《せっせい》学派と二つに分けて、この二人をその祖としておる。浙東浙西というのは杭州《こうしゅう》の傍の銭塘江《せんとうこう》すなわち浙江《せっこう》の東を浙東、その西を浙西と云う。浙東学派は遠祖が王陽明で、その学統を伝えて清初の代表者になったのが黄宗羲である。浙西学派の祖は顧炎武であるが、その淵源は朱子学《しゅしがく》である。その他湖南に王夫之《おうふうし》、湖北に胡承諾《こしょうだく》があるが、これは顧炎武や黄宗羲の学派のように、引き続き盛んには行われなかった。近年湖南の学問が盛んになって来て、王夫之の学が復興しておるようである。まだその外北京附近、北方に起っそれはた一種の学派がある。近年までは微々たるものであったが、近頃復興しかかっておる。それは顔元《がんげん》、李塨《りきよう》の顔李派である。明末から清朝の初めに大きな学派を成したのはこれらの人々であるが、その大きいのが浙東浙西の二派で、中にも西洋との関係が始まって、種族思想の復活とともに大いに活気を帯び出したのは黄宗羲の学派である。黄宗羲以後、この学派はよほど色が変って来て、元来王陽明は性理学であるが、黄宗羲以後は一変して、史学になっておる。つまり浙東学派の特色は史学であって、泰平の時代にはその特色たる史学を以て、浙西学派の小学に対しておったが、近年西洋関係が生じて、種族思想が復活すると同時に、この人の思想のある一部分がまた特別に復活して来た。この人に一つの著述がある。それは「明夷待訪録《めいいたいほうろく》」という書である。この小冊子に経世的の意見が書いてある。その大意は明が亡んだのは残念であるが、よくよく考えてみると、亡びる所以《ゆえん》があるのだ、この次に世を治める者は明の失敗のみならず、歴代の政治に鑑《かんが》みて新しい政治の現出が必要であるという考えから出たのであろう。その意見が、突飛な極端の思想である。そのうち財政とか軍事とか種々のことについても意見があるが、その根本は、君臣君民の関係にある。「原君」という篇に「君というものは自分の都合のためになっておるものではない。世の中に人君という商売ほどうまらないことはない。よくようまらないことを覚悟した上で人の君主になるべきものである。自分の都合のために君主になるのは不心得だ。誰でも好きで天子になるものはない。尭《ぎよう》は天下を許由《きよゆう》に譲るということがあるが、許由はつまらないから受けなかった。やってみてつまらないから止めたのは尭・舜《しゆん》だ。止めたくても止められなかったのは禹《う》だと云うのである。それを心得てやるならば人君の商売が勤まる。それが後になってから心得違いが出来た。漢《かん》の高祖などは心得違いの元祖である、漢の高祖は若い時は道楽者で仕方がないと親父に言われた。仲《ちゅう》という兄はおとなしい誉《ほめ》られ者であった。高祖が後に天下を取った時に親父に向かって、私の作った財産と兄さんの財産とはいずれが大きいかと云った。これがそもそも心得違いの始まりである。自分の財産だと思って天下を取るから、天下を取るまでにはいろいろな惨酷なことを行う。自分の子孫のために財産を造るのだと思ってやるから、取ってしまうと、天下の租税を財産の利息と考えておる。それが間違いである。そういうように考えると、人君は天下のために害にはなっても益にはならぬ。それだから君を怨《うら》むものが出来、天子に対して弑逆《しいぎゃく》を行うものも出来て来る、自分の財産だと思うから、人が取りはしないかと思って、一生懸命に守るために種々の手段を講ずるけれども、一人の智力は、沢山の取りたがる者の智には敵しない、何代かの後には天下の人心を悉《ことごと》く失ってしまう。支那のある天子は希《こいねが》わくは生々世々帝王の家には生れまいと云った。明の崇禎帝《すうていい》――これは明の最後の天子で憂勤揚厲と云って一生すべてのことを犠牲にして倹約に骨を折ったが、その結果は崇禎十七年に流賊の乱のために亡んだ。その当時の状態は、実に惨烈で、鐘を叩いて百官を呼び集めたけれども一人も来るものがない。それで天子は万歳山、すなわち今の北京宮中の景山に登って首を縊《くく》って死んだ。これに殉死したのは、宦官《かんがん》の王《おう》承恩《しょうおん》ただ一人であった、いよいよ亡びるという時、皇太子を落とすとか、皇后をかくまうとか、騒動の際に公主《こうしゅ》すなわち天子の娘さんが出て来たのを見て、あまり情けなくなって剣を持って斬り附けた。そうして、何の因果でお前は自分の家に生れたかと云った。これはつまり天下を以て自分の財産とするから、そういうような結果が出来て来るのだ」とある。これが黄宗義の君主論である。

それから「原臣」という篇がある。「臣は天子の召し使いではない。臣は君主のために使われて君主の仕事をするものではない。天下のために君主に手伝って仕事をするものである。天下万民のために各々職分があって、兵事をやる者もあり、財政をやる者もある。その仕事は皆天下万民のためにするので、君主一人のためにするものではない。後世になってそれが段々天下というものは天子の財産になってしまったから、臣下というものは天子の召し使いと同様になって来た。天子の召し使いというものは宦官とか宮妾とかであるが、臣下はそれとはわけが違う、結局臣は、自分の職務を尽す上については、天子の師ともなり、友ともなるべきものである。天子とともに天下を治めるものであるから、天子の召し使いではない」とある。これが黄宗義のように明の亡びる時に非常に困難をして、敵国に抗抵《こうてい》した人の口から出るのであるから、よほど深い感慨を有しておったことが分る。

その外に宰相について論じておる。「明が天下を失ったのは、明の太祖が臣下を疑って宰相を置かなかったのから起る。明の太祖の時に胡惟庸《こいよう》という宰相が、日本の征西将軍府からやった使者を利用して謀叛を起そうという嫌疑があった。それから後は明の太祖は宰相を置かない、つまり総理大臣を置かずに、各部の大臣だけを置いて万機を親裁するということになっておった。黄宗義は宰相については孟子《もうし》の説を引いておる。孟子は天子の位置を外、諸侯の国に対する関係から、天子一位、公一位、侯一位、伯一位、子男同一位、凡《およそ》五等と云っておる。また天子の位置を畿内に対する上から、天子一位、卿《けい》一位、大夫《たいふ》一位、上士一位、中士一位、下士一位、凡六等と云っておる、天子はただ諸侯の上に一の位を持っておるものである。また卿、大夫の上に一位をもっておる階級に過ぎない。古代には天子と公との距離は公と侯との距離だけに過ぎない、一人だけ特別に離れたものという考えは無かったのである。それを後世になってからむやみに天子を有難くした。それがそもそも後世にろくな政治の出来ない根本である。昔は臣が君に対して拝すると、君も答拝した。秦《しん》・漢《かん》以後になって、そういうことは行われなくなったが、それでも丞相が天子の御座に進んで行くと、天子は御座から起《た》って挨拶をする。もし輿《こし》に乗っていたならば、降りて挨拶をしたものである。それが明代に丞相を置かなくなってから、そういうことは無くなった」と云っておる。臣下を容易《たやす》く取り扱うということは、支那では近代甚だしいので、大学士、すなわち大臣の位にある人が、西太后《せいたいこう》に対して何か奏上をすることがあると、一時間でも二時間でも跪坐《きざ》をしたものだそうである。黄宗義はそういうことは天子が自分の召し使いに対してさせることで、臣下に対してやらせるものではないという意見である。それから支那では制度に重きを措かずに、人間に重きを措く。それも間違っておる。制度が確立しておらなければならぬということを言った。これが「明夷待訪録」というものの骨髄であります。日本などでは思いも寄らない過激の意見のようであるが、近来の改革論者には非常に歓迎されて居る。現在支那の新思想を支配しておるのは、この黄宗義の「明夷待訪録」が最も有力なものである。

これに対して反対の傾きを持っておった人もある。張之洞《ちょうしどう》などは「勧学篇」という本の中に、「教忠」という一篇を書いて清朝の天子というものは特別に有難いものであるという箇条を十五か条も列挙しておる。ところがこれは支那では通用しない。日本のように万世一系の皇室を戴いておる国ならば格別であるが、そうでない支那の国、殊に今の朝廷のような外の種族から入って来た天子に対する忠義の観念は微弱であって、とうてい行われない。それで今の天子の処分に対して面白い議論をもった者がある。それは東京におって革命党の中心になっておったが、近頃は革命党は止めておるが、とにかく革命党の中で第一等の学者で章炳麟《しょうへいりん》というものがある。それが今から十年ばかり前に考え出したことがある。とても清朝の天子では持ち切れぬと考えて、然《しか》らば支那では誰を天子にしたらばよかろうということを考えた。そうして孔子の末孫を天子にしようと考えた。孔子の系統というものは、一度も絶えたことのない家柄である。たまたま夷狄《いてき》の国が来て支那を支配しても、孔子の末孫はこれを公爵に封《ほう》じて相続させておる。実際支那でこれだけ永く続いた名族で、支那人の尊敬するものは他にないから、孔子の末孫を天子にしたらよかろう。それで権力を執るものはいかなるものが代って出て来ても頓着はないと云う。これは勢力のある意見でないが、よほど変った考えである。以上は支那に一種の民主思想の存在する証拠で、支那の現在の若い人の思想を支配しておる最も有力なるものは黄宗羲の「明夷待訪録」の民主思想である。顔李学派も近年流行るが、これはこの人の学問が兵・農・礼・楽四科を立てて、空言を主とせぬところが、西洋の実際的な科学に近いというのからして多少復興しておる傾きがあるが、鋭く支那人の頭の中に入っておるのは、「明夷待訪録」の民主思想である、これが今度の立憲政治によほど影響を与えるものと考える。今の朝廷も忽《たちま》ちの間に亡ぼされるということはあるまいが、日本などとは、元首に対する思想がよほど異なっておるから、支那の立憲政治の根柢となる思想はよほど異なっておるものであろうと思う。

それからこの民主思想が実際行われたことがあるか、どういう形式で行われたかという歴史上の事実も考えなければならぬ。これは近来の大騒乱であって、最新の支那の国情を生み出した長髪賊《ちょうはつぞく》の際に発現した。この大騒乱の平定は、民主思想の最大要素たる平等主義の実行によって成功した。それはおもに事実上に発現したので、元来清朝の軍制組織は禁旅八旗という満洲、蒙古《もうこ》、漢軍の三種の八旗を北京に置いて、その外に各省に駐防八旗と緑旗兵という常備軍を置いた。ところがこの軍制が役に立たなくなった一つの歴史上の事実が出来た、それは乾隆の末、嘉慶《かけい》の初年、今から約百年ばかり前の頃に、七年間ほど四省に亙《わた》る騒乱がありました。その騒乱は何もえらい人があって指揮したわけでも何でもないが、全くの一揆《いっき》が四省に亙って七年間も平定が出来なかった。それはつまりその時に各省の緑旗兵という常備軍が腐敗しておった結果である。段々戦が長く続くから地方の人民は堪え切れぬので、義勇兵の組織が出来て来た。常備軍は義勇兵の尻に附いて行って義勇兵に戦をさせて、戦が勝つと自分らの功のように奏上する。それで一揆の者の方も考えて、義勇兵すなわち地方人民と喧嘩をして斬ったり斬られたりしてはつまらぬから、諸方で戦をする度ごとに得た大勢の捕虜を先に立てて義勇兵と戦をさせて、自分らはただ後に附いておるようにした。それから北京から出した八旗の軍はどうかというと、これはまた緑旗兵の尻に附いていて戦をしない。つまり官兵は三段になっておる。義勇兵が先に立って犬骨を折っており、その後で常備軍の緑旗兵が懐ろ手をして見ており、八旗兵がまたその後でただ懐ろ手をしておる。結局義勇兵のために騒乱が平らいだ。そこで軍制の欠点が明らかになったので、当時識者の中にすでに遠く将来を心配した者があった。この度の事実は義勇兵で地方の騒乱の鎮定が出来るということ、常備兵が実用に立たぬということが明らかに証拠立てられた。そうすると地方の人民に対する朝廷の威力がなくなって、制御が出来ぬということを考えた。その時は好い工合に騒乱が済むと義勇兵を解散した。然るにそれから後数十年経って長髪賊の乱が起ってみると、やはり常備軍は役に立たぬ。それで曾国藩《そうこくはん》の湘《しょう》軍、すなわち湖南義勇兵の勃興となった。最初は湖南の地方の鎮撫《ちんぶ》のために備えたが、後には湖南の義勇兵はどこへでも派遣されて、湖南の兵で全国に亙った騒乱は平らいだ。これが大変に支那の兵制に打撃を与えて、そうして常備兵はほとんど役に立たぬということになって、常備兵の外に必ず義勇兵を備えなければならぬということになった。この義勇兵の組織について平等主義が発現した。支那では元来上官と下級官吏との関係でも、私交の上については日本ほど階級はない。

日本ではある局長とかいう者は、書記官とか参事官に対して公務以外のことでも、目下の扱いをする。その書記官なり参事官は上官に対する態度で腰を曲げ謹んで御用を承るが、日本の現在の制度ではそんな理窟はない。公務の上にしてもいずれも天子から命ぜられた官吏であるから統属の関係ない者に階級のあるはずはない。彼の青木周蔵《しゅうぞう》という人に大変面白い話がある。この人のことを人に依っては悪く言うものもあるが、この人に極めて美徳として称せられておることがある。あの人がドイツにおった時、一人の書記官とともに外出をすることがあって、外套を着ようとすると、その書記官が青木公使の後ろから外套を着せてやろうとした。青木が云うのに、ちょっと待ってくれ、君も天子の官吏だ、僕も天子の官吏だ、君に着せて貰っては相済まぬと云って、ベルを鳴らしてボーイを呼んで自分に外套をかけさせ、その上その書記官にも外套を被《き》せてあげろと、ボーイに命じて被せさせたという話である。そういうことは日本の官吏には珍しいことになっておる。殊に軍隊などは、一日でも自分より後に来たものはこれを頤使《いし》して怪しまない。

ところが支那にはそういうことは少ない。支那へ行って宴会などで高官の人やら、低い官吏やら、また在野の人やらと一緒になることがあるが、そういう際には言葉でも何でも同等で、ほとんど上下の差別はない。それが支那の変ったところである。その外支那の地方官、総督、巡撫《じゅんぶ》以下には、幕友というものがある。支那の大官は収入が沢山あるから、幕友というものを養っておる。自分の友人として多い人は数十人も養っておる、皆ほとんど同等の礼を執って、本当の客分として扱っておる。飯を食う時などでも、支那人はよく会食するがあまり居候扱いにはしない。元来そういう習慣があるが、曾国藩が湖南の兵を訓練する時に、よほどまたその主義を拡張した。曾国藩は礼部侍郎《じろう》の官であったが、長髪賊の乱の時に、母の喪で郷里に帰っておった。時の天子咸豊《かんぽう》帝から義勇兵の訓練を命ぜられた。曾国藩は従来の常備軍の兵は懐ろ手をして遊んでおって、傲慢で役に立たないから、義勇兵訓練のために常備兵は一人も採用せぬ方がよいと考えた。自分では軍隊のことは少しも知らなかったので、昔倭寇《わこう》が明の海岸を暴《あ》らしたのを平らげた戚継光《せきけいこう》という人の兵書に「紀効新書」というものがあるので、それを読んでその通り軍隊を組織した。その将校としては、皆書生を使った。挙人《きょじん》、秀才以下の書生ばかりを使った。これを使用したり、また地方の郷紳《きょうしん》に対して応酬するにも、手紙の往復などするのにも、非常に謙遜して、皆同等の礼で挨拶した。もちろんこの人は礼部侍郎で、日本で云えば文部の次官というような大官であって、殊に天子から団練のことを命ぜられておるにも拘《かかわ》らず、告示などを出すのでも告示として命令の態度でしない。敬語を用いた手紙の往復の体裁でした。郷紳などに頼んで、人材があるならば皆薦めてくれといって、相当の礼遇を以て使った。それで非常に地方の人は感激した。礼部侍郎の大官が、郷紳やら書生に対して同等の礼をなす、地方の豪農などに対しても同等の礼を取る、人材があると優待して幕中に置いた。曾国藩の幕賓《ばくひん》は実に盛んなもので、数十人にも上った。平常は遊ばせて置いて、役に立つことがあると用いてやった。李鴻章《りこうしょう》なども曾国藩の幕中から出た。李鴻章は翰林《かんりん》出身であって、高官吏になる資格はもっておったが、わがまま者で、曾国藩とも衝突して幕中を出たことがあった。しかし幕中に復帰してから、道台《どうだい》くらいの地位から、いよいよ使うということになると、忽ち江蘇《こうそ》省の巡撫に推薦して、一省の軍事を任せ、自分とほとんど同等に近い地位にした。こういう平等主義が、湖南の軍隊の強味で、官兵などに見られない成功をした。もっとも曾国藩も初めはただこういう新組織の軍隊が、実戦に役に立つか立たぬかということは自分でも疑問であった。ある時隣省すなわち江西《こうせい》省城が囲まれたので援兵を請求せられた、この時始めて千二百名を派遣した。そうして羅沢南《らたくなん》という学者を大将に遣った。しかしそれでは危いからというので、戦争の経験のある兵隊をも附けてやった。この戦争の経験のある義勇兵は江忠《こうちゅう》源《げん》という名将の訓練した者で、その弟の江忠淑《ちゅうしゅく》が率いて行った。江忠淑は出発の際、曾国藩が斥候や何かのことを馬鹿丁寧に訓戒するといって、その臆病を笑って出かけた。ところが途中で賊軍が襲うて来るという評判が立つと真っ先に逃げたのは、その威張っておった兵隊であった。その時に恐れずに進んで行って、江西省城で先を争って賊軍と接戦したのは、少しも経験の無い曾国藩の訓練したものであった。その軍は戦争に慣れないので後隊を断たれて敗北をしたが、善く戦って逃げなかった。それで曾国藩はこれならば書生で兵隊が立派に出来る、もう常備兵などの力を借るのは愚かなことである、書生でやり通そうというので、書生でもって造った兵隊で長髪賊の乱を結局は平らげたのである。すなわちその軍隊は曾国藩がいかなる人にも同等の礼を取って組織した兵隊である。この兵隊の組織の初めはなかなか困難であって、湖南省城におっても湖南の巡撫との間に感情が折り合わず、提督の常備兵と衝突を生じたこともあった。その間に始終曾国藩が自分の幕下を同等に取り扱ったことは李鴻章に関する話でも分る。曾国藩は朝起きの人で、朝早く自分の幕友らと一緒に同じ食堂で飯を食うということが常例になっておった。ところが李鴻章は朝寝坊である、ある時李鴻章の出て来るのが非常に遅かった。曾国藩は常例で、幕友の揃うまで食事を始めずに待っておる。もう曾国藩が待っておるから起きて来てくれと知らせる者があって、李鴻章は慌てて起きて出掛けて行って食事の席に列《つら》なった。時に曾国藩は飯が済んでから、私の幕中におるものはすべて一誠を以てしなければならぬということを訓言したということがある。そういう風に曾国藩は、軍中におって幕友らと同等の生活をしておった。これが軍隊の間に平等主義が力のあった証拠になる。その時曾国藩と並んで有名な人は、湖北巡撫胡林翼《こりんよく》という人で、これは度量の点においては、あるいは曾国藩よりも一層えらい人であったが、ほとんど自分を捨てて人を尊敬し、人に功を帰し、己れに過《あやま》ちを引き受けて、曾国藩と相助け合って長髪賊平定の大業を遂げた。長髪賊平定の大業は一面から言えば、官憲の力によらぬ民主思想、平等主義の発展と云ってよろしい。支那人のこのごとき思想が、立憲政治の一大要素になることと思う。

それからまた共産主義の実行のあったのもその時であるが、これは失敗に終った。南京を十数か年間首府にしておった長髪賊が南京を取った時に、初めは城内の男子だけを呼び出して、家に帰ることを許さずに、男館というものを立てて、そこへぶち込んでしまった。家へ帰って婦女に接すると天罰があるというのである。これは長髪賊は一種の変った天主教徒で、何事でも天主を振り廻すためである。数日の後には女も一定の居場所を造ってそこへ置くことにした、これを女館と云うた。それで男と女をまるで分けてしまって、夫婦が顔を合わしても、母子が出合うても、語を交すことも出来ぬ。あたかも監獄のような扱いである。長髪賊の巨魁《きよかい》忠王李秀成《りしゆうせい》の記録を見ると、その時の号令が厳々整々で、人民が佩服《はいふく》したと書いてあるが、そんなことに佩服する奴があるものでない。それから段々必要が出来て来るから、機匠局を造ってそこには職工やら織物屋だけを置いた。それからまた牌尾館というものを造った。それで男は十五歳から五十歳までは兵隊または人夫になるべきものとして、それには牌を渡して置いて、これを牌面という、そうして牌に外れたもの、すなわち老人、病人、廃疾の人間を牌尾と名づけて、それをぶち込む所を拵えた。この二団は戦争に使役せぬのであるが、追い追い少壮者が欠乏してからは、随分老人をも強制して使った。その外に雑行という雑業の団体を一つ設けた。食の必要からして野菜を作る団体、菜圃行というのを造った。その後に書を読み字を識《し》る者を抜き出して書吏として、各賊将の手元に置いて、告示やら、手紙などを書かした。戦時に長髪賊に都合のよいような布告などを出す必要があるからである。

その時に男女館の人数も調べたものがある。一度長髪賊の中に投じて、その後英国へ逃げ、明治十一、二年頃に日本へも来た王紫銓《おうしせん》という文士が書いた本にその数を調べて載せてある。実際そういうようにやっておったことは事実である。そうしてつまり兵隊になれるものとなれぬ人間とを分けた。その後各地の戦争で捕虜のあるごとに増加し、戦争に使役して斃《たお》れるものがあれば減少した。初め牌尾館が七、八千人もあったのが、後に三千人くらいになった。その後食糧の都合で、ある四色の旗の下に婦女を分立さした。それは夫も子も城の中におるものは黄旗の下へ立たせ、夫も子も城の外に出ておるものは紅旗の下に立たせ、孀婦《そうふ》と処女は白旗の下、夫も子も逃げてしまったものは黒旗の下へ立たせる。そうして旗色によりて皆帳面へ附けることにしたが、それは出来上らなかった。それから一日の食量を男子は半斤、女子は六十匁ときめて、足らないと粥《かゆ》を食わした。まるで監獄のように給与しておった。それで何年かやっておったが、さていつまでも男と女と分けてばかり置くので、部下の苦情が出たから婚姻法を定めた。その婚姻法は丞相は十人までの女を取ることが出来、洪秀全《こうしゅうぜん》の一族は八人までの女を得る定めで、その余は一夫一婦である。巡査〔調査〕があって十五以上の女の年やら容貌を帳面に記して置いて、男の方から請求があれば媒官が籤《くじ》引《び》きをしてきめてやる。もし帳面に間違いがあって、老夫が若い娘を得たり、若い男が婆さんに当ったりしても、取りかえることは許されない。結婚を嫌う女があると、手足を斫《き》って懲らしめにした。こういうように南京城の中では実際に施行しておった。南京城外では自分の勢力範囲にならぬから、それはやらせぬけれども、南京城は十数年も持っておったから、南京城の中では十何万人という人が共産主義の制度でやっておった。門牌といって門に牌を附けて、日本でも在郷軍人などという札を張るが、それと類した軍人の候補者になるものは牌を附けており、男館、女館には館長があり、婚姻の申し込み所があって皆取り扱っておった。その命令を背くものは厳重に処罰した。

こういうことをやったけれども、どこの国でもそんなことをやって成功するものはない。この共産主義も長髪賊が一時行っておったが、何の結果も来さずに、実際の習慣としても、思想としても、今日は残っておらぬ。長髪城の中におった李忠王などはよほどの人物で、これを崇拝する者も近頃往々あるが、しかしその長髪賊が行った制度までを良いと云う人はない。これは一時支那にあった現象でも、その立憲政治には将来関係を及ぼすことはあるまいと思う。

これを要するに支那の立憲政治の根柢となるのは、その輿論を恐れるという風習と、それから黄宗義の作った「明夷待訪録」の民主思想とその国の習慣たる平等主義、殊に曾国藩らが実行した官民平等思想の実行、こういうものが従来の歴史上今度の支那の立憲政治の根柢となって、それがつまりいかなる形においてかその結果を現すことだろうと思う。その結果が善くなるか悪くなるかということは、別の話であるから、ここには省いて、しばらくここで終って置く。

（明治四十四年五月大阪にて講演、同年六月二十五日「大阪朝日新聞」）

革命軍の将来

武昌《ぶしょう》の革命軍の動乱は場所が場所だけで非常な警報を方々に伝えておる。しかし実際はまだそれほど大きくなかろうと思うのに、支那流に大変誇張された報道が多い。長江沿岸地方のおもな都会に同様な革命の騒動が起ったなどと云うことは、大抵はまだ嘘が多い。長沙《ちょうさ》とか岳《がく》州《しゅう》、南京《ナンキン》、安慶、宜昌《ぎしょう》、荊州《けいしゅう》などと云うのは、皆まだ信用の出来ぬことが多い。実際はまだ武昌附近だけのことに止まるだろうと思う。しかしこの騒動は従来の革命運動に較べては頗《すこぶ》る要領を得たやり方をしておる。第一は武昌から起ったというのが重大なことになる。

武昌というところは漢口と相対して長江地方の一番枢要な土地で、そうして長江と京漢鉄道との連絡交通の中心で起った上に、漢陽の製鉄所のごときを控えておるので、これがことさら大事件になる。従来革命軍の起った雲南《うんなん》のフランス境の地などとは比較にならぬ。安慶などは少しは重大な土地であるけれども、それにしても武昌の比ではない。広東《カントン》でやったことなども随分注目すべきものであったけれども、これも武昌ほど重大でない。武昌で起ったということは地の利の上からいえば革命軍にとって最もよろしきを得ておる。昔長髪賊《ちょうはつぞく》の騒乱の時でも武昌という所は官軍賊軍の非常な争いのあった土地で、賊軍が三度まで武昌を陥れ、また官軍も三度これを恢復《かいふく》して、最後に官軍が武昌に堅い根拠を据えて、胡林翼《こりんよく》という人が長江上流地方の基礎を堅固にしたので、長髪賊討伐の成功する土台が出来たようなものである。当時長髪賊の一欠点というものは、最初に武昌を取った時、武昌からして数千艘の民船を駆り立てて、そうして長江を下ったので、それで南京までの間破打の勢いで成功したが、それほど重大な武昌の土地を十分に守ることをせずに、まるで風の通るように過ぎ去ったというのが一つの失策であって、その後度々これを取り返したけれども、やはり十分に武昌を守ることをしなかった、それが失敗の大原因になったのである。今度もし革命軍が武昌に堅い根拠を据えて、それからして長江地方に段々拡《ひろ》がって行くということになると、なかなか重大なことになるのみならず、今度の革命軍は長髪賊などとは違って大分皆新しい学問もしておれば、世界の形勢などにも明らかなものがやっておるから、すべてその運動の仕方が長髪賊などよりもうまくやるかも知れない。それがまず地理上からいって大変に注意すべきことである。もっともこの武昌という所は、武昌だけではやはり重大な影響を来《きた》すとは言われないのであって、武昌の肝要なわけというものは、西北の方に荊州、襄陽《じょうよう》を控え、それから西南の方に岳州、長沙を控えておるので、これが支那の最も沃土《よくど》すなわち肥えておる土地であって、そうしてそれがまた支那の中腹とも謂《い》われる地方で、ここを占めるというと四方に拡がることが出来、また敵の四方の交通をも断つことが出来るという所からして肝要なのであって、殊に重大なのは湖南の長沙地方である。

長髪賊の時も賊軍が武昌を幾度攻め陥《おと》してもすぐさま官軍に恢復されたというのは、官軍の方で長沙が始終落ちなかったからだ。殊に長髪賊を結局まで討ち平らげた軍隊というものは曾《そう》国藩《こくはん》の部下で、それは湖南から起って来たのであって、これがちょうど背面の大変な備えになるのであるから、もし長沙にも同様に革命運動が起ったという報知が事実であれば、よほどこれは重大であるけれども、長沙がまだ官軍の手にある間は、武昌だけでは大したことになるとは言われない。

それから近来四川《しせん》の暴動があって、四川の暴動と武昌の暴動と連絡があるかないかということは一つの疑問であるが、縦《よ》しこれが連絡があっても、四川全体に蔓延《まんえん》したにしても、まだそれが武昌の暴動に対して重大な関係があると必ずしも言われない。四川と武昌との間にはすなわち荊州という地方があって、四川から下る船が宜昌を経て荊州へ来るのであるが、昔から荊州が非常な重要な土地になっておるのは、西の方は四川から来るものを控え、南は水路ですぐ湖南の洞庭《どうてい》湖の西の方の各地方に連絡し、それから北は襄陽に連絡するからである。それでこの地方が全く革命軍の手に帰さないうちは、四川と武昌とで別々に起っても、それは大した影響を起さない地勢である。重慶地方が陥落したとかいうことも、多分まだはっきりしない報道で、軽々しく信ずるには足らない。しかしもしこれがつまり西の方は荊州、南は長沙、北は襄陽あたりまでも手が拡がり、それからして長江の下流の方に向かって革命軍が運動を起して来るということであり、それからまたうまく北京《ペキン》の方から汽車で送られる軍隊を喰い止めることが出来るというようなわけであれば、この動乱はよほど警戒すべきものになるのであって、将来どこまで大きくなるかということはほとんど予期されないくらいのものである。

それから北京の官軍が進んで来るに対して、黄河の鉄橋が破壊されたとかいうような電報があるが、それは大抵事実と考えられる。武昌で暴動を起すと同時に、わずかに二、三人の者が爆発薬でも持って京漢鉄道に乗って行けば立派に成功するのであるから、それ等はあり得べきことである。しかし日露戦争の経験でも大概分るが、この鉄道を破壊し鉄橋を壊すなどということはもちろん軍隊の進んで行くに対して妨害を与え得ることは与え得るけれども、それは思ったほど非常な影響を与えるものではない。何か大決戦をする時で、一週間かそこらの間に幾万かの軍隊が戦地へ到着すると到着しないとで一つの戦《いくさ》が決まるというような場合であれば別だけれども、それでない時には格別な影響はない。今は鉄橋などでも拵《こしら》える時に大変な手数が掛かる代りには、壊すのにも容易に根柢《こんてい》から壊すということは出来ぬ。それで非常な大工事をやって造った鉄道の橋台などを全部破壊するなどということは、二人や三人の人が持って行った爆発薬の力ではとても出来ない。それで一時交通を杜絶《とぜつ》することは出来るけれども、そういうものは大抵三日とか五日とか一週間とかで回復する。それから鉄道の破壊をしてもやはり根柢から破壊することは容易に出来ぬから、大抵爆発薬でやった鉄道の破壊は二、三日掛かれば交通が回復する。ゆえにそれに依って北京から来る大軍の進行をうまく留めるということは容易でないのであって、これは有効でないとは言われないけれども、革命軍全体の成功如何《いかん》に対しては却《かえ》って大した問題になるものではないと思う。

それでは革命軍全体に対して将来成功するか否やと云うことはどういうことが問題になるか

ということを考えると、一つはやはりどうしても、革命軍が今度征討に向かう各軍隊の中に同志を得るかどうかということである。長髪賊の時分にはまだ兵器が進歩しなかったので、長髪賊は湖南の長沙へ出て、長沙を攻めて成功しなくて、長沙を捨て洞庭湖を下って岳州へ出た。その時に呉三桂《ごさんけい》の時代すなわち長髪賊よりか二百何十年か前から保存されてあった武器が非常に沢山岳州にあった。それを長髪賊が得たために大変勢力を増して破竹の勢いで武昌を落としたということがあるけれども、その時分は何でもない百姓が武器を持ちさえすれば、すぐそれが兵隊になって、そうして立派に官軍と対抗が出来たのであるから、そういう古い兵器でも何でも役に立ったのであるけれども、今はそういうわけにいかぬ。それでつまり今は兵器の進歩のために、どうしても非常に良い兵器を持ったものでなければ成功しない。とても支那の民間にあるような鉄砲、あるいは旧式の兵隊が持っておる鉄砲などでもって、それで北京の征討軍に対抗するということはほとんど望みがない。それからして武昌のような内地で起った革命軍が外国から武器の供給を受けるということもよほどむずかしい。今度武昌を取るのに成功したのは全く兵隊が皆鋒を逆にして起ったから立派に成功したのであるけれども、将来とも今度鋒を逆にしたと同様な良い武器を持った兵隊の数が増すのでなければなかなか成功はむずかしい。革命軍の幹部のある者の中には、学問もあり兵隊のことも承知しておるものが多数あっても、やはりそれが百姓を募集して兵隊にして使うというのには何か月かの訓練を要するのみならず、それに与える兵器がなければならぬ。それを得るのによほど困難するに相違ない。漢陽の製鉄所などを取ったのはその点において頗る有力とはいうものの、それでもって十分に官軍に対抗が出来るかどうかということもまだ疑問である。それだからどうしても官軍の中にもっと鋒を逆にして革命軍に応ずる者があるのでなければ成功しないということになる。しかしそれもやり方次第で、今の革命軍の兵数であっても、もし官軍の方のやり方がまずくって、そうしていろいろ成功を急ぐ結果として、兵隊の多少に拘《かかわ》らず、まずその地方に到着した兵隊にすぐに革命軍と接戦をさせたりするというと、今新たに起って勢い込んでおる革命軍は、一、二回のうまい成功を収めるかも知れぬ。そうするとその勢いが非常に影響をして、官軍の中に随分革命軍に応ずる者が出来ないとも限らない。そこが官軍のやり方の巧拙に関するのであって、もう少しそのやり方を見ておるということは頗る興味のある事柄である。

しかしとにかく今度革命軍が第一に兵隊を味方に附けたということはよほど手際のよいことであって、そのために官軍の中でも、互いに自分の軍隊の中で疑惑を懐《いだ》いておるものが多いに相違ないから、努めてその機会を利用して、そうして味方を殖《ふ》やして行ったら、あるいはますます事柄が大きくなるかも知れぬ。

もう一つ非常な関係のあることでこれはどうしても叛軍の非常な弱味になることであるが、それは海軍を持っておらぬことである。何か漢陽の水師《すいし》というものが叛軍に応じたという電報などがあるが、それはあるいは事実かも知れぬけれども、漢陽の水師というのは、多分従来長髪賊以来の長江水師の一部分と考えられる。それは舢板《サンパン》に旧式の大砲を載せただけのもので、今の軍艦にとても抵抗することの出来るものではない。長江地方は長江という大きな流れが交通上の非常な大脈絡になっておるので、この交通権を占めると否とは形勢上に大変な関係がある。長髪賊が非常に大きくなったというのも、つまり武昌、漢口の間で民船を沢山得て、それに悉《ことごと》く婦人や子供を載せ、あるいは兵糧や何かを載せて、兵隊がその左右を下って行ったから、大変な成功をしたのである。曾国藩が長髪賊を征討するのにも、結局水師というものが大変に大切であると考えて、湖南を出発する前から水師の訓練というものに大変骨を折った。幸いに水師の成功に依って着々陸軍の占領した地方の根拠を固めて、交通を自在にすることが出来たのであって、長髪賊征討の成功の一半はほとんど水師の力であるといってもよい。今もし革命軍が非常に都合よく行って、長江地方のおもな都会を占領し、段々下流に行って、南京とか上海《シャンハイ》地方にまで出るにしても、もし長江の交通を占めることが出来ず、殊に近年のように汽船が出来て、長江が三日四日で自由に往復され、もし碇泊《ていはく》の時間を全く省くとすれば、さらに迅速に交通が出来るという時に当って、陸路からばかり革命軍が交通しておったのでは、とても官軍に対抗は出来ぬ。今度も薩鎮冰《さつちんひょう》という提督が砲艦を率いて武昌に向かったということであるが、この砲艦が武昌を攻撃するということが成功するや否やは別問題であって、縦《よ》しそれが成功しなくても、この長江の交通を保護するというのには、官軍に軍艦があるというのが非常な強味である。もしまたこれを海軍の無い革命軍の方から考えると、これは交通の要所要所に砲台でも築いて、軍艦の交通を止めるというのは必要なことであるけれども、まだそれほど手の拡がらない革命軍には、その準備も恐らく出来ておらぬであろう。もしそれを止めるとすればやはり皆相当な場所があるので、長江に段々海の縁の方から遡《さかのぼ》って行くと、江陰《こういん》という所に支那の砲台があり、それから鎮江《ちんこう》の焦山《しょうざん》、茅山《ぼうざん》というような島のある方に非常な要害があり、その上流でも南京附近から見ると要害の所があるけれども、それ等の所で革命軍が砲台を占領して、そうして軍艦の交通を止めれば、大分これは有力ということが出来る。そうして立派に止めたところの内部は自由に自分の方で交通をすれば、大変に有力であるけれども、それにしても長江の地勢では江陰とか焦山などの地方でも非常の決心をした水雷艇などが、夜中に長江の要害を潜って上流に入り込むことを防ぐのは、よほど準備した軍隊でなければ容易に出来ぬ。長江の内部の方が商船の交通が自由になっておっても、水雷艇一隻その中へ入られても大変な騒動であるから、とにかく今のところでは長江の交通権というものはどうも容易に官軍の手から取り上げるという見込みはない。これももし軍艦の乗組員などの中に革命思想のものがあって、軍艦の二隻なり三隻なり奪って、革命軍の方にも軍艦が出来たということになれば、これはまた重大の問題で、そうなって来れば、始めてここに江南で独立国を立て得られる資格が備わると考えられる。これが殊に重大な問題で、革命軍の成功するか否やということは海軍の問題に大変関係がある。縦《よ》し革命軍が江南江北の地方に拡がって、おもな所を占領しても、それでも海軍がなければ結局どうかすると失敗する基になる。将来最も革命党の形勢に注意すべきものはつまり水上交通の権力を得るかどうかという問題である。

それからもう一つはやはり軍資金である。武昌で百五十万両の金を奪ったとかいうようなことがあるけれども、これは少し誇大に失するようである。昔支那の政府で各藩庫という布政使衙門《がもん》の庫《くら》に準備金を置く制度のあった時には、各省の首府に皆現金があったものであるが、近来はその通り行われておらぬであろうと思う。それで支那という国は内地へ入れば入るほど、存外見たよりは正金の少ない国で、上海などのような大市場でも数百万両を超えるところの正金は実際ないのである。それだから各地方の都会ぐらいで何百万という金が手に入ろうということは容易に出来ぬ。しかし支那の内地で軍需品すなわち兵糧とか何とかを得ることは、本当の正金が無くても、紙幣を発行するなり何なりして得られる。既に紙幣を発行したというような電報もあるが、これももちろん印刷した紙幣ではなくて、単に支那の両換え屋が通用しておる票子《ピャオズ》というような種類のものであると思う、とにかくそれでも一時融通が出来ぬことはない。しかし外国から軍器を輸入するとかいうことになると、どうしても正金が要る。もっとも革命党はその根拠地というものは多くは、海外に出稼ぎの支那人などにあるのであるから、それ等が自分のおる地方で、多少金を持っておって、そうして従来でも革命党などに金を出しておったものである。それ等がうまく海外におる商人の金を寄せて、それでもって軍器を買い込んで輸送するという方法が出来、あるいはまた非常に金を積んで軍艦の二、三隻も買い込んで、そうして事を好む外国人の浪人などを雇って、支那の海軍と対抗したならば、これはまた存外成功することであろう。支那の海軍などは古船ばかりであって、ただ砲艦などに少し新しいものがあるけれども、巡洋艦以上になると、日本ならば疾《と》くに廃艦になるような軍艦ばかりであるから、日本ぐらいの海軍国などからして、既に廃艦になっておる船でもあるいは支那の現在の軍艦よりも良いものがあるから、そういうものを買い込んで対抗すれば、随分成功する見込みがある。それはどうしてもやはりそれだけのことをやるのには、百万とか二百万とかの金では出来ぬ。少なくとも千万からの金を積まなければ出来ぬことであるから、支那の海外におる商人が実際力があるからと云うても、それだけの船を買って、官軍と対抗することが出来るかどうか、そこはまだ疑問である。しかしとにかく革命党がもし成功するものとすれば、そういう途《みち》に依ってやるより外はないだろうと思う。

それでももし武昌からして南京、上海附近までも革命党の手に帰して、独立国の宣言をして、随分外国人に響くようになりさえすれば、そうすればその新独立国は国債を募ってまた北京政府と戦うことが出来るようになろうも知れぬ。つまり今のところでは革命党が成功する途としては、海外商人の資金で軍器軍艦を購入するということであるが、それが出来るか出来ぬかということをしばらく見るよりほか途はない。今まででは革命軍の方から見たのであるが、北京の方の立場から見ると随分あわてておる様子がよく分る。にわかに袁世凱《えんせいがい》を引き出して湖広総督に任命したり何かして態度がよほど転倒しておる。袁世凱は随分一時官場《かんじょう》で有力な人であったけれども、しかしこれが実戦の上について有効な経験があるというのでもなし、それから湖南湖北の地方に威望があって、彼が行けばその地方の人心が静まるというわけでもなし、現在の北京政府では大分敵視しておった人間であるのに、それを急に引き出して使わなければならぬなどということは、よほど北京政府に定見の無いということが分っておる。それでこれから官軍の方でもし軍事上に成功をしようということになると、海軍などは敵にこれと対抗するものがないから、独り舞台で暴れ廻ることが出来るが、陸軍などでも今度指揮官に任命されるとかいう呉禄貞《ごろくてい》などという日本で軍事上の修業をして、そうして、今重要な地位におる男で、年も若く、覇気もあり、仕事もしてみようというような人間が却って成功するのであって、そういう人に十分に腕を振わす方が、あるいは成功するかも知れぬが、その上にまたいろいろな人を置いて、そうして袁世凱というような人を頭に置いて、そうして権力が幾つにも分れて統一しないということになると、却って官軍の敗北する原因にこそなるかも知れぬが成功するには何の役にも立たぬと思う。岑春煊《しんしゅんけん》が四川総督に任ぜられると云うても、四川に向かって行くに一兵をも手に所有しないということでは実際何にもならぬ。袁世凱は直隷《ちょくれい》地方の陸軍を組織して、その方には大分威望があるわけであるから、それを連れて行けば幾らか効能があるけれども、それも袁世凱が実際に軍事上の行動に要領を得るや否やは疑問である。それで一方には廕昌《いんしょう》とか呉禄貞とかいうものが軍隊を率いて行くというのに、また一方に袁世凱などを用いて、権力が幾つにも分れるというようなことをするのは、全く北京政府の無定見を現したものである。この場合では北京政府は当分の間ぐらついて、もっともっと国歩艱難《かんなん》にならぬと、えらい人が出てすべてのことを処置するという場合になるまいと思うから、もし革命党の運動が半年も継続する余地があったならば、北京政府の運命もますます危くなって来て、そうしてとうとう支那の一大事になり兼ねないことであろうと思う。

今のところではつまりこれが支那の大動乱になるかどうかということは、革命軍が何か月その運動を支え得るかというようなことが問題になるのである。しかし今は事件の最初であって、ほとんど形勢も全く分らないから、もう少し二週間も経って、段々ほかの地方の様子も明確な報知が集まるようになったならば、もう少し正確な判断を下すことが出来るであろうと思う。

（明治四十四年十月十七日―二十日「大阪朝日新聞」）

支那時局の発展

支那の事変は発生以来ほとんど急転直下の勢いを以《もっ》て進行しておる。当初予想したことの大部分は着々事実の上に現れてしかも予想よりも迅速に、その発現の仕方は結局皆革命軍の方に有利に発展して来ておる。もっとも官軍の方においても、運動の仕方が予想よりも迅速で、革命軍と対戦をして漢口を回復した。しかしその代り軍隊の正当なる運動としては必ず欠陥が伴っておるに相違ないので、恐らくは後方勤務すなわち兵站《へいたん》などの設備がないらしいので、近頃になってその地方において官軍が掠奪《りゃくだつ》を行っておるという報告も自然桁外《けたはず》れなる運動の必然の結果と考えられる。それだから案外に迅速に漢口をば回復したにも拘《かか》わらず、肝腎な武昌、漢陽の攻撃においては未《いま》だこれに伴う進行をも見ないのである。長髪賊《ちょうはつぞく》の時の事実に徴《ちょう》しても、武昌、漢陽の陥落というものは同時に両地を攻撃して同時にこれを攻め陥《おと》すほどの勢力を持っておらねば十分の成功を収め難いので、今日の官軍では武昌、漢陽を同時に攻め陥《おとしい》れるだけの実力があるかどうかは疑問である。もし順々に一方から攻撃して行くということになると、既に武昌の背面たる湖南地方が革命軍の手に帰した以上、一方を攻撃しておる間に一方は絶えず後援を得るので、急に官軍の成功を収めるという見込みはない。それで武昌、漢陽の軍事上の状況は今後は決して今までのように急速な発展をすべき見込みはない。

この外に最も驚くべきことは、武昌、漢陽の革命軍が軍事上あまり成功をしないにも拘らず、つまり叛旗を翻したということだけが、既に非常な影響を全国に及ぼしたことであって、殊に北京の附近にある第二十鎮《ちん》の上奏、資政院の態度などは実に予想外なる早い変化を来《きた》しておって、しかもまたその非常な勢力で以て朝廷に迫った資政院が、その背後からしてまた革命軍の同情を失いつつあるなど、時局は実に眼の廻るような変化のしようである、ほとんどフランス革命の当時も想いやられるが、支那のような感じの鈍い国（時としては馬鹿に感じの早すぎる旧来の例であるけれども）としては、何人《なんぴと》も想い及ばざるところである。これは一つは電報、汽車、汽船という文明の利器の補助であることはもちろんである。

とにかく色々変化があったとしたところで到着すべき点は大抵きまっておる。すなわち目下起っておるところの袁世凱《えんせいがい》、すなわち朝廷方が主持しておる講和説が革命軍の方に入れられて、そうして一時休戦状態になってしまうか、それともこのままで戦争が継続するかという二つである。もし休戦状態に入るものと仮定すると、つまり講和の結果として官軍は武昌から引き上げる、そうして武昌の革命軍の幹部たる一、二の人が幾千かの兵を率いて北京《ペキン》に乗り込む、すでに張紹曹《ちょうしょうそう》〔張紹曾のことか〕の兵が北京附近に到着しておる例もあるから、それと同時に革命軍に応じた各地方の新軍の代表者がやはり幾百もしくは幾千の兵を率いて段々北京に乗り込む、そうしてその相談の結果として将来の方針がきまるということになる。もちろん今日まで革命軍に応じた各地の新軍は大部分は純正の革命主義といってよいかも知れぬが、その間には必ずしもそうでないものもある。すなわち該地方では新軍の革命軍に全く投ずるのを防ぐために独立の宣言をしたと見られる、すなわちその地方の官吏もしくは諮議局などの利口な者の方針に依って革命運動という極端に走ることを防止してかつ衝突の惨害を避けるがために、一時中立的の独立宣言をした者もある。もちろんそういうところからも北京に皆代表的軍隊を出すということになると、北京に集まったすべての代表者の意見が必ずしも皆一致するものと言われないかも知れぬ。これはちょうど我が国の維新の当時のことを考えても思い当ることがあるので、すなわち袁世凱が総理大臣に公認せられるというようなことは、言わば幕府の従来尊攘《そんじょう》党を圧服する方針が変じて、公武合体説が行われ、一橋刑部卿《ぎょうぶきょう》とか越前の春嶽《しゅんがく》公とかが、幕府の内閣を組織したと同様で、武昌の革命党に講和を申し込むというようなことは、幕府の長州征伐において結局長州と講和をしたようなものである。もちろん長州征伐は二度行われて、初めは長州の降服状態で和睦をしたが、第二回目には長州の強いのに敵し兼ねて講和をしたのであったが、今日では武昌の革命軍が未だ当時の長州ほど手強いところに至らぬけれども、しかし外部の勢援はむしろ長州征伐の時よりも激烈な有様を示しておるから、武昌の革命軍が軍事上に成功しなくても、その影響というものは遥かに維新当時の長州よりも著しくなるに相違ない。

ここまで考えてみると、その結局はほとんど言わずして明瞭である。維新当時も薩長《さっちょう》の諸軍が京都へ乗り込むと、それと同時に幕府は政権を奉還したにも拘らず、とうとう討幕運動というものが成功した。もし革命軍が各地方から皆北京へ這入《はい》った時に、その中には維新当時の土佐の容堂《ようどう》公などのような幕府を見捨てないという一派も生ずるかも知れぬけれども、結局はやはり現状破壊派の方が勝ちを制することになるだろうと思われる。もっとも今日の北京は維新当時の京都と江戸とを一所にしたようなもので、もし革命軍が皆北京へ集まって来ると、すなわち薩長軍が京都に這入ったと同時に、既に江戸まで押し出していたと同じ結果になっておる。そうすると今の禁衛軍はすなわち当時の会津、桑名並びに彰義隊のようなもので、これが北京政府を擁護するについてどういう方針を執るかということが見物である。

日本の維新と違って、北京朝廷の立場の困難なのは、徳川の幕府というものは政権を失っても、その上に朝廷があって、自分は従来朝廷に対する臣節を守れば処分は済むのであるが、満洲朝廷というものは自らその主権者の位を去ってしまわないと納まりがつかぬ。その結局までには多分色々な隠謀も行われ、北京政府の革命党に対する買収も行われ、あらゆる手段が尽されるであろう。しかしこういう事変の時にはいつでもきまった一つの傾きがある、すなわち事変が発生した以上は穏健なる議論が決して勝ちを制せずに、必ず極端なる主張が成功するということである。維新の当時においても幕府の末に公武合体論というものがあって、当時にあってはあるいは最も穏健な最も着実な議論であったに相違ない。もちろんそれは一時成功もし掛かったのである。それで徳川将軍が政権を奉還したけれども、しかし朝廷の御考えも、やはり将軍はなくなっても、政治の実際は慶喜《よしのぶ》公に当らしめてそのままで改革を実行しようという意思であったので、全く幕府を倒そうという積りでもなかったらしい。しかしそのうちにある極端な主張、すなわちどうしても一度徳川家を倒さなければ大局の一転はしないという議論が行われて、とうとう極端論が勝ちを占めて、政権を奉還してしまった徳川家を討伐するという奇観を呈したのである。今日でも袁世凱などの意向はもちろん満洲朝廷をそのままに保持して、その上に革命党の主張を十分に入れて新政を行おうという考えであろう。しかし事変の赴くところを考えてみるというと、そういう微温的なる考えは必ず失敗するにきまっておって、結局極端論の方が勝ちを制するに相違ない。従来の事情から考えてみても、革命党が屡次支那の各地において爆発をして、いつでも失敗に終った時は、東京における留学生の思想なども頗《すこぶ》る変化して、一時は百のうち九十人までは革命主義であったが、近頃では百中九十までは革命主義を離れて穏和なる改革説に傾いて来て、康有為《こうゆうい》、梁啓超《りようけいちよう》一派の議論が勢力を得て、留学生の中にはこの一派に望みを属《しよく》しておるものも少なくなかった。もちろんこの康・梁二人はその性質から考えても、果して新時代の改革家として、理想家たる以外に実行家たる資格をも兼ねて備えておるかどうかは疑問であったが、今日のような時局が急転直下をするようになっては、ますますこの穏和の改革派というものは勢力を得にくい。恐らく今日では支那の各種の思想中で、この穏和改革説が一番無勢力なものになっておるのであろうと思われる。つまり残るところは袁世凱のように朝廷の残喘《ざんぜん》を保持して、革命軍と妥協をして事件を進行させて行くか、それともどこまでも革命主義で満洲朝廷を倒してしまうかということが問題になるので、今後とも時局が一歩一歩変ずるにしたがって、その勢力の強まるものはますます革命主義の方であろ

う と思われる。

これはつまり講和説が成り立つとしての上の観察であるが、最後になると、国会の開けると、各省の軍隊が集まって来ると、どちらが前後するか知れないけれども、今の調子では軍隊が北京に集まるまでは国会の開けるということは覚束ない。そうなって来ると前いう通りに第一に睨み合いとなるのは、満洲朝廷の禁衛軍と、各省軍隊の集合団体とであって、これが日本の上野の彰義隊の戦争のような、都の真ん中で非常なる惨劇を現出するかも知れないのである。要するに満洲朝廷が倒れるにしても残るにしても、禁衛軍の奮起は朝廷のためには恐らく利益でない。維新当時でも彰義隊の戦争が起らない前までは、さすがの将軍家を一諸侯に下すについては、十分の優待をしなければなるまいというので、恐らくは三百万石位の大名としなくてはなるまいかというような評判であった。ところが彰義隊の戦争の結果として、朝廷は徳川家に対して圧迫的に断行をしてしまって、わずかにこれを七十万石、すなわち前田家、島津家以下の待遇をしてしまった。しかし徳川家が滅亡するとは言いながら、日本の事情はよほど異なっておるのと、慶喜公が非常に恭順であったためにこれくらいなことで済んだのであるが、もし今日北京の禁衛軍が、満洲朝廷のために革命軍と戦うことになれば、その一挙はすなわち満洲朝廷を絶対に滅亡させてしまうということになるので、今日ではどうしても支えることの出来ない満洲朝廷の滅亡を、この一挙に依って恢復《かいふく》しようなどとは、想像もせられぬことである。二百余年間君臨した家柄が非常に悲惨な境遇を経ずに明け渡すという覚悟であるならば、むしろ自ら禁衛軍を解散して、幾らか革命軍に対して同情を求めるより外に仕方が無いものと考える。もちろん革命軍が北京に乗り込む以上は、第一に朝廷に対して要求するのは恐らくは禁衛軍の解散であって、それに続いて政府の明け渡しということになるのであるが、政府の明け渡しを単に軍隊の力で遣らせるか、それとも国会が出来てから後、すなわち国民の意志というもので要求されるか、どちらかになるくらいの差あるに過ぎない。大局の上に眼を附けて悲惨なる衝突を見ないようにしたいものと希望するのである。

以上は講和が成り立つものとしての予測であるが、しかし今の形勢では実は講和の成立はむつかしいようである。黄興《こうこう》が大都統になったという報が真実ならば、すでに講和説を根柢《こんてい》から破壊するものである。講和が成立せぬとするとどうなるか、前にも言うごとく、官軍の前途は急に発展する見込みがない上に、袁世凱は今や召喚を受けて、武漢地方よりも北京の方が大事にならんとしておる。袁世凱が武漢の軍隊を置き去りにして帰京するならば、その士気を減ずること夥《おびただ》しいことであろう。それに袁はまた幾千かの兵を率いて帰るという説もある、そうなったなら武漢に残された官軍は、逃亡か降服かの二途に出《い》ずるようになりはしまいか。袁にこれくらいのことは分らぬはずはないのであるが、講和が出来ぬ以上は、袁が武漢におっても結局困頓《こんとん》して、部下の叛乱を招くくらいのことに過ぎない、どうかすると部下の暗殺などを受ける恐れがあるから、足元の明るい内に引き上げるので、こんなところが袁の本性を現しておる。そうして引き揚げるにも、討伐軍の勢力を割いても自ら護衛兵をつれて来るなどは、最もそのやりそうなことである。要するに袁が引き上げたらばもう官軍の成功は全く絶望になるのである。袁世凱が北京に引き上げた上、どういう方針に出るか、彼の手腕で禁衛軍、その他の満人軍隊を利用し、同時に張紹曹などの漢人軍隊を鎮撫《ちんぶ》して、一時北京附近の小康を保ち得るか、これはあるいはちょっと成功せぬとも限らぬけれども、今までの政治の方針、すなわち満人無視のやり方では、とうてい満人軍隊の満足を得難いことはもちろんで、もしまた満人の勢力を多少でも回復する傾きがあったら、張紹曹等の漢人軍隊が甘んじないということになって、袁の手腕も施すところがあるまい。機に乗ずる政治家として無比の資格を持っておる袁も、すでに末路に瀕《ひん》しておると謂ってよろしい。あるいは僥倖《ぎょうこう》にして一時の小康を得て、その勢いに乗じて革命党の鎮圧でもとやると、革命運動はますます陰険に傾いて、暗殺などが盛んに行われるに相違ない。こんなことは現在の公明な破裂よりも、むしろ忌むべき状態である。

西洋人などは、どうかすると袁に望みを属して、袁さえ出廬《しゅつろ》すれば、現状維持が出来るものと考えておった者が少なくない。西洋人のみならず、我が邦でもこんな謬見《びゅうけん》を抱く政治家がないとも限らぬ。今日では袁の力で討伐の成功しないことくらいは分ったらしいけれども、袁が北京の中心になったらば、南北分立が出来るかなどと考える者もあるらしい。しかしこの南北分立の予想が、そもそも大謬見である。支那は昔から江南から起った叛乱を支え得ぬのは、地勢の自然である。北方から起ったものは、野蛮の習俗、簡素な生活をつづけておる間は成功するが、太平になって生活が進歩すると、江南の富力なしに、北方で独立の維持が出来ない。金《きん》が百余年保ったのは、南宋《なんそう》の歳帑《さいど》に頼ったのである。元《げん》は江南の叛乱に堪えずして亡びた。特に元・明以来は、北京は全く江南の米と租税とで生活しておるのであるから、江南の新立国に対して、北方が独立することは経済上、決して許さぬところである。こういうことが分らずに南北分立を夢想したり、またこの夢想から打算して北方朝廷の援護支持を考えたりすると、大事を誤るにきまっておる。ここらは大に考えて貰いたい。

なお隣国たる我が邦において、最も注意を要することは、この革命の結果が一番我が日本に著しく影響することもちろんなのである。しかし今日ではこの時局に対して最もあせっておるのは日本でもなく、またロシアでもなく、イギリスでもなくして、むしろその他の国にあるように思われる、すなわちドイツとかアメリカとかいうような国が最もあせっておるかのように思われる。これは日本の政府が確かな意見を懐《いだ》いておっていかなる事変にでも応じ得られる態度がきまっておるためであるか、それとも何の意味も無くただ事変を傍観しておるのであるか、それからその外のロシアとかイギリスのような国でも同様であるかどうかは分らぬが、とにかくあせるという方から考えるというと、これは最も危険な地位にある国があせるということが当然のことであろうと思う。アメリカなどは支那に対して平和の時には十分に発展しようという考えを懐いておって、例の四国借款などということも出来たのであるが、その実行が出来ないうちに、今回の事変が出来たのであるから、アメリカの立場が支那において最も不確実の点があるので、それで今日の機会というものはよほどアメリカの立場にとって大事なものに考えられておるに相違ない。ドイツは膠州《こうしゅう》湾に根拠地を持っておるとは言いながら、今日の場合、東方アジアにもしいよいよ事変が破裂するということになるというと、日本とかロシアのように十分に兵力を送るという便利もなし、イギリスのごとくアジアに同盟国を持っておって、その協力に依って地位を安全にするというわけにも行かないから、むしろ現在持っておる地位を失いはしないかというようなのが非常に心配な点であるので、それであせるのであるかも知れぬ。これらはもちろんその国その国にとりては当然なことであるが、日本はそれ等とはよほど事情を異にして少しもあせることを要しない。しかしこういう事変に際してもしまた手段を誤るということ、それは日本の将来にとって非常に悪い影響を来たすことであるから、十分にこれは考えなければならぬところである。ある新聞の電報を見ると、北京などで日本が満洲朝廷を満洲に擁立して一運動を試みるというような奇怪な説があるようにも見える。しかしこれはもちろん日本の当局者としては、そんな愚かな考えを持っておるようなことはなかろう。支那の大勢は帰着するところ明らかであるから、大勢に逆らうということは、今日において最も不利益なことであって、もし日本がこういう事変に際して、支那に関する色々な未決な問題をこの際に解決しようとするのであっても、亡滅に瀕《ひん》した朝廷を援助するなどということは、最も策の当を得たものではなかろうと思う。満洲の朝廷というものが、将来どういう形に変るかということは、今日においてこれを言いたくないことであるけれども、とにかく今日の形勢では既に今まで都を立てておった場所において勢力を失ってしまうものとすれば、支那の領土のいかなる点にそれが立て籠《こも》るものとしても、決して勢力の恢復が出来ぬのみならず、また単に残った力の維持をもし得ないということが明らかである。やはりこれはヨーロッパなどの滅亡した朝廷と同様に、世界に流寓《りゅうぐう》しておる皇族の一つとなるに過ぎないのであって、これらの処分を朝鮮の王室などと同様にするということを考えるのすらも既に誤りである。このごとき流寓の皇族が、異人種の遠国に赴くよりも、特に名族の没落に天性同情を有する日本などに来られることは、もっとも至極であるから、十分に優待の道は尽すべきであるが、もしこれを日本の勢力範囲たる地方に一主権者として迎えて置いて、新立国の深い猜忌《さいき》を招いたり、また結局はその主権を我が邦の手で奪わねばならぬようなまずいはめに陥らぬよう、あらかじめ熟慮して置かねばならぬと思う。この時局の結果が、列国の干渉を来し、また分裂の端を啓《ひら》く患《わずら》いはないかという疑問はいずれ起るのであるが、もちろんそれも大に研究して置くべきことである。戦乱が長引くと干渉の来るのは当然であるが、目下のところではさし当り、列国は北京を戦乱の巷《ちまた》とせぬくらいの要求はするであろう。これは列国の北清《ほくしん》駐屯軍の力で、政府にも革命軍にも忠告して、北京市街戦の惨毒くらいは避け得られると思う。しかし列国はどちらでも早く実力ある政府さえ成立したならば、領土保全の原則を変更せずして、あまり立ち入った干渉を好まぬだろうと思う。ただここに容易に解決せぬ疑問として残るのは、内外蒙古《もうこ》の各部、西蔵《チベット》などが、新立国の共和政府に帰服すまいという予測である。彼らは第一に漢人に帰服するを好まないことが明らかで、況《いわ》んや共和政府というような、天命を受けた天子のない国は、国とも思わないかも知れぬ。外蒙古などはロシアの保護を受けるとも、新共和国には服従せないだろう。また西蔵の法王なども、むしろロシアか、イギリスに便《たよ》ることを望むようになるに相違ない。そうなると内蒙古には、日本に関係深い王族もあるから、その始末も問題になる。もっとも新共和国はこんな塞外《さいがい》の領土には全く眷恋《けんれん》せぬかも知れぬ。またこれらの厄介物を離してしまう方が、支那の経済上、却《かえ》って利益である。それで新共和国との折り合いはむつかしくないとして、他の国々がこれと同様の利権を得ようとすれば、極めて困難な問題になるのである。しかしこれは実に千載の一時で、この際の問題さえ巧みに解決すれば、東洋の平和も永続し、動《やや》もすれば人の口に上る日米戦争も、絶対に防止せられるのであるから、大に注意を要する。何にせよこのごとき機会には、着々先手を打って、色々な苦情の出て来ぬ前に始末をつける手腕がなくてはならぬわけであるが、切に当局に注意を望むより外に道がない。

仮に支那の共和国が成立するとして、その将来の予測は、また興味あることであるけれども、その興味に耽《ふけ》るには、まだ少し早過ぎるから、まずここらで打ち切って置く。

（明治四十四年十一月十一日―十四日「大阪朝日新聞」）

中華民国承認について

中華民国の承認ということについては、革命党が南京《ナンキン》に仮政府を組織して、孫逸仙《そんいっせん》を大総統に選挙した当時から、日本にはすでに同情者があって、早く承認するという方の意見もあったようである。自分は固《もと》より革命の成功を早く断言した一人であるけれども、これは同情とか賛成とかいう意味でなく、単に事件の自然の推移を予測する上から言ったばかりで、所謂《いわゆる》中華民国を承認するがよいかということになると、これはまた別問題である。それで南京に仮政府が存在しておる頃から、すでに中華民国の承認について、二箇の疑問をもっておった。その一は承認時機の問題、その二は民国の性質の問題である。

時機の問題については、南京仮政府に対しても、承認尚早を主張するつもりであった。もっとも革命党の成功については、ほとんど初めより疑いを挟んでいなかったので、南京仮政府がどこまでもその出発の際の主張を固持して、その主張通りに、成敗を問わず、局面の解決をするつもりであるならば、これを承認するも面白いとは思ったのであるが、南京仮政府というものは、その成立すると間もなしに、すでに袁世凱《えんせいがい》と講和の進行に着手して、この講和が成立すれば、いつでも孫逸仙が大総統を辞任するという意向であったから、もしそうなったらば、講和成立後、新たに組織さるべき政府が出来ぬ間に、過渡期の中ぶらの政府を承認すべき理由がないと思ったのである。ところで今日では果して講和が成立して、清《しん》帝は政治上の実権から退いたけれども、その跡へ立ったものは袁世凱という機会主義の人物であって、孫逸仙は辞職してしまった。南京時代に承認しなかったのが、まあ善かったと思われることである。今日でも袁の大総統は形式上、南京参議院とかいうものに対して宣言してなったのではあるが、事実は南京へも行かず、依然として清朝の遺《のこ》した政治機関なり、軍隊なりを根拠としておる。もちろん中華民国の承認という問題は、新たに出来た政府が果して支那を統治する実力があるか否を判断する上から来るので、南京仮政府の相続者であろうと、清朝の相続者であろうとは問うところでないのであるが、それにしても現在支那の代表者たる袁は北京《ペキン》におって、清朝の旧物を引き継いでおり、参議院は南京にあって、これまた南方に新たに興った威力に憑拠《ひょうきょ》しており、両頭の観があり、かつ南方から新たに任命されたという風説のある大臣などが、果して北京の新地位に就くかも分らず、事実上南北の統一が出来る見込みが立たぬようでは、袁の新政府を承認すべき理由は、極めて薄弱である。その上袁の地位も六か月間有効の仮政府であって、国民議会召集の上、真の大総統が選挙さるれば、袁は孫逸仙の真似事をして潔よく辞職するという宣言を発しておる。国民議会の結果として、袁が再び当選するかも知れぬけれども、それは将来のことで、今日の仮政府は依然として永続の性質を持ったものではない。そうすれば極めて公平に自由に観察したところで、袁の政府を承認するということは、やはり時機尚早だと思う。近頃は列国の間に借款の競争が始まり、それがまた京津その他の軍隊擾乱《じょうらん》のために慌てて、四国借款が六国借款になるとか何とか、列国ともに無定見の運動が行われておるが、借款で一時を収拾した援助政策がいつまで効力があると思うのであろうか。今日は南北両中心ともに、借款で急場の凌《しの》ぎをつけようと思うから、共同でやってはおるが、借款でしばらく双方とも息をつくと、両中心の合同がまたしばらく延期するだけの余裕が出来る、つまり借款は支那の統一を妨げるに過ぎぬので、一時の小康は却《かえ》って永久の統一に害がある。借款も出来ず、列国の援助もなく、南北ともに苦しみつづけ、軍隊も離叛し、一時大擾乱に陥れば、むしろその実力統一が早くなるのである。この点からしても、承認の時機は無論まだ来ておらぬ。実は今日は承認より以上の問題が借款であるから、借款に力瘤《ちからこぶ》を入れておる列国の浅見者に、不承認論などは、分るはずがないのであるけれども、あまり目先が見えずに、将来の損になると も気がつかぬから、一言して置く。

以上は時機についての問題であるが、その外もう一つは中華民国というものの性質の問題である。中華民国という名は、今度革命軍が起ったについて、始めて出来たのではなくして、前に既にその名を唱えておる人がある。すなわち革命党中第一の学者といわれておる章炳麟《しょうへいりん》の書いたものにあるので、章炳麟が曾《かつ》て「民報」という雑誌に「中華民国解」というのを載せておる。これはもちろん章炳麟一個の理想であって、今日成り立ったところの中華民国というものが、その主張を継続しておるというわけでないかも知れぬけれども、とにかく章炳麟は革命党には学者として重望〔高い名声〕のある人でもあり、既にその採用した名が今度の国名にもなるくらいであるから、章炳麟が中華民国について懐《いだ》いておったところの理想は、今日全く穿《せん》鑿《さく》をせずにしまうということは手落ちかとも考えられる。それでは章炳麟は一体どういう主張をもっておったかというに、「中華民国解」というものは、支那の昔からの種族の歴史を説いて、政治上にはあまり関係の無いこともあるけれども、つまるところ支那種族というものの発展の歴史から結論をして、そうしてどこの地方までがこの中華民国に入るべきものであって、どういう人種は中華民国から除いても差し支えないものであるということを説いておるのである。もちろん、「中華民国解」は、一つは満洲を排斥する上について、その議論を立てたので、満洲を排斥するのは、種族の上から排斥するので、もし満洲人が自国すなわち支那の主権を去ってしまって、そうして北京からその産出地へ引き退いて行ったならば、これは日本や暹羅《シャム》〔タイ〕などと同じくらいに見て差し支えないということを言っておる。

ところでここに最も見遁《みのが》すべからざることは、章炳麟の議論は、漢《かん》の時の郡県であった所を境界として論究すると、蒙古《もうこ》や、回部《かいぶ》すなわち新疆《しんきょう》や、西蔵《チベット》地方というものは、これは漢の領土には入らなかったから、これを経営することは後廻しにしても差し支えない。しかし朝鮮の土地は、これは漢の時の版図《はんと》に入っておる。安南《あんなん》もやはり同様である。それでこの二つの民族というものは、その風俗が多く支那と同様であって、言語は違うけれども、その文字の読み方は頗《すこぶ》る支那に近い。日本が文字を読むのに大に支那と違うようなのとは別である。殊に血統を言うと朝鮮の方はまだ幾らか雑であって、純粋の支那種族とは違うけれども、安南などは皆支那と人種が同じものである。たまに野蛮人がその間におるとしても、それは広東《カントン》の瓊州《けいしゅう》などと同様であって、要するにこれは支那と同種族のものと見てもよい。それでいよいよ中華民国という支那民族に依って組織したる支那を恢復《かいふく》するという時になると、これらの土地をも恢復することは、中華の民族の職分である。殊に外国からして支配をされておって、非常に国運が衰えておるこの二つの国などに対しては、人道上よろしくこれを救助しなければいかぬものである。それからその次は緬甸《ビルマ》であるが、緬甸はこれは漢の時の版図には入らない。明《みん》の時になってから土司《どし》〔近隣の諸民族の支配者に与える官職の総称〕を沢山置いて、そうして雲南《うんなん》に附属させたが、その風俗は中華とは違うけれども、漢人の住居《すまい》しておるものが非常に多く、雲南地方の土司などとあまり変らない。しかし元来これは支那の郡県として支配したことはないから、よろしくこれらは朝鮮の次として取り扱うべきものである。殊に外国人は緬甸に対しては安南ほど苛酷にはしておらぬから、それはゆっくり救うてもよろしい。西蔵や回部すなわち新疆、これは明の時にただ王を冊封《さくほう》したに過ぎなかったが、漢の時などはやはり都護《とご》〔周辺民族を支配するための軍事機関〕に附属しておったけれども、真の属国ではない。殊に今の新疆は、漢の時にあった三十六国とは違う。それから蒙古は昔から一度も服従をしたことがない。それでもしこれらの種族に対して、中華民国が支配をすることの前後を考えるということなれば、まだ西蔵の方は宗教が同じだからというので近い点もあるが、回部とか蒙古とかいうものは少しも支那民族と同じ点がないから、中華民国の疆域から考えると、安南と朝鮮は必ず恢復しなければならぬものである。緬甸はその次に着手すべきものである。西蔵、回部、蒙古、これは服従して来るなら来てもよし、服従せぬならせぬでもよし、勝手に委《まか》すべきものである。こういうことを主張しておる。

これは章炳麟の一個の考えであって、今日の中華民国というものと何らの関係が無いと言えばそれまでであるけれども、既に中華民国という名も章炳麟の考えを採用したのであり、章炳麟の主張は、革命党中の支那留学生などには非常に有力なものである。そうすれば今日中華民国というものの承認を外国に対して求めるならば、これらの点については自分でもはっきりとその主張を明らかにしなければならぬはずである。つまり列国がこの章炳麟の議論にあまり注意を払わずにおったからこそ、何もこれは議論にならぬことであるけれども、もしこれに対して注意するということになると、中華民国というものを承認するということは、幾らかこの中華民国が理想であった時代の主張をも承認するという傾きになるのであるから、章炳麟の議論を知っておる国は必ずそのままで承認すべきはずはない。日本が既に現在朝鮮を支配しており、それから安南はフランスが支配しており、緬甸はイギリスが支配しておる。そういうものに対して中華民国が必ずこれを恢復すべきものであるというようなことは、今日の列国の均勢上甚《はなは》だ不穏当な言論である。もし中華民国が今日のままで承認を求めるとすれば、この章炳麟の議論は、単に一個の学者の理想であって、今日の中華民国とは何の関係も無いものであるということを明らかに宣言すべきものである。もし列国の側から考えると、この議論は別に政府の主張というのではないから、改めてそれが章炳麟一個の理想か、今の中華民国の主張かということを詰問するにも及ぶまいけれども、理想時代の中華民国というものは、そういうものであったということだけは承知しておって、そうして承認についてよろしく手加減もし、それに対する用意もしなければならぬことである。つまり中華民国というものの理想と言おうか、あるいは主張と言おうか、そういう点から見て軽々しく承認を与えるということは慎まねばならぬというのはすなわちこの点である。

それで日本などのような国にとっては、殊に隣国の将来の運命に関係した重大なる事件であるから、これらの二つのこと、すなわち時機と主張とは十分に注意をして貰いたい。日本の政府の方針の善悪はここに何も論じないけれども、どうかすると一方に極端に走っておるものが、またその反対の方面に走ることがある。初め支那の政体にまで干渉しようというような考えをもっておったものが、一旦手を焼くとどこまでも無干渉であって、そうして満洲のような日本の貿易上の利害に非常に大関係のあるところに革命党の軍隊が上陸して戦争をおっ始めても、それさえ懐ろ手をして何もしないというような非干渉政策が果してよろしかったかどうかということは疑問である。それでこの新共和国の承認などに対しても、むやみに非干渉政策に傾いたまま、注意すべき種々の重大なることを全く見遁してしまうという虞《おそ》れがないでもないから、いささか注意をして置くのである。

（明治四十五年三月十八日―二十日「大阪朝日新聞」）

支那の時局について

近頃、人に逢うごとに、支那は一体どう成るだろうという質問を受けることがしばしばである。

そもそも、この質問たる、支那現勢の漠然たるがごとくまた漠然たる質問であって、これに対して一言以《もっ》てこれを蔽《おお》うがごとき答をなすことは、何人《なんぴと》と雖《いえど》もなし能《あた》わざるところである。遠き将来まで貫通して支那がどうなるという問題に解決を与うることは、今日において決して容易のことでない。しかし支那現在の形勢の上から看《み》てそれがどういう風に傾いて行くだろうかということは必ずしも測定し得られないことではない。

近頃は例の借款問題が思うように行かぬというので色々悲観説が起り、そのうちに同盟会、すなわち革命党出身の総長等が辞職などするので頗《すこぶ》る混沌たる有様になっておる。それで同盟会すなわち革命党出身の総長の辞職などはどちらかと申せば、形勢の決する上において一歩を進めておると見ることも出来る、すなわち袁《えん》に対する異分子が退いたのである。一体、袁があまりに八方美人主義を取りて何もかも穏便に事を纏《まと》めようとするのが、現在の支那の形勢を不安の地に陥るる最大原因である。ゆえに今以て日本並びに諸外国の人々が袁の手腕に信頼しておる傾きがあって、袁に頼りて以て支那の統一が成し遂げらるべしとの考えを懐《いだ》いておるけれども、今までのごとき袁の行り方であればこの推測は恐らく的をはずれるのである。しかし段々と異分子が減少して、袁にとりては内閣の統一が行われやすくなって来ておるから、もしこの上に一段と確乎とした決心があれば、現在の支那が袁に頼りて統一せられないということもあるまい。目下は勢力の統一問題というものが一番重大なるものである。革命の初めに当っては各省が箇々独立していたのであるが、それが色々な成り行きを経過して来て、今日と雖も、なお支那には五つの中心があると看ることが出来る。一は北京《ペキン》、すなわち袁の膝下である。一は南京《ナンキン》、すなわち最近まで黄興《こうこう》が革命の本部としていた処である。しかし黄興ひとたび去りてその勢力の幾分かを衰えしめておることは事実である。一は武昌《ぶしょう》、すなわち黎元洪《れいげんこう》の勢力で立っておる処である。一は広東《カントン》、すなわち広東派の根拠地。一は奉天《ほうてん》、すなわち形勢に制せられやむを得ず共和に賛成したけれども内実は新政体を懌《よろこ》ばないものの集合せる処。この五の中心が屹立《きつりつ》しておる次第である。そして袁は大総統という空名を擁しておるけれども、河北各省に対する外はその威力はもちろんのこと、財政その他、内政の整理に必要なる命令すらも行われないのである。各省とも皆財政に苦しむと颺言《ようげん》するけれども、その実、北京以外の四中心の各地においてはさほど甚《はなは》だしい窮乏を感じていないのである。元来、財力豊富なる武昌、広東はもちろん、奉天の地と雖もその地方の行政費を支弁するには十分なだけの収入がある。況《いわ》んや南方の三中心地においては、年々北京の中央政府に送るべき租税を私に壟断《ろうだん》していて、新しく都督その他、官吏になったものの腹を肥やしておるをや。借款の前渡しが出来るたびに喧しく兵費を要求するけれども、これは実際に困るから要求するのではなくして、出来てある金を取らぬのは損であるから要求するのである。それをまた、袁は各中心勢力の機嫌を害ねまいとするところから、少々ばかりの借款前渡しの中から皆、分捕らしておる。今日において北京は名前ばかりの総長がずらり列席しておる外、中央政府に必要なる機関をも備えないから、苦しいながらも継続しておるけれども、もし真に中央政府らしい権威ある政府を建設せんとすれば、一番真っ先に困るのは北京である。袁でも誰でも構わない、中央政府に立つものの最善政策としては、外国人の財政監督権でも何でも構うことなく、一時いかなる屈辱をも忍びて一遍に大借款を成り立てて、それを中央政府の手に掌握したらば、金のあるという強味を利用して喧嘩腰で以て、四中心に向かい統一を迫るがよい。もし各中心がその兵力を解散せず、租税の壟断を止めず、苟《いやしく》も統一を妨ぐべき動作を止めないならば、何時《なんどき》たりとも手にある金を以て戦争をするという覚悟で威迫的に統一を強制したならば、統一は存外、容易であるのである。

統一の容易なることは色々の原因がありて、あるいは近来革命党がどさくさ紛れに大分、金を拵《こしら》えたので、端《はし》なくも英気を消磨《しょうま》してしまって何事もする気力が無いという人もあるが、なるほどそれもそうかも知れぬ。が、第一は支那人一般に久しく騒乱の味を知らなかったので、面白半分に革命騒ぎに弥次馬の仲間入りを試みてみたけれども、三、四箇月も騒いでみると、なにがさてその恐ろしいこと、損なことに懲《こ》り懲《ご》りしてしまって、もはや騒動に倦《う》み果てておりる。何分にも早く統一して相当の安心を得たいという傾きになっておるから、誰か十分の威力があって早く統一してくれる人があれば、これまで、物好きに革命党などに金を注ぎこんだ商人なども皆、相率いてその方に加担するようになるのである。袁がただそれだけの決心なくして革命党にも良い顔がしたいし、そこら中を都合好くしてやりたいという優柔手段からして、これほど容易なる統一も今日なお、成し得ずにおるのである。袁には妙に人を引きつける魔力があると云われておるので、苟も北京に這入《はい》って来たものは、誰も彼も袁に籠絡《ろうらく》せられてしまう。であるから統一は出来ないまでもさして大乱脈にも至らないで済んでおるのであるが、しかし完全な統一はこの魔力くらいでは成し遂げられない。これらのことは我が国、維新の際にもいくらか類似したことがある。維新の際、すでに新政府が成立したのであるが、その後、完全の統一が出来るまでには佐賀に江藤の乱起り、長州に前原の騒動あり、最も大なるは薩摩《さつま》に西郷の暴動起りたる次第であって、これがためには少なからず兵力を費やし、また、不換紙幣を濫発《らんぱつ》したので、甚だしく財政を紊乱《びんらん》するのやむ無きに至り、そしてなおこれを鎮定した中央政府の有力者が暗殺に遇《あ》うということまでも犠牲にして、やっと統一の事業を成し遂げたのである。この時における、岩倉、大久保などいう政治家が毅然《きぜん》として自己の禍福を度外に置き、統一的大事業に身を献げたる度胸は、実に驚くに堪えたるものである。実にこのことについては岩倉、大久保の諸氏は一時、外国に対する屈辱、すなわち条約改正の見合わせまでもして、まず国内の統一を謀《はか》ったのである。袁にしてこの二君のごとき度胸があるならば、支那の統一を仕遂《しと》ぐることは、蓋《けだ》し甚だ容易のことであるのである。もっとも袁の優柔はあるいは支那流に成功せぬとも限らない。自分の方さえ急に潰《つぶ》れなければ、革命党などのような一時に勃興した勢力は日ならずして衰滅に帰するということを見越していて、骨の折れる威圧を加えないでもよいということもあろう。しかし今日で革命党が縦《よ》し衰滅に帰したところで、地方割拠の勢いに慣れて中央政府に金を出さずとも済むという味を占めた南方各省は結局、多少の威力を用いずしてはこれを統一することは頗るむずかしいのである。

支那人は近年勃発した利権回収熱の結果、外国に対する不面目を囂々《ごうごう》するけれども、六国の銀行などというものは必ずしも政治上の意味を有する訳合いのものではない。もちろん、政治上の意味が絶無であるとは吾輩と雖も断言はせない。けれども日本とかロシアとかいう国はどちらかと云えばひたすら、既得の権利を保護するために六国借款同盟に加わったもので、新しく得る利益という考えはほとんど無いと言ってよいくらいである。従来、海関《かいかん》税さえも外国人の手に任して何の不都合無きのみならず、却《かえ》って支那人がなすよりも夐《はるか》に好成績を収めておる点から考えても、むしろ今度の大借款を利用して外国人をある程度まで使用して、塩税その他税制整理をする方が、支那財政の将来のためには非常な利益を齎《もたら》すかも知れない。一体、支那みたような国は、自ら自分の位地を真正に知悉《ちしつ》したならば、政治も経済も世界各国に共通して開放する方が、却って自分の独立を確保する所以《ゆえん》であるので、些々《ささ》たる体面論などを喧しく言うのは、全く日本などのやりかたにかぶれた最も愚なる政策である。その所謂《いわゆる》大借款なるものも、六億などと仰々しく言うておるけれども、実際は一億五千万くらいで急場の始末が就くのである。これは吾輩がある標準からしてそういう風に考えたのであるが、近頃、北京から帰った人の話によれば、熊《ゆう》財政総長の意見などもちょうど、一様であるということである。もちろん使用の方法については熊総長の考えと吾輩の考えとは少しく相違しておるようである。しかし熊総長などが責任ある地位に立ち、かつ、平素、大に財政のことに注意していたものであるから、そういう風な考えも出るのであるが、袁の腰が定まらないために、貸したがっておる銀行団も全く貸し得ない、出来る統一も出来ないところを見ては、袁の老猾《ろうかつ》なことは十分わかるが、その度胸の無いこともまた、明らかに知らるるのである。それで近頃に及んで「タイムス」などが借款反対論を唱うるようになってきた。もしこれがいよいよ手切れになるということだと、すなわち曩《さき》に云う通り真っ先に困って斃《たお》るるのが北京の中央政府である。それから先き誰が支那統一の大業を成すものかということは今の時これを予想することは出来ない。外国人なども金を支那に貸したがり、今まで少しばかりの前貸しをしていたのは、金を貸さなければ兵隊が騒動をする、そのために経済組織が紊乱せらるる、そこでこの騒動を鎮定せしむるということになると、最も平素、毛嫌いをしておる日本とロシアとが支那における勢力の増進を来たすというので、危ぶみながらも前貸しをして来たのである。されど今日は支那人民一般に乱を厭《いと》うておるから、間違っても決して目覚しき大騒乱を惹《ひ》き起すようなことは無い。袁その他の人物の盛衰には関係はあろうけれども、外国貿易などの上に大影響が無いということが外国人に呑み込めるようにすれば、外国人の非借款論は段々と勢力を得ることになるを免れない。「タイムス」などが慥《たし》かにその兆候を示しておるのである。それで借款がどうしても出来ぬということになれば、支那人は支那人自身で支那の統一問題を決せねばならぬことになる。

このことだけは今日において言い得らるるのである。

以上の論は支那の立場からして見たのであるが、元来、東洋の大勢から達観する時は非借款が大によろしいのである。外国人が愸《なまじ》い少しばかりずつの前貸しをして、それをまた、袁が各中心地に分けてやっていたから、あたかも死ぬるか生きるかわからないという際どい病人を注射で持ちこたえておるような塩梅で、これがために問題の解決を無理に延ばしておるという有様である。支那統一問題の一日も早く解決を告ぐる方が世界平和のため——特に日本などのような貿易関係の密接な国のためには大に利益ありとすれば、問題の解決するまで一文も金を貸さずに、袁などのようなただ従来の経歴からして信用を得ていた人間の箔《はく》が早く落ちてしまって、裸一貫の実力で以て統一事業を完成する人間の出現することを速めるのは、実に望ましき事の限りではあるまいか。支那のような国は近頃いうような五族共和などいう清《しん》朝が残して来たところの版図《はんと》をそのままに持続して統一せねばならぬ必要もあるまい。蒙古《もうこ》とか、西蔵《チベット》とか、支那の財政を維持するためには損にこそなれ得にはならない各地方はむしろこの際切り離して、純粋の支那だけを統一する方が、支那にとりて幸福であるかも知れないと思う。

この非借款が好いという考えは、自分は去る三月頃に「満洲日日新聞」の記者に話をしてその新聞に掲載せられていたことがある。早晩、支那が屈辱を忍んでも金を借りて統一を早むるか、あるいは借金なしに北京の中央政府が斃るるのを犠牲にして統一を来たすか、いずれか一方にこの問題の帰着を見るべき運命に遭遇しておるのである。この時に及んで確乎たる考えが無いというと、日本政府などはもう一遍、失敗の上塗りをするのである。過ぎ去ったことは仕方が無いが、一番の捷径《しょうけい》は南京に革命政府が起ったときに、僅々《きんきん》千万両も金を世話してやったならば、夙《つと》に革命政府の手に統一が出来たかも知れないのであったのである。つまるところ金で以て統一するか、金無しに人物の出るのを待ちて統一するか、列国はその統一に達する道行きを見物するのにどこまでの辛抱が出来るであろうか、これが今日支那の将来について注意すべき事柄である。

（大正元年八月一日「太陽」）

支那現勢論

余《よ》は、一年ほど以前に、本誌上に隣邦支那の時局に関し、いささか卑見を開陳したことがあったが、その後支那の形勢があたかも一年前に述べし通りに運移して往っておるのは、事の当然であるとはいえ、我ながらその不思議に驚かざるを得ない次第である。

当時余は、もし袁世凱《えんせいがい》にして統一を成し遂げようとするならば、一方には、条件などを喧《や》しく言うを休めて、一時屈従に甘んじ、とにかくに借款を成就するに越したことは無い、その頃、借款の予定高は六億ということであったが、さような大金は必要が無い、一億五千万くらいで沢山であると云い、それからその金が出来たならば、袁はこれを握って、箇々に分立しておる各中心地、すなわち武昌《ぶしょう》、広東《カントン》、南京《ナンキン》、奉天《ほうてん》などに、高圧的に統一を強制するが善い、支那人は、第二回の革命には、決して人気が無い、第一回の革命騒乱で、実に懲《こ》り果てておる。そこで、袁さえ強く出れば、統一は事甚《はなは》だ容易であると謂《い》っておいたが、爾来《じらい》、支那の形勢はまことにその通りに運んで来たのである。借款の高も、吾輩の予定よりは少し多いけれども、やはり実際において、六億などの大金は、要らなかったのである。それでその前渡しが出来るや否や、袁は倏《たちま》ち尻を捲《まく》った態度になって、どしどしと南方に圧迫を加えておる。これはもちろん、袁に対する南方の反感が、漸《ぜん》を以《もっ》て増加し、また袁の内閣においても、ますます国民党を排撃することになって、とうとういずれの邦にも革命後には必然起るところの暗殺時代を生じて来、宋教仁《そうきょうじん》暗殺の一件から、袁に対する国民党の反対が激しく成って来て、否応無しに、威力を以て圧迫せなければ、袁自身の地位さえ危険に瀕《ひん》するところから、袁もやむを得ず度胸を定めたのであるが、政治家の徳義などという上から云えば、袁の態度は固《もと》より憎むに余りある点が多いのであるけれども、袁のごとき真の度胸なき政治家の取る方法としては、余儀無きことであって、たといその事は陰険であろうと、不愉快であろうと、これでなければ切り抜けることがむつかしいのである。袁の人物論としては、種々の感情から立論することが出来るけれども、支那がとうてい統一せらるべきものとして考うる以上は、袁の態度は必然来たるべきものと見るより外に致し方は無いのである。日本でも、維新以前に既にすでに幕府の新徴組《しんちょうぐみ》などが、民間の志士に対して暗殺を行い、維新後になっても長州の広沢その他の志士の暗殺に遭うたのは、その使嗾《しそう》者は恐らく政府部内にあったかと疑われておるくらいである。ただ、維新当時における日本の当局者は、自分でも、赤裸々で生死の境に出入りして、暗殺時代を衝《つ》き抜け、決して袁のように宮中の島に立て籠《こも》るような、見苦しい態度に出《い》でなかったという相違はあるが、その代りに、岩倉公は危いところを免れたが、大久保公はついに暗殺の禍《わざわ》いに遭ったのである。民間においては、板垣伯も危険な目に出会った。こういう危険時代は、森文部大臣が殺され、大隈《おおくま》伯が怪我する時まで継続したのである。支那の暗殺時代も、朝《ちょう》と云わず、野《や》と云わず、ここ数年間は継続するものと諦めねばならない。南方の裁判所が、趙秉鈞《ちょうへいきん》を喚び出し、北方では、また黄興《こうこう》を召喚するなど、日本で悪口に云う、上方者の喧嘩のように、煮え切らないことをしているが、日本では、維新当時、気の早いだけに、米沢の雲井《くもい》龍雄《たつお》など片っ端から斬ってしまった。気が早いだけに、日本は早く纏《まと》まったが、支那はも少し纏まりが遅いものと見ねばならぬ。しかし昨年に比しては、今日のところ大分、箇々分立していた各中心地の勢力が衰えて来ておる。武昌の黎元洪《れいげんこう》なども北方の兵を自分の土地に入れ、ほとんど城を明け渡さんばかりにして、自分の土地を通過せしめて、江西《こうせい》に向かわせた。あたかも徳川家康が、豊太閤《ほうたいこう》の北条征伐に、居城の全部を明け渡して、御用に立てたと同じような態度であって、自己の勢力を全く認めない仕方である。これで武昌の中心というものは、八、九分通り消えてしまったのである。広東においても、商人が借款に賛成するがために、国民党の都督がその勢力を失った。宗社党が勢力を失いつつあるがために、奉天は都督も代り、一つの中心たる事実が無くなって来た。ただ江南の三省、すなわち江蘇《こうそ》、安徽《あんき》、江西の三省だけは、今なお袁に反対の態度を維持しておる。これは云わば、薩州《さつしゅう》の老西郷が、明治政府に対していたようなものであるが、その中の江西都督李烈鈞《りれっきん》が、若手であって、最も強硬に袁に反対するなどは、さながら薩州の私学校派に似ていぬでもない。明治政府はどちらかというと、自ら進んで薩州の反対派を誘《おび》き出して、騒動を速く起さしめたような形があったが、袁も近頃李烈鈞を免職したが、そこが支那だけにそれがために形勢が破裂しそうな模様もない。このごとく反対党というものも、意気地がないが、袁の政策も依然として無方針である。

第一、借款の使い途《みち》からして、その日暮しのやりかたで、基礎の立っておらぬことが解る。借款の約半額は、既往もしくは近き将来に期限になっておる未払い借金弁済に当てるのであるが、これは致しかたが無いとして、その他は本年四月から九月までの行政費が五百五十万ポンド、各省軍隊の解散費が三百万ポンド、塩務整理費が二百万ポンドで、それでおわりという次第である。このうち将来の財政の基礎となるのは、最後の塩務費の一項のみで、その他は皆大きな借金を片っぱしから湯水のごとく使ってしまうのである。第一各省軍隊の解散費などに三千万円も要する。それだけの未解散軍隊が果してあるか、名目ばかりで実際ありもせぬ軍隊に大金をかけるというのは、つまり依然たる各省の分取り策に応ずるので、この分取り金があれば、各省はまたそれだけ、中央政府に対する反抗力を持続し得るので、すなわち実力統一の延期を招くのである。この分配金の予算が不正確なることは、現に袁に反対するだけの兵力を備えていた江西に向かって最少額の解散費を宛《あ》てがってあるのでも明らかで、結局これは解散費でなくって、中央政府から各省への賄賂《わいろ》である。袁にして真に財政の基礎を立てようというならば、内国に使用する一億万はこれを積んで置いて中央銀行を立て、兌換《だかん》制度を確立して、そこから発行する紙幣で、軍隊の解散も行政費も、塩務費も生み出すべきである。これだけの借金で、九月までに使ってしまい、その後はどうする積りか。袁の政策を揣摩《しま》するに、この借金で一時の急を凌《しの》ぐ間に国民党を叩き潰《つぶ》し、反対派さえ一掃してしまえば、何事をするにも容易だからというのでもあろう。しかしこれは機会主義の極端なもので、第一その政策の腹案もないような政治家が、いかに反対派を一掃したからとて、統一を成し遂げ得らるるものでない。袁の現在のやりかたでは、借金は使い尽す、政府が持てなくなる、投げ出すというに止まって、統一がまた延びるかも知れぬ。

統一も出来ず破裂もせぬ結果として、暗殺時代がさらに継続することは、毫《ごう》も疑われない。自体、暗殺という奴は、微細な仕事で以て一時に大勢を転換することがないでない。譬《たと》えば、身体の健康不調和を、服薬とか按摩とかで治すかわりに、針か灸かで治すようなものであって、日本などでも、世の中の秩序が恢復《かいふく》して、人間が漸々《ようよう》と臆病の度を増して来るにしたがって、暗殺の効能が漸々と加わったのであった。岩倉公の遭難や、大久保公の罹禍《りか》などでは、大勢を変化せしむるまでに至らなかったが、その後の条約改正における、大隈伯の怪我などは、忽《たちま》ちその事を中止せしめたのである。支那人のごとく、元来、臆病な人間には、暗殺の利き目が一段と烈しいから、今後も随分と爆裂弾で以て、大勢を変化せしむるかも知らぬ。袁の島籠りも、頗《すこぶ》る策の得たものであるかも知れないが、このところ一年ばかりは、借金の効能でとにかく袁世凱の政府が急に顚覆《てんぷく》するようなことは、まずないと思われるのである。

日本にもあったことであるが、明治の初めに、集議院というものを開いて、政府は随分てこずった。その結果として、雲井龍雄などを虐殺するようになった。袁の政府が参議院に苦しめられておるのも、頗るこれに類似したところがある。国民党に冤罪《えんざい》を被せて、捕縛しようとするなども、同一の行きかたであると云ってよい。当時の日本と、今日の支那とは、外国との関係の密接の度が異なるところから、袁の政府も、あるいは極端なる手段を取ることが出来ないかも知れぬとは思うけれども、支那に駐剳《ちゅうさつ》しておる外国の大使や公使などは存外支那化して、袁世凱の行動が全く正義に背反しておるのでも、平気で見逃がす傾きがあるから、も少し目覚ましき虐殺をやって、世間を驚かさない以上は、あまり大した苦情も来ないことと思う。もっとも日本では犬養《いぬかい》、尾崎などの民党側の名士から、袁世凱反対の議論が出ておるが、これもやって然《しか》るべきことと思う。ある一派の支那通の議論では、袁世凱の統一を見越して、犬養、尾崎氏等の議論を嘲笑《あざわら》うけれども、たとい隣邦のことたりとも、事の正義であるか非理非道であるかということは、十分に論究して然るべきことと思う。外国の非理非道を見逃がすということは、是《これ》やがて自国の非理非道を見逃がす端緒となるので、頼もしくない考えである。ただ犬養、尾崎氏等が、これを日本の政策上の議論とするようならば、それは賛成の出来ぬところで、これはどこまでも、世界の正義のため、人道のために堂々と論ずべきもので、同時にこれによって列国の警醒《けいせい》を促すべきものである。一方、日本の外務省は、またこの民間人士の議論に対して、借款が支那の政争を助長するに何らの関係あるものでないなどと、愚にもつかぬ弁解をしておるが、これは一つの強弁に過ぎないのであって、借款の使用の途がいかに定まっていようとも、金が支那当局者の手に入るということは、政争に影響するは無論のことである。しかしこれは影響してもやむを得ないのである。それで日本の政府も、支那に対して極めて公平の態度を取りたいという主意であるならば、支那の当局者が、議会に対し、反対党に対し、正義に背反し、人道を無視したる行動を取るのを、厳重に忠告して、これを止めしむればよろしいのである。借款は借款として別問題に考えてもよろしい。借款は袁の政府で無くても、すなわち孫逸仙《そんいっせん》や黄興の政府であっても、これを貸すべき場合になっておるのは同一である。

このごとく論じ来たれば、一方には袁世凱が統一を延期するのは不都合であると云い、また一方では日本の民間人士が袁世凱に反対せるのも道理だと謂って、いかにも矛盾するようであるが、全体、近年の世界の大勢は、常にこういう矛盾を免れないのである。ゆえに正義の叫びを以て多少は支那の統一が鈍らされるということも免れないのである。これ蓋《けだ》し文明世界の弊であり、またその有り難いところである。要するに、袁の政府も世界の正義の声に顧慮しつつ、漸《ぜん》を逐《お》ってその統一事業を進めなければならない。その間に持ち切れずして、投げ出すまでも、また他人が代って統一するにしても、同一の経路を進むより外はない。その間において、時々正義も非理非道も顧みない突飛な行動、すなわち暗殺が折り折り現われて、一時、思いの外な変化を来たすのである。そして不愉快に、不活発に、統一事業が進歩して行くというのが支那の将来である。

それから、支那の外国関係を考えてみるに、余は曾《かつ》て革命騒乱の起った時に、ある集会の席上で、革命は結局成功するものとして、その後に直ちに来るものは、外国の勢力に対する屈従時代であるということを謂ったことがあるが、これとても、また日本にもその例に乏しからぬことである。すなわち日本では攘夷《じょうい》説で以て徳川幕府を倒したのであるが、その後に立った新政府は、オーストリアに対する最も不利益な条約を締結し、条約改正をしようとして岩倉大使などが世界を巡遊してその考えが一変して、樺太《からふと》をも割譲し、殊に木戸公などは、琉球《りゅうきゅう》の処置さえも延期して断行せないつもりであった。中には国権論を主張した老西郷一派があるけれども、すなわち内治専門、外国屈従という政策が成功したのである。支那の革命前後もまた大にこれに類して、革命前には、一時利権回収熱が盛んであった、すなわち変形した攘夷論である。ところが、近頃ではまず第一に借款条約で屈従し、第二には蒙古《もうこ》問題で屈従しかけており、いずれ、次には、西蔵《チベット》問題で屈従するであろう。これはもちろん、西蔵とか、蒙古とかいう所は、これを失うた方が、支那の利益かも知れないけれども、とにかく、その将《ま》さに屈従時代に這入《はい》りつつあるのは事実である。日本政府は、公平なる態度を持して、南北の政争に超然たる代りに、この屈従時代を利用する考えがあるかどうだか、恐らくあるまい。利用といえば少々語弊があるが、要するに、支那が自らその懸け値なき勢力の極めて薄弱なることを自覚しておる時に、相当なる手段を施して、平生ならば口喧しく云うことも言わずに控ゆるときに、最も平穏に日本の東洋平和の政策を決定し、尤《もっと》も安全にこれを実行するということは、甚だ必要であろうと思う。しかし、今の日本政府には、こういう考えのありそうにも思われない。それで日本では、朝野ともに支那の政争を弥次馬的に眺めて、わいわいと騒ぎまわるものの、自分の国でも、そのために政府と民間と互いに理窟を言い合うて、自分の国で大になすべきことのあるのを遺却しておるかと思う。しかし、これくらい外事について気楽でなければ、近頃の大問題である財政行政の整理は出来ないのであろう。

（大正二年七月一日「太陽」）

革命の第二争乱

支那の騒乱がまた始まった。これは大勢の上から言うと、革命乱の内の幾つかの小段落の一つに当るのであって、その効果が大きいということは出来ない。しかしながらその戦争は、あるいは却《かえ》って第一の革命乱よりも激烈であるかも知れない。日本の維新の時でも、明治元年における戦乱は局面が大きかったけれども、敵味方の間に憎悪心が割合に緩やかであって、戦争の禍《わざわ》いは割合に惨烈でなかった。ところが明治十年の西南戦争においては、局面の小さいにも拘《かかわ》らず、その戦乱の禍いの惨烈なることはほとんど近来にないくらいのものであった。これは明治元年の朝廷対徳川の戦争でも、それから支那の第一革命乱でも、敵味方の間に互いに譲る余地がある、そうして譲りさえすれば穏やかに結着がつくのであるけれども、西南戦争もしくは今度の第二の革命乱のごときは、個人的憎悪心が非常に激しくなった結果であって、どちらも後へ引くというわけに行かない、それでその戦乱の禍いは、どうしても非常に惨烈になるわけである。時日の永引く点においても今回の方が永引くかも知れない。その積りで今回の戦乱を観察することが必要である。戦争の局面から考えると、今回の騒乱は第一革命乱に比して、南北ともに各々利不利のところがある。仮に南方の立場から考えるというと、その不利な点は、武昌《ぶしょう》、漢口というような支那中部の大都会を占領しておって、その上に騒乱を惹起《じゃっき》したのが前回の利益な点であったが、今回はそれが北方の手にあるのであるから、非常に不利益である。しかし一方には、前回には南京《ナンキン》という重要な地点を、革命乱が起ってから後に戦争の結果としてこれを占領したのであるが、今度は初めから無事にこれを占領しておる、それは利益である。しかしこれは単に地勢上から考えることであって、その他においては南方の人心が既に戦乱に懲《こ》りておって、前回のごとく革命というものに対して興味を持っておらぬ、各地の商務総会などが戦乱に反対の意見を発表しておるのでも分る、それで前回のごとくそういう財源になる人々から援助を得るということが難しくなっておる。そうして北方では借款が既に出来て、各国の代表者などもとにかく現在の袁世凱《えんせいがい》をして統一せしむるということを希望する点において一致しておる傾きがある。それで借款の費用は約束の文面があって軍費に使用は出来ないと云うけれども、とにかく袁世凱の手に金があって、それを行政費その他に使用することの出来るようになっておる際であるから、この点においても南方は不利益である。これらの点を除いてその外を考えると、あるいは北方の不利益な点として袁世凱の勢力の極めて不安固であること、それから宗社党というものの暗に隙を狙っておること、それから蒙古《もうこ》兵の南下すること等を数えるが、この内、蒙古兵の南下することだけは思ったほどの勢力がないとは言っても、多少顧慮を要するものであるが、宗社党などのことは一向顧慮すべきほどのものでない。それから袁世凱の勢力は、その実際を言えば、却って清《しん》朝の末路の勢力よりかは安全であると云うことが出来る。なるほど袁世凱の一身上から言えば、爆裂弾などを投げられる虞《おそ》れがあって、北京《ペキン》の宮中の島の中に立て籠《こも》っておるけれども、一身上の危険と勢力のないということとは同一ではない。清朝の末路は天子は幼稚であり、さらに一身上の危険はなかったけれども、これはその勢力の薄弱だという点において何の補いにもならなかった。それで一般の北方の人望を言えば、袁世凱の今日はむしろ清朝の末路に優っておると云うことが出来る。

それでつまりこの南北の利不利を考えるというと、前回よりは北方の方が幾らか有利であるとも考えられる。ただ今日において疑問になるのは海軍であって、第一の騒乱の時も海軍の去就というものが重大な問題であったが、今日ではなお重大な問題である。海軍も今日のところ北方に属してはおるが、もし仮にその海軍が裏切って南方に附くものとすれば、南方の形勢には大変な利益になるのである。それは北方の陸軍は前回には、目的とする敵はつまり漢陽、漢口において、そうして北方から汽車で到着したものがすぐに戦場に臨む、そうして船の力を藉《か》りる必要がなかった、それで土地としては大変な重大な土地であるけれども、北方から来て戦《いくさ》をするのには必ずしも困難な土地ではなかった。しかし今回のは漢口まで下って来た北軍が皆な船に拠《よ》って九江《きゅうこう》まで向かわなければならぬ。それで現在でも既に幾らかの兵数が九江に到着しておるのであるが、もしこれが海軍が裏切りをしたという時にはつまり九江と漢口との間の交通路を断たれて、九江における北軍が敵の包囲中に陥って全く死地に入るわけである。これは非常に危険なことである。しかしもしまたこの海軍が終極まで北方から離れないものとするというと、現在この南方では長江の南の方には南軍に一つの根拠地があり、それから江《こう》西《せい》の湖口、南昌《なんしょう》あたりに一つの根拠地があり、一方では津浦《しんぽ》鉄道の沿道、すなわち安徽《あんき》省内に一つの根拠地があって、長江を挟んでおる。これを海軍のために長江の通路を絶たれて、江南江北の連絡を絶ち切られるとすれば、江北の安徽、すなわち柏文蔚《はくぶんうつ》らの率いておる南軍というものは非常な危地に陥るものと云うことが出来る。支那の海軍というのは格別有力なものではないけれども、とにかく長江の連絡を取るくらいの力はあるので、今日もその挙動は南北の勢力を支配するものになる。

つまりこれは戦局の上から見た話である。ただ支那のことを考える時と、他の文明諸国の事を考える時と幾らか別な観察の仕方をしなければならぬのは、文明諸国で軍備などの発達して、軍備というものと国民というものと密接な関係をもっており、それから軍備というものが戦争を技術として考える上から欠点のない発達をしておる所では、言わばこの戦術というものがすなわち戦略と効果が一致し、戦略というものがまた大局と効果が一致するわけである。日露戦争などの場合においてもこれを知ることが出来るので、旅順《りよじゅん》攻撃戦とか、あるいは遼陽《りようよう》戦とか、奉天《ほうてん》戦とかいうような戦争において、その軍隊の各部分が行うところの戦術は軍隊の全部が計画しておる戦略に直接の効果を与える。そうしてこの軍隊の戦略というものが、また和戦の大局に直接の効果を与えて来る。ところが支那のように軍備の発達しない国にあっては、これはこの三つのものがそれほど密接に関係しない。戦術において非常に勝れてあって勝利を占めても、戦略の大体にはそれが大なる影響をしないこともある。戦略において優れておっても、それが大局の上に非常な影響をしないこともある。それで支那でも昔から天下を統一した英雄などは、皆この大局を第一に重んじ、いよいよ戦争となれば戦略を最も重んじ、そうして戦術はそれほど大なる値打ちをもっておらぬ。

革命の第一回の騒乱の時でも、北軍に漢陽を取られたというようなことは、南方の戦術上の失敗であるけれども、一方に間もなしに南京を攻め落としたということは、戦略上の成功である。それから一般に各地方に同様の騒乱を起さして、そうして清朝をしてその位地をとうていい保つことの出来ないようにさしたのは、大局の上において勝利である。今日でも前から言う通り、戦術においては何人《なんぴと》も北方の訓練した軍隊が南軍に優っておるということを認めており、それから戦略においてもすべての準備が北軍の方が優っておるということは認められておるけれども、もし大局において南方のすることが、うまくその機宜に投じさえすれば、決して全然失敗に終るとも断言することが出来ないのである。ただ今日において南方のために考えるというと、その大局を巧みに利用することの出来る大人物がありや否やという点にあるのである。つまりこの戦乱の結果は、今日何ともこれを判断することが難しいのである。戦争の禍いの前よりかも惨烈であるということは、これは予言することが出来るから、どちらが失敗するにしても支那のために大変な損害であるということは疑うことを要せざるところである。

戦局の観察は大体右のようなものとして、仮に袁世凱の方が成功するものとして考える。それで以《もっ》て支那の統一が完全に確実に出来る見込みがあるかどうか、ということを考える必要がある。もちろん今度は双方ともほとんど妥協の出来難い地位に立っておるので、もしどこまでも戦うとして、北軍が勝つとすれば、勢力、すなわち威力の上において南方を圧服することだけは、前よりかは大変に都合がよくなるのである。しかし今度のこの革命の始末を付け、それから新しい共和国の基礎を安全にするのには、単に威力の統一ばかりでは出来るものでない。もちろん財政のことも十分考えなければならない。それで長い年月を費やさずして、今度の戦乱を平らげ得たならば、今までよりかも一層列国の信用を増して、現在進行しつつある五国借款の外に、さらに第二の借款も出来、それに依って貨幣制度の統一を図り、財政の困難をも救済することが出来るかも知れぬ。しかしもしこれが半年なり一年なりの間に戦乱の平定が出来ぬとすれば、北京政府というものは財政上よほどの困難に陥るわけである。今日でも借款の使途というものは指定されておるが、そのうち行政費のごときは既に前渡しを受けてこれまでに大分使い込んでおる。まだ手の付かない金というは、軍隊の解散費、それから塩務整理費というようなものであるが、軍隊の解散費は解散を実行する時機にならなければ受け取ることが出来ず、塩務の整理費は実際その実務に着手しなければ受け取ることが出来ない。この二つが今度の借款の内で北京政府の手に残るものの内の半額を占めておる。この戦乱の間にはその前の行政費、半年間の行政費に当てる積りで借りたものを、巧みに運用して軍費を支えなければならぬわけである。その半年という期限は来《きた》る九月に到着するのである。実際その金は九月に至って全部尽きるのではないけれども、もう少し先まで延ばすことが出来るとしても、今年中を支えるということは難しい。

それから北京政府の財政はもちろん幾らか南北各省から租税の仕送りを当てにして予算を立

てておる。それが今回の戦乱で全く送られないとすると、それだけの収入を減じておる。とにかく財政の窮乏ということは目前に迫って来る。それだからといって北京におけるあらゆる行政機関を停止して、そうして軍費の方にそれを繰り入れるということは、袁の政府が列国に対して信用を維持するにとってはあまり都合の好い方法ではない。北方の方から考えるというと、第一に恐るべきは戦争中に財政のために自ら転覆しなければならぬ危険に陥ることである。縦《よ》しこの戦乱を平定し得て、第二の借款を起し得たにしても、既に今回の戦乱で軍費を要した以上は、その塡補《てんぽ》をするというと第二の借款の大部分も、これを財政の基礎を立てるところの基金に使用するということは難しいようになって来はしないかと思う。それで担保のあらん限り借款をして、借りるべき余力が無くなって投げ出すというようなことになるようでは、袁世凱一人のためはともかく、支那のために由々しき大事であろうと思う。

一体袁世凱の人物を日本の当局も買い被っておるという評判が専《もっぱ》らであるが、これは日本のみならず、列国ともに大分買い被っておる傾きがあると思う。支那で李鴻章《りこうしょう》は文明国の軍隊を学び、色々文明の事物を輸入することに熱心な人であったが、それでさえ文明国の組織の根本の意義を知っておったかどうかということは疑問であって、単に有形上の文明国の利器を輸入して、それで満足をしておったのではないかと思われる。つまりその結果というものが、日清戦争において現れたのである。しかし李鴻章は自分は西洋の文明を採用することに失敗はしておるけれども、これを上手に採用するということの必要と、それからその効能をば十分に知っておったかと思われる。それは日清戦争より十年も前に天津《てんしん》で我が伊藤公と談判をした時に、伊藤公の政治上の事柄に通達しておるのを観《み》、その才力を用いてやったならば十年内に日本は必ず著しく盛んになるであろうということを、内々で北京の方に忠告をしておったことがある。こういう点は自分では採用することに失敗しながらも、その着眼だけは良かったと云わなければならぬ。

袁世凱の西洋文明の採用の仕方は、李鴻章よりかは一段と組織立っておるように見える。しかしながらその文明の意義というものを十分に呑み込まずに、やはり有形上の利器を採用しさえすればよろしいと思う点においては、やはり同一でないかと思われる。それにその人物が李鴻章のような誠実を欠き、李鴻章のような度胸を欠いておるがために、何でも外見を都合好く見せ掛けることだけに骨折って、そうして根柢《こんてい》の仕事というものは、一向これをする積りがない、今度の共和国を組み立てるにしても、本当の共和国というものは、どういう風にして組み立てれば出来るものであるか、とにかく従来の朝廷を廃して、ここに新しい国家組織をなすという点においては、どうすれば安全なる基礎を定められるかというようなことを考えておる風はさらにない。そうしてどうかすると日本などに対しても、あるいはそれ以外の列強に対しても、その国の状態というのを根柢から研究して、その盛んになった所以《ゆえん》を呑み込もうとはせずに、単に一時自分一個の都合からして、それらのものを巧みに利用せんとばかり考えておるようである。これは袁世凱の今日に始まったことではなくして、初めて袁世凱が新式の軍隊を組織し、それがうまく時勢に当って、そうして北清事変の乱以後巧みにその位地を上げて行き、そうしてその勢力を有《たも》って来た時からして、既にその心の用い方というものは分っておったのである。これも明らかなる例を挙げることも出来るけれども、それはしばらく省くとして、とにかく袁世凱は現在の地位におればこそ相当の人物に見えるのであるけれども、これは実は何らの経綸《けいりん》があって、そうして自分が国の百年の大計を考えておるというようなわけではないのである。

その点においては日本の維新の初めの豪傑、西郷とか大久保とか岩倉公とか木戸とかいうような人々とは全く違っておるのである。ただ現在の地位に依ってこれを有望と判断するのは、なお徳川幕府の末年に、幕府の勢力というものはほとんどこれを維持することの出来ないほどになっておるにも拘らず、外国人から見ればなおこれに依って仕事をする余地があるかのように考えられて、例えばフランスの三世ナポレオンなどは徳川政府を扶《たす》けて、そうしてこれを維持しようとしたくらいのことであって、支那の国状に対しても、従来の歴史、袁世凱の人物を、根柢から研究していない結果であるといわなければならぬ。これは袁世凱の人物の信頼するに足らないことを言うたのであるが、たとい袁世凱の人物が今論ずるよりか遥かに大きくて、そうして相当熱誠があって改革を断行しようという考えがあり、新しい国家を見事に仕上げようという希望があるにしても、袁世凱の手でこれをやるということにまた一つの困難があるということを考えなければならぬ。それもやはり日本の維新時代の歴史を考えると分るのであるが、徳川の末年に当っては、徳川幕府というものがどうしても自ら勢力を維持することが出来なくなった。これは幕府の遺老たる勝伯《かつ》なども後に至って明言したことであって、幕府は誰からも攻撃を受けなくても、自然と瓦解すべきものであった、つまりそれは財政の維持が出来ないからであるということを言ったが、財政も一つの問題であり、その外の事情もあるわけであるが、とにかく自分でも到底維持することが出来ないと思ったから、それで後藤伯などの勧告を聴いて、そうして大権を奉還したわけであった。しかし大権を奉還したけれども、当時の徳川方においてはつまり従来の将軍職を奉還したのであって、朝廷の御委任が徳川家に来るものと思っておった。もちろん最初将軍職を奉還した際に、朝廷からもそういうような思し召しの勅語があったのである。ところが時勢はその政権の奉還に依って急転してしまって、そうして今度は政権の奉還だけに止まらずして、徳川の勢力を悉《ことごと》く転覆して始めて維新の事業を成し遂げるということに傾いて、日本ではそれが成功したのである。これがもし当時そういう朝廷の方に果断がなくして、将軍職は辞退し大権は奉還したけれども、やはり政治上の仕事は徳川家に御委任になるというわけであったならば、その徳川家に伴うところの三百年来の弊害というものは、とうていこれを一掃することが出来ずして、そうしてまた朝廷の財政も徳川家の収入の十分の一とか五分の一とかを奉ったところで、それで朝廷の維持が出来るわけでもない。諸大名からもそういう風な割合で徴発しても、日本を統一した政府を維持するには、とうてい不足であるから、新しく興った朝廷というものは、やはりその御委任を受けた徳川とともにまた失敗してしまわなければならぬはずであったのである、幸いに徳川家を倒すという果断を行い、そうして徳川家の八百万石の禄《ろく》を七十万石くらいに減じ、それに引き続き廃藩置県を断行したので、それで統一事業というものが完全に出来た。

今日清朝が位を退いて、そうして共和国が成り立って袁世凱が仮の大総統になっておるというのは、そこに日本のごとく万世一系の天子こそないけれども、名義上はともかく、事実は前に政権をもっていた系統のものが、やはり政権を維持しておるというのであるから、徳川幕府が政権を奉還しつつやはり実際は徳川家で権力を握っておるというのと同じ姿である。それがために支那の数千年来の積弊を掃除することがとうてい出来ない。支那の数千年来の弊害は色々あるけれども、とにかく政治上の事すべてが尾大掉《びだいふる》わざる形に陥って、どこにも責任を持つという人間がなく、それから官吏となると、一種の貴族生活をなして、非常の収入を得るということ、あらゆる官吏の無能にしてそうして私を営むということは、日本の徳川時代における弊害よりかもなお除きにくいのである。これも細かにその間の状態を論ずるというと、よほど興味のあることであるが、これはまた他日に譲ることとして、とにかく一口に云えば官《かん》場《じょう》の習気というものを一洗しなければ、いかなる政体であっても、いかなる政府であっても、決して完全に支那を統一するということは出来ぬのである。

それは従来官場に生い立って、そうしてまた名義上共和国の大総統であるけれども、実際上は新しく興った政治上の権力を代表するのではなくして、従来からあるところの清朝の政権を承《う》け継いだ姿にある袁世凱をして、その弊害の掃除に任ぜしむるということが、とうてい出来得べからざることは、日本の維新史の例を以ても知ることが出来る。すべてのことが北方に都合好く行って、そうして威力上の統一が行われても、結局根本の改革というものは出来るや否やということがその最後の大問題であって、これが出来なければ共和国になっても、結局支那というものがますます衰滅に向かって行くより外ないのである。

以上の所論は北方が成功したと仮定した上から見てなおこういうような困難があるということを論じたのであるが、南方は案外に早く挫折したようである、万々一南方が成功したと仮定して、それで果して新しい共和国の基礎が安全になるや否やということも考える必要がある。もちろん財政上のことはとにかく威力の統一においてさえ成功すれば、南方でも袁世凱くらいの便宜は得られるものであって、かつ南方のような支那の財源といわれる地方を根拠として、そうしてそこから興った者が政府を取った場合には、その資力を以て中央政府を組み立てるから、袁世凱が北方におってやるのからみれば幾らか便宜でもあり、それから今のような官場の習気というものは、南方の革命党の人間などには比較的乏しいと云ってよいのであるから、その方の改革も幾らか断行が出来るものとしてもよろしい。しかしとにかく新しい国家を組織して、それを成り立てて維持して行くというのには、第一にはそれを遂行するだけの人物を要するわけである。自分は嘗《かつ》て革命乱の初めて起った時に、支那の留学生などに対して次のごとく言うたことがある。日本では明治の維新を成し遂げるまでに維新前アメリカの黒船が浦賀へ来てから十五年の間があった。その間に各藩の志士もしくは浪人のようなものでも互いに交通し、また諸侯などにも勝れた人があって、それらは自分の国の人物をも多少見分け、あるいは他藩の人物までにも注意して、そうして日本じゅう人物の交際というものが盛んに行われて、その間に自然に人物の選《よ》り分《わ》けがついたのである。殊に西郷などはそれらのことに最も注意して、自分の日記には色々自分の会った人物の評論を、極めて簡単に書いておって、何某は奸物《かんぶつ》、何某は真成の人物というようなことを書いておった。それからまた人物を見分ける標準として、金の欲しい人間は金に依って動く、それから名誉の欲しい人間は名誉に依って動く、しかし金も要らず名誉も要らず、命も要らないような人間が世の中にある、そういう人間は何に依っても動かされない、こういう人間でなければ真成の事業は出来ぬものだというような意味のことを書いておった。このごとく書いておるというのは、すなわち自分もその意味で修養し、それから他人もその意味で鑑別したのである。そういう風にして十五年間、つまり人物の淘汰というか、選択が十分出来た上に、明治の維新をいよいよ決行するという時には、ただ一箇の貧乏武士というても、薩摩《さつま》に西郷吉之助という者があり、長州に桂《かつら》小五郎という者があるというようなことは、天下一般に知れ渡っておって、この新時代の事業というものは、いかなる人物が負担すべきものかということが分っておったのである、それで容易に維新の改革が出来たのである。それで今支那ではこの革命党が勃発しておって、色々な人物がおるのであるが、日本のごとく支那の国を負担して、そうして大改革を遂行すべき人物の選択が付いておるかどうかということを話したことがある、ところが支那人もそれは十分に付いておらぬと答えた。

これは今日の革命党にとって頗《すこぶ》る欠点であろうと思う。そうすればこれから後色々な境遇または経験に依って選り分けられて、始めて人物が出るのである、さらに今日までの人物というものは十分に当てにならぬと云ってもよろしい。そういう人物が現れるまでは、幾度かこの支那の局面が転換して、そうして最後の落ち付きを見るわけである。フランスの革命の時などでも、最初ほとんど偶然に発して、それにつれて長い間の人民の憤激が突発して、準備なしに騒乱が起ったのであるが、その代り革命の政府というものはとうとう成功せずに、そうしてナポレオンのような大なる野心家の手に帰してしまった。準備なしに突発したことはどういうところに結着するかというと、なかなか判断が付きにくい。それでとにかく判断し得られることは、なお数年間局面の急変というものがしばしば起って、そうしてその後に善く落ち付くか悪く落ち付くかということは分るけれども、とにかくいよいよ騒動に草臥《くたび》れた時に、やむを得ず落付くというようなことになるかも知れぬ。

しかし今日の時勢はフランスの革命の時、また日本の維新の時とは違って外国の圧迫が一層激しくなって来ておるから、こういう内部の混乱、すなわち局面転換ということは、いつでも内部の原因からのみ来るものと思われない。その間に外部の原因も伴うものとすれば、支那の前途というものは、いよいよ以て危険を感ずるわけである。とにかく今日において革命党の方から考えても、今の革命党の立て者になっておる人間の手に依ってその仕事が成功するかどうかということは、よほど大なる疑問であることは右に述べた通りである。

これはつまり今度の戦乱の主なる事情を南北の双方から見たのであるが、その外に今いう外国の関係というようなことも今日既に切迫しておる事柄があって、多少の注意をしなければならぬことがある。これも日本の維新の当時に既に経験のあることであって、日本の維新の時には倒されたる徳川幕府というものは開国論、倒した新政府というものが鎖国論であるべきはずであったが、ますます維新が出来てみると鎖国論というものは実際には行わるべきものでなくして、やはり新しい朝廷も開国説を取ることになったはよいが、開国論で自分の地位を失った徳川幕府はその当時、上は朝廷から、中は列藩、下は民間の志士から色々と攻撃を受けて、そうして外国に対する関係をどうしても強硬にしなければならぬ傾きになっておったが、実は外国に対してうまくやっておったのである。最も世間の評判の悪かった安藤対馬守《つしまのかみ》などいう人も、外国人を扱う点において最も妙を得たという人であった。それでその時はまた一つは折り好くもアメリカの公使として来たタウンセンド・ハリスなどという人も、日本のために親切に色々指導してくれたためでもあるが、日本が嘗て経験したことのない通商条約を結ぶについても、世界一般に行われておる国際上の慣例を丁寧に教えて、そうして日本一国の不利益にならぬような条約をしたのである。

ところが朝廷で組織した新政府は、それらのことについてはほとんど無経験であって、すぐに鎖国論を改めて開国論としたが、どうしてこれを処理するかということは当時の憂国志士の間にもやはり解決が付かなかった。その結果として一時は徳川幕府よりも新政府の方が外国に対して遥か軟弱の政策を取ることになった。そうしてオーストリアに対する修交通商条約において徳川幕府が締結した条約よりかも遥かに不利益な条件を加えた、領土においても樺太《からふと》を失ったとかいうようなことなどは、徳川幕府においては見事に切り抜けておった外交問題である。それを新政府は却って失敗しておるのである。袁世凱の現在の政府でも常にこの外交に対して清朝の末路よりかも遥かに軟弱に傾いておる。蒙古の問題についてロシアに譲るとか、また西蔵《チベツト》問題についてイギリスに譲らなければならぬようになるとか、これがなお将来しばらくの間はますます軟弱の傾きである。日本でも条約上の権利を回復するとかいうので二十余年を費やした、支那も段々盛んになるとしたら、まずそれくらいの年月を費やさなければならぬものと考えられる。

ところでどうかすると満洲問題のごときもその間に加えられて、日本が対支那の行動について何か容易ならぬ野心あるような議論を出す者がある。支那人はもちろん、西洋人にもある。これについては日本の立場としても日本の態度、意見を判然表明しなければならず、支那としても対日本の態度というものを自覚しなければならぬ、西洋にあってもその間の関係を知らなければならぬのであるが、日本はもちろん依然として支那を保全するという主義において渝《かわ》りのないことは当然であろう。あろうけれども、これは日本が自分の利益上やむを得ずして支那保全を唱えるものと考えると、それは誤りである。あるいは日本の政府なども、それらの問題につき確然たる自信がないかも知れぬけれども、吾々《われわれ》の観るところでは、日本は自分の利益上やむを得ず支那を保全しなければならぬというものではない。実際今日の支那に対する列国の勢力というものを校量すれば、日本とロシア、この二国はその勢力において明らかに支那の運命を支配し得べき実力をもっておる。それからイギリスのごときは貿易上明らかに支那の内事に対して発言権をもっておるといってもよろしい。これらの三つの国が支那保全を唱えるということは、これは自分のやむを得ざる立場というのでなくして、つまり自分の権利としてこれを発言することが出来るのである。保全しようとすまいと、自分の意志に依りてはいかようにでも出来るのであるけれども、色々な関係から自分の権利として支那の保全を主張しておるのである。外の諸国が自分の利益上支那が保全せられなければ困るというような立場から、支那の保全を発言しておるものとは立場が違うのである。それは諸外国にもそのことを認めさせ、また支那人にもその意味を呑み込ませ、日本人も自らその意味を明確に自覚する必要があるのである。日本は自分の利益上支那の保全をしなければ困るということはさらにない。支那が保全せられない場合には自分が最も大なる権利をもっておる。その分け前に与《あずか》るべき実力を有しておるのである。発言権をも有しておるのである。支那に対してそういう分け前を要求しないというのは、すなわちその国の言わば道徳上の見地から出て来ておるのであって、決して単に自国の利益問題ではない。

それをこの際十分に明らかにして置いて、そうして日本の態度というものをきめたいと思うのである。これは支那のごとく今後ともしばしば局面の転換を経て、その度ごとに何らかの損害をその交際しておる国が蒙《こうむ》るということがあっては、その自分の立場というものを十分に自覚する必要が確かにあるのであって、殊に外交の局に当る者などは、その意味で支那に臨まないと大なる謬見《びゅうけん》に陥り、また大なる自分の不利益をも来《きた》すのであると思う。

（大正二年七月二十九日—八月五日「大阪朝日新聞」）

新支那論

去年の夏病後の保養のため、暑を有馬に避けた時、日常の生活としては、専《もっぱ》ら大学で講義した筆記を訂正することにしたが、書籍なども多く携帯せず、頗《すこぶ》る単調であるので、時には見舞いに来らるる友人との談話に寥寂を破るより致し方ないほどであった。その頃あたかも長沙《ちょうさ》、漢口あたりに烈しき排日運動が起り、在漢口の居留民総代たる知人などが、わざわざ有馬まで訪《と》い来て劇談することなどがあった。これが端《はし》なく中懐《ちゅうかい》〔心のうち、心中〕にふれて、病のため久しく起る機会がなかった東亜将来に関する妄想が、むくむくと起きて来た。折りしも大阪毎日新聞の岩井武俊君が来訪せられたので、両人の間に生じた談話をいくらか整理して、岩井君が筆記されることになり、その幾分を毎日新聞に載せた。然《しか》るに突然の大震災により、この筆記の掲載は中止となり、筆記はそのまま筐底《きょうてい》に蔵せらるることとなったのを、博文堂主人が遺憾とし、これを一小冊子として出版せんとの希望を提出された。そののち予《よ》の疎懶《そらん》から、ほとんど周歳を経過したが、支那の排日事件はいつしか熄《や》んで、忘れらるるようになり、近頃はアメリカの排日問題で、一代を動かしておる。今頃に去年の筆記を出すのは、いささか例の時代錯誤の感があるけれども、予の妄想は支那排日の処分論ではなく、永い将来に関する総括的のものであるから、例に取った排日問題の今日にふさわしからぬところを刪《けず》りて、あまり訂正を加えずに、そのまま印行することとした。もっとも最初よりこの筆記は試みに自説の輪廓をこれできめて、その内容はさらに追い追い充実さすべきつもりであったところ、今はその暇なければ、再板の折りもあらばと期待せざるを得ぬ。予は親しく校正をする暇なかりしため、これも岩井君に依頼した。

大正十三年七月五日すなわち渡欧の前日

内藤虎次郎

一　支那対外関係の危険

破裂は日本より始まる

去年の支那の排日問題は頗《すこぶ》る激烈で、一時は我が国民を憂慮せしめたが、そのうち事情の変化によっていつとなく終熄《しゅうそく》した。もちろん排日問題は支那国民の愛国心から発したものでもなく、公憤から起ったものでもなく、袁世凱《えんせいがい》の時の排日問題と同様に全く煽動《せんどう》の結果であり、これを解決するについても、日本で支那事情に暗い人々が心配しておるように、色々と根本から考えてみる必要もなく、ある他の事情から自然に緩和し終熄したのであるが、しかしこの緩和と終熄とはまた決して十分に恃《たの》みになるわけのものでない。それゆえ自分等には今日でも、日本と支那の関係はいつ再び困難に陥るかも知れぬと考えられ、あるいはまたどうしても一度は破裂すべき余儀なき径路に向かっておるように考えた方がよいではないかと思う。自分も老人になったから自ら目睹《もくと》した歴史の跡から物事を判断するのであるが、日清《にっしん》戦争並びに北清事変で、支那と外国との間が一大破裂を来《きた》す前の十数年間は、頗る近年の形勢に類似しておった。その時には支那にも、真に国事を憂うる政治家もあり、日本にも日支の関係について、今日よりかはもっと真面目に考える政治家もあり、日本の国論ももっと真面目であり、支那関係の諸外国も今日ほどめいめいに利己的ではなかった。そのように、破裂を防止すべき事情が多少具備していたにもかかわらず、最後はついに破裂したのであった。今日ではすべてがそれよりは事情が悪化しておる。まず第一に当時の情勢を顧みて、いかにして破裂するに至ったかということを考える必要がある。支那でも長髪賊《ちょうはつぞく》の騒乱の当時英仏軍の侵入は、支那の国勢をして非常に危殆《きたい》に瀕《ひん》せしめたが、その後長髪賊が平定し、諸外国の関係も一時穏やかになって、当時支那では同治《どうち》中興といわれたが、その中心たる西太后《せいたいこう》にしても、その時の政治家たる曽《そう》国藩《こくはん》、左《さ》宗棠《そうとう》、李鴻章《りこうしょう》にしても、ともかく真に支那を一つの国家として、これを改革したいという考えを持っておった。その改革方法としては単に武器機械というようなことに着眼しただけで、西洋文化の根柢《こんてい》には考え及ばなかったけれども、ともかく洋式の鉄砲を持った兵隊が出来たという効能で、国内の安全は得られたのである。然《しか》るにそれ以上改革の必要を感ずる識見を持たなかったのが、後の失敗の因であり、その上に支那を喰い物にしようという欧米の浪人等に甘やかされ、煽動されたのが祟《たた》って、日清戦争というような誤った政策をとるに至ったのである。

日清戦争で大に懲《こ》りれば善かったのであるが、日清戦争は李鴻章の失敗で、支那の失敗ではないという誤った観察から、またとうとう北清事変を惹《ひ》き起さしめた。その間欧米人……仏国が特別な事情で衝突をした外は、多く支那を喰い物にしようという浪人の舞台であったから、支那と欧米との間には衝突をなすべき多くの原因はなかったし、欧米の植民政策も今日のごとく世界的に世智辛くなかったから、支那に対する貿易は英国の独占で、英国人はその利益の独占に安心して買弁《ばいべん》本位の商売で満足し、至って平和な日を送っていたのである。その間支那において、始終不安な関係にあったのは日本だけであった。李鴻章は平和主義の政治家であったが、既に同治末年までに西洋に譲歩する政策をとっていたのが、ある程度で立ち直ろうと考えておる、左宗棠等は殊に伊犁《イリ》を露国から回収することに成功し、台湾は日本の生蕃征伐《せいばん》のために、むしろ今まで度外視していた態度から積極的開発の政策に変化し、殊に大きな関係は朝鮮において、日本と勢力を争うことになって来たことであって、その結果支那は海軍の建設に骨を折って、明治十五年と十七年と二度朝鮮の事件で日本と衝突してから、その後支那の北洋艦隊が日本に示威運動に来た頃までには、非常な勢いで支那の頽勢《たいせい》回復が行われつつあった。もちろんそれでも李鴻章は平和政策で解決する積りで、日清戦争もその真の考えから起したものではなかったといわれておる。

日本でも当時の政治家たる人々は、大久保公の台湾事件の処分からして引き続き、井上、伊藤二氏の朝鮮事件の始末に至るまで、しばしば輿論《よろん》からはその軟弱を攻撃されたりはしたものの、当時日本は強国となるべき準備時代ともいうべき時で、その間に議会も開き、条約改正にも努力し、国力の充実をはかっていた時なので、全くの無策から支那に対し隠忍自重のみをしていたのではない。当時は李鴻章等の眼光は、西洋文化の根柢には透徹しないで、その外形を模倣するだけで十分と思っていたのではあるが、ともかく真に国情をよくし、政治を改革しようというので努力はしていたのである。それにもかかわらず結局は日清戦争が破裂した。これはつまるところ、支那人は欧米諸国に対して考えたほど、十分な注意を以《もっ》て日本を視察しなかった結果であって、その実李鴻章などは明治十七年の天津《てんしん》談判の時からして、既に伊藤公の国政改革論には敬服していたのであるが、いかんせん頑冥《がんめい》な支那人の盲目的なやり方を圧《おさ》える力がなくて、破裂してしまったのである。

その後引き続き北清事変が起って、支那もすっかりその弱点を自ら理解すべき位置に至った。その時の中心政治家といえばすなわち袁世凱であるが、その袁世凱の西洋文化の理解というのも徹底した理解ではなく、当時一般の支那はまた袁世凱ほどにも理解しておるわけではないが、ただ西洋の盛んな所以《ゆえん》、日本の盛んになった所以を考え、これは文事改革であって、武事の改革ではないということを考えた結果、立憲政治論というものが清末に盛んになって来たのである。これは当時の考えとして、何でも立憲政治万能論であったが、ともかく当時の政治家たる袁世凱でも、張之洞《ちょうしどう》でも、ある人は長い支那の歴史に関する十分な智識を持っており、ある人は支那の政治の弊害に関する十分な智識を持っておるというような有様で、単に自分一個人という考えの外に、支那の国家というものを考えておった。

袁世凱などは日清戦争に関与しておっただけに、日本人の能力に十分な理解を持っておった。日本人と衝突をさけるということは、袁世凱が志を得てから以来一代を通じての考えであったといってもよい。近年支那の新しい人物の西洋文化に対する理解力は進んだように見える、そこで西洋文化は単に政治の改革ばかりでなく、また文事の改革ばかりでもなく、その社会組織の根柢が支那のそれとは違っておるというところから来ておる、したがって西洋文化に倣《なら》うには、支那の社会組織を根柢から改革せなければならぬということを考えるようになったものの、それらの若い人は支那の歴史を知らず、自分の国の弊害がどういう点から来ておるということも知らず、ただ西洋の翻訳的政治を行わんとするのみである。これは立憲政治論の起った当時からして同様であるが、最近には最も甚《はなは》だしくなっておる。それに支那は革命以来十数年の間にいろいろな変遷を経ておるが、こういう風に新しい事のみを追うて、だんだん向う見ずに進んで行く傾きになって来ておるので、政治舞台に立つ人物の相場も乱高下で、二、三年前まで有名であった人が、今日では何をしておるか音沙汰もなくなる有様である。ただその間に一貫しておることは、今日の支那の舞台に立っておる人間は、一般に李鴻章時代以前の政治家のごとく真面目でないということである。

要するに今日の支那政治家は、政治を競技同様に心得、敗《ま》けても勝っても生命にかかわらない保障がついているので、内政に対しても外交に対しても、競技的気分から脱し得ない。これは支那一国だけの原因から来ているのではなく、世界大戦争の影響を受けた色々の関係からも来ているが、ともかく見込みが確かであると間違っておるとは別問題として、真面目に国を改革しようという李鴻章時代の政治家の気魄を持っておらぬのは事実である。李鴻章時代の政治家でも、もちろん一方には改革論を唱えていながら、一方には支那固有の官場《かんじょう》生活の気分を脱し得ず、曾国藩のごとき、張之洞のごとき、官場臭味をひどく嫌った人でも、なおかつ外国人から見れば全く官場の人物たるを免れないのであって、自分の目的とそれを達する実際の手段とは相副《そ》わぬ傾きはあったけれども、ともかく目的だけは真面目であった。今日の舞台に立っておる支那人は、欧米で学生生活を送った人々であっても、支那へ帰って支那の官場生活に感染されないものはない。その上に一人として目的の真面目なものはないと言っても過言ではない。それゆえに支那国民の思想の傾向が、日本はさて措《お》き、欧米人と向う見ずな衝突を起すことに傾こうとしても、それを真に憂慮して防遏《ぼうあつ》しようという考えすら持ち合わさない。したがって李鴻章や袁世凱時代までの政治家のごとく、外国人ないしは日本人のいかなる点に優秀な能力があり、いかなる点に恐るべき潜勢力が籠《こも》っているかということを理解せない、まるで酔狂人のごとく狂い廻って、見物人が妨害さえしなければそれを成功だと心得ている。

これ等は現在支那において日清戦争以前の時代よりかも、もっと悪い傾向に傾きつつある実情である。一方においては日本も日清戦争前よりは不真面目で、悪い傾向を十分に持っている。今日においては誤った一種の心理から、本国の軍閥を悪《にく》む感情と、日本国家の信用を維持する正当な手段に対する考えとが混同され、何処《どこ》に日本国論の帰着点があるのか判らないようになっているが、それはそれとしても、局に当る政治家が、その国論の如何《いかん》にかかわらず、真面目に日本と支那の関係を考えておれば、幾らでもその機に応じて応急の処置をなすべき機会があるのである。事実日本の外交というものは、小村侯が亡くなってから一定の方針がない。もっとも外交官が日本の対外国是を樹《た》てたということは、わずかに小村侯の短い時代だけであって、その前は日本の大きい外交家としては、一時ではあるが副島《そえじま》伯のごときがあり、また最も有力な活動をした陸奥《むつ》伯のごときがあったが、それでも陸奥伯は伊藤、井上中心時代に、外交に関する分け前の仕事を働いたというに止まり、小村侯のごとく外交官から対外国是を編み出して、これを時の中心政治家たる桂《かつら》公のごとき人に用いさしたというがごときことは全く空前で、まず外交官がその本職の見地から国是をたてたのは、小村侯を除いて無いと言って然るべきものである。その以後はもちろん小村侯のごとき外交官出身で対外国是をたてる人もなければ、伊藤、井上両氏のごとく、全般に関する政治家として対外国是を考える人もなく、まるで無方針になっている。今日では外務省内の新人でもやはり国論と同様に、小児が大人に賞められることを善いことだと心得て、その通りやるのが最も進歩した外交論だと考えておる。支那問題に対する考えも、米国人に叱られるか、賞められるかということを第一に考えている。いかに米国が世界に跋扈《ばつこ》している世の中であっても、米国は米国の国論から考え、米国のなし得べき程度から考え、いかに日本に圧迫を加えるかということにも程度があるものである。例えば朝鮮で独立党が出来ようが、共産党が出来ようが、朝鮮における米国の宣教師がいかようなことをやろうが、米国の国論として、日本が朝鮮を統治するということに対して干渉しようという考えは毛頭ないはずである。欧州の中で土耳其《トルコ》のような敗残の国でも、今のごとき不安な国際状態の間で向う見ずに戦争を決心すれば十分に国際関係を動かし得る。もし仮に日本が朝鮮問題のために、思いきって米国に喰いつくということになったら、世界の国際関係がどうなるかということは、米国人にはよく判っていることであって、朝鮮問題のみならず、満洲問題でもまたそういう傾きを持っておる。支那における日本の特殊利益については、米国は一度譲歩したのを非常に残念がって、石井ランシング協約の廃棄まで漕ぎ付けたのであるが、それ以上日本がどうしても擲《なげう》ち得ない、国力を賭《と》してもやるという問題に触れたなら、米国は戦争をするつもりで日本を圧迫するというところまで、なし得られるかどうかは疑問である。要するに支那問題の解決は、米国と日本とがどの点で互いに我慢しあうかという妥協点を見付ける点にあるのである。

ともかく、今日の実際政治家中にこういう機微を観察する政治家もなく、ただ単に今日の国論が支那に対して無関心だと考えて、成り行きに委《まか》しておるより外に策の無いような有様である。かかる事はむしろ国民のある期間の気分に関する問題であって、日清戦争前でも同様な場合があった。伊藤、井上両人中心であった欧化時代というものは、随分太平楽に踊りも踊り、社会的に不道徳な関係なども暴露したが、それでも当時の国民は全く覚醒するところがなかった。支那の北洋艦隊が示威運動に来た時にも、長崎で支那水兵が乱暴を働いた時など、わずかにこれを鎮撫《ちんぶ》するよりほか策はなかった。然るにわずかの間にこの太平楽の反動が来て、議会が開けると両三年を出《い》でずして国論一変して、日支の関係は破裂するに至った。今日のごとく一般の国論は支那に無関心であるが、しかし一時に比べては幾らか国の利益、国の威光というものを維持しようという傾きを持って来た。今のうちに外交家が、この底に流れている国民思想の傾向を察する明がなくて、そのまま成り行きに委したなれば、結局我慢しきれなくなって破裂するより外に道がなくなる。これは日本と支那との関係の上について考えたことであるが、他方にはまた注意すべきことは、支那に対する諸外国の関係が、共同管理に到達する前に、平和的に支那を救済して行こうという方針をとっておらぬことである。

日清戦争以前の諸外国と支那との関係は、前述のごとく英国中心の実情であって、貿易の過半は英国を相手としていたので、支那の政治機関の中で唯一の共同管理制である税関も、英国中心でどこにも苦情がなかった。そして支那と諸外国との関係は、十分平和に進行すべき可能性が多かったにも関わらず、支那の有力な政治家連が最も軽視していた日本との関係から破裂の端緒を開いた。その端緒の一端が開かれると、第一にドイツが入り込み、露国が入り込んで来て、近年では米国が入り込んで来た。今日では日清戦争の当時から見ると、平時の状態にあっても、国際関係はよほど紛糾しておる。もちろん世界の大戦争を経て露国の勢力も大部分消滅し(最近露支関係が復活しても、それが支那問題に勢力を回復するには未《いま》だ至らぬ)、ドイツも全然消滅し、仏国は前から格別深い関係が無かったことは今も同様で、残るところは英、米と日本の三国になったのであるが、この三国の現状は決して前のごとく、英国中心で治まっては行かなくなって来た。

税関は依然英国人を総税務司としておるけれども、ロバート・ハート時代のごとく泰平に安全なものではない。それに新たに入って来た国には、露国なりドイツなりからして、既に英国のごとく鷹揚《おうよう》な政策をとっていたのではなく、露国のごときは日本が朝鮮の北部を緩衝地帯とするという譲歩にさえも応じなかったくらいで、これがついに日露戦争をさえ破裂せしめたものであるが、ドイツがもしあのまま継続していたものとすれば、貿易の方法の内容に一大変化を起して、英国人の買弁本位の貿易を根柢から覆したかも知れぬ。況《いわ》んや米国という国は、パリの講和会議でも既にその態度を示したごとく、国際関係を歴史の上に打ち立てないで、従来の関係をすべて帳消しにする遣《や》り方を採る国である。それで自国さえよければ外のあらゆる関係は皆無視してしまって、自国が現在一番勢力のある位置に立っておる事実、その事実を中心とした関係を対支那問題の上に成立させようとしておる。

今ここに支那に思わざる事件が起り、列国が共同の態度でそれに当らなければならぬ時があったとしても、自国にとって共同の態度が必要である間は列国と協調を保って行くであろうが、しかしその必要が去ればいつでも協調から脱退するのは米国であって、既に例の支那に対する借款団の歴史でもその通りで、一時借款団から脱退しておるかと思うと、また近頃は借款団を組織するということになって来ている。近年米国の対支政策は、支那に対して自国の事業を興すというようなことには多少失望しておるかも知れぬが、最も興し得る可能性のある国の邪魔をするという態度だけはこれを棄てない。英国でも昔の支那に対する優秀な位置は今危殆に瀕しておるから、国際関係の歴史を重んずる国柄であっても、その実際は米国に類似した態度をとらんとしておる。しかし支那において外国人に恐怖すべき事件が起った時に、英国でも米国でも、その独力で処理し得べき見込みがあるかというと、それは自ら不安を感じておるに違いない。今日列国の支那に対する関係は、各々自分だけは「善い子」になって、そして他国の位置はなるべく悪くせられ得る程度において、協調を維持して行こうという勝手な方針である。

これにはさすがに無方針な日本の外交でも、近来その手に乗らなくなって来た。北清事変の時までは、国際関係は今日のごとく険悪でなく、支那人の攘夷《じょうい》的態度に対して、共同動作をせなければならぬ必要を認める政治家が列国に皆存在した。それであったから天津、北京《ペキン》の共同管理でもともかくも故障なく成功した。この共同で支那の一部分を管理し、一部分に対して強力な見せしめを与えることは、平和的に支那の局面を処理して行くのに非常に有効であった。もちろん北清事変を以て平和手段というわけには行かないが、騒乱を一地方に限って範囲を広くせないようにする、もっともこれは劉坤一《りゅうこんいつ》や張之洞のごとき政治家の力も与《あずか》って効があったが、ともかく内外ともに騒乱の制限ということに対して、誠意のある処置の出来る時代であった。然るに今日では有力な外国の共同ということが全く望みなく、支那にも騒乱を制限して支那人の安全を企望するというような政治家もなく、今のままにして推移すると、行くところまで行くよりほか仕方がなくなる。一方においては去年の臨城《りんじよう》事件の土匪《どひ》等は、外国人を迫害した手柄によって官軍となった。土匪が官軍になることが続々行われて、支那が騒乱に陥らなかったためしはない。昔元《げん》が亡んで明《みん》になる過渡期などにはこれが盛んに行われて、そのために元は滅亡したといわれておる。もっとも英国の商売は昔のごとく買弁本位であって、支那の内地に深入りする必要がない、米国はまだ支那の内地に深入りして商売するほど進んだ態度をもとっておらぬ。つまり支那内地の不安のために、最も影響を受けるのは日本であって、支那との関係の破裂ということが、去年の排日のごとく人為的であっても、あるいは他の原因で、どうしても起らなければならぬ自然的のものであっても、結局は日本からまず破裂せなければならぬものであることが知れる。それは日清戦争以前のごとく、支那に対する他の国際関係は平和であっても、単に日本との関係から破裂し始めたと同様であるが、日本が今までの理由なき隠忍の態度を改めて、破裂を覚悟したということになった時において、他の国がこれを抑え得るかどうか。それは日清戦争の時に遼東還付《りょうとう》を、欧州の強国が事後になさしめたと同じように、あるいは今日ではそれを事前に、多少の干渉をしようということになるかも知れぬ。しかしそれは日本が日清戦争の時のごとく、領土に関する政策を執ったり何かした時のことであって、日本が国際の正当な関係、すなわち貿易上あるいは工業の発達上やむを得ざる要求から起ったということであった時には、これを抑える口実はないであろう。

最近こそ日本の国論の欠陥を見透した結果、英米人等も日本の過剰人口の処分問題について、全く知らないような顔をしておるようになったけれども、つい二、三年前までは英米あたりの支那通の論者なども、日本の過剰人口問題について、支那との関係をある程度までどうしても考えてやらねばならぬということを、公然言っておったのである。日本の国論が産児制限論にでも一致せない以上は、この過剰人口の問題はいつでも世界に向かって唱え得べき権利があるのである。その点は多数の植民地を持っておる英国とか、本国で人口問題に苦しまない米国などとは全く違ったものである。

支那の政局を安全に進まして行こうというのには、今日の列国が一致して、部分的に漸次に共同管理を実行することであって、例えば既に管理しておる関税、塩税の外に煙酒税を管理するとか、鉄道を管理するとか、支那の主権を全く損《そん》ぜずに、その政治上の危険を徐々に除き去ることであるが、しかし今日のごとく列国の共同態度が出来得べき見込みのない時、支那では政治家が職業として無意味な主権論を舁《かつ》ぎ廻る時、日本人に対する軽侮心からして、延《ひ》いてはさらに他の外国人に対する態度も、だんだん横暴になって行きつつある時、そして日本は隠忍の上にも隠忍して、結局は破裂せなければならぬような道程をとっておる時、それで利害関係を最も痛切に感ずる日本が、支那との間にいつまでも無事に進んで行こうということは、人間の智慧では考えられないことである。

二　支那の政治および社会組織

その改革の可能性

もし日本が支那と衝突し、不幸にして兵力を用いるというようなことになった時、そのために支那を土崩瓦解に陥らしめて収拾することが出来ぬようになり、その責任を全部日本が負わなければならぬということになりはせぬか……日本人はしばしばこういう杞憂《きゆう》を懐《いだ》いている、しかしこれは支那の国家の成立、支那の社会組織の歴史を全く知らぬものの考えるところである。極く簡単に譬《たと》えると、日本等の国情は、支那人の譬えにもあるごとく「常山《じょうざん》の蛇のごとく首を打てば尾至り、尾を打てば首至る」というような、非常な鋭敏な感じを国民的に持っておるので、例えば小笠原島が外国に占領されたといっても、日本国民には全体に激動を与えるに違いない。支那の事情はこれと異なって、あたかも蚯蚓《みみず》か何かのごとき低級な動物と同じようなもので、一部分を打ち切っても他の部分はそれを感ぜずに、依然として生活を続けておるというような国柄に出来ている。たとえば去年の排日騒ぎの頃、漢口が排日の中心地だからというので、日本が兵力を以《もっ》てこれを圧《おさ》えつけたと仮定する、そのために湖北の一省さえも騒乱に陥るという憂いはさらにない。現に黎元洪《れいげんこう》氏退去後の北京《ペキン》を見ても判る、北京に大総統がいなくても、北京の都市さえもそのために不安に陥っておらぬ、大総統がおるがために軍警に給与が渡らなかったりしたことが、それがいなくなると却《かえ》って首尾よく渡って、兵隊も警察も安全に勤めている。北京は現在都市として自活しているような所であって、政府を維持するために、外国人の管理者から塩税等の余りを貰って、他の地方からの収入がいくらかあるわけであるが、自分の土地の収入を他にとられるということのない所である。然《しか》るに湖北はこれとは違って、呉佩孚《ごはいふ》のごとき河南に根拠をもっておりながら、湖北の収入を当てにして、河南における軍隊を継持しているので、河南の軍隊は給与が豊かになっていたが、湖北では官吏も軍隊も給料不払いで困っていた。もし日本の兵力のために、湖北の督軍《とくぐん》〔辛亥革命後、各省に置かれた地方軍政長官〕すなわち呉佩孚の出張員ともいうべきものが逃げ出したならば、湖北は河南の勢力から開放されたるだけでも非常な幸福である。もちろん漢口における排日運動は、督軍の指し金でやらしているのであるから、督軍が消滅すると排日機関の幹部が無くなる、漢口の商人は日貨を売ったから取られる罰金とかいうような理窟に合わぬ圧迫から開放される。元来外交後援会とかいうような排日機関は、大都会で商人が多く資金の調達の出来る所を根拠とするので初めて成り立つ。武昌《ぶしょう》、漢口のごとき大都会が押えられて、資金調達の方法がなくなると、自然にその機関は消滅するより外はない。もっとも排日運動は随分数年来継続していて、教科書にさえも書き入れてあるくらいといわれるから、不良学生団の運動は都会で圧えられると、散乱して田舎へ拡《ひろ》まって手のつけようがなくなるだろうと考える人もあるが、それも支那事情を知らぬものである。都会であれば群衆心理で、いろいろ纏《まと》まった運動が出来るが、田舎へ散乱すると脅迫して資金を調達し得るほどの大商人が無くなる、学生が地方の農民等の日用品である日貨の売買に邪魔でもしようものなら、反《かえ》ってそれが排斥されるかも知れぬのである。

殊にすべての政治上の弊害というものはどこでも同様であるが、支那においては最もその傾きがあるというのは、ある種類の弊害が田舎まで散らばって浸み込むようになると、免疫性になって害をなさなくなる。満洲地方の馬賊等が各地方に縄張りが出来て、その地方を通過する商人から、官兵が取るより少ない冥加金《みようがきん》を徴収して貨物通過を保障するようになると、これは免疫性の馬賊となっているものである。それらの弊害は、官兵が発作的に時々起す弊害よりかは遥かに微弱である。もし排日が継続するならば、むしろこれを田舎に撒布して免疫性にするのが一番得策である。

支那の社会というものが一種の安全性を持っていて、赤化宣伝等が数年来しばしば試みられても、何の効能もないのは、支那に著しい免疫性があるためであって、この根柢《こんてい》は非常に深い。支那のあらゆる事情を知って、そして当面の問題を判断するのは、すべて深い根柢に対する智識を持たなければならぬ。支那における職業政治家――支那人はこれを政客といっているが――これについては、近年だんだん支那政治の弊害の根本ということを認められるようになって来たが、この政客なるものの歴史は随分旧《ふる》いことで、周囲の事情が都合のよい時にはこの政客もやはり免疫性になっているのであり、周囲の事情が悪い時にはこれが跋扈跳梁《ばっこちょうりょう》して手がつけられない。彼らは政治を国家維持の機関だとか、人民を統治する方法であるとかは考えておらぬので、政治は政客の競技と考えている。それでその成績の善悪は問わないで、その競技がいかにうまく行われたかということが非常な興味を引いている。

大体世界の政治は歴史的に競技に傾きつつあることはもちろんであるが、支那はその点において古くから徹底しておる。ただ支那人の政治的競技は、競技者も見物人も自分たちの階級だけでこれをやっておるので、西洋の政治的競技は見物人を民衆としておるというくらいの差である。ゆえに見物人も競技者も専門家である国は、その競技の巧妙さは遥かに素人たる民衆を見物人とするよりかは進歩しているわけであるが、そのかわり利害得失は、民衆に何らの影響を与えないのであって、政客自身等だけの利害得失である。この政客は耕さず、織らずして暮さんとしておる仲間であるから、暮す資本だけを他から徴収せなければならぬ、すなわち見物人は自分自身等であるが、見物料は他から徴発しておる。

支那で政治が人民の利害に関係のあった時代は、両漢《りょうかん》までの時代であった。この時代の地方官は、後の地方官の標準とせられておるものであるが、それは裁判をうまくやったということと、兼併者を圧えつけるということ、盗賊を絶やすということ、そのためには随分骨を折ったものである。その時は実際官吏の仕事は民政に効能があった、しかしその当時でさえも名地方官は必ずしも名宰相ではなかった。宰相というものは宮廷を中心にした政府に立って、宮中府中の関係をうまく処理するので、それがすなわち支那人からいうと「君心の非を格《ただ》す」とか、「陰陽を燮理《しょうり》する」とかいう仕事であって、宰相たるの器と地方官たるの器とは別物である。この漢時代くらいは、天子その者は既に一種の政客化しておったので、中央政府は天子という政治商売人の使用人が取り捲いておったが、地方官はまだ真面目に商売気をはなれて民政をやるものがあった。それが近来になるにしたがって、支那でいう「一命以上の官吏」は悉《ことごと》く政客化した。官吏はすなわち天子を取り捲いた政客階級の団体である。官吏の商売と地方の安全ということは、何の関係もなくなって来た。これは殊に隋《ずい》の時に「郷官」を廃してからだといわれておるが、しかし隋が郷官を廃したのが、既に政治が一種の階級の手に落ちたがためであったので、殊に隋が制度上官吏の渡り者たることを承認したことになったから、ますます政治は政客の商売となってしまった。

その後金《きん》・元《げん》の時代を経て、支那の政治は租税徴収の請負制度ともいうべきものになった。もっとも元代では蒙古《もうこ》人が中央アジアの隊商を支配した法を支那に移して用いたので、官吏は全く天子の政治商売の手先となって、人民の利害休戚《きゅうせき》には何らの同情を持たなくなった。もっともこれがため人民の間に「郷団自治」の風が盛んになって、時としては天災飢饉《ききん》などの時に、その救済に当った官吏等で身命を賭《と》して声名を挙げた仁者もあるが、それは天子の手先という考えを放れて、真に人民を救済するつもりでやった特別の人だけであった。

その後明《みん》・清《しん》を経てますます如上の社会組織が固定して来て、清朝の中頃に湖北附近の四省において、八、九年に亙《わた》る白蓮《びゃくれん》教の騒乱があった時や、近年の長髪賊《ちょうはつぞく》の騒乱の時には、悉く郷団組織を基礎とした自衛軍によって、これを平定したので、官吏の手で地方の安全を保つということは全く無くなった。その代り郷団組織の自衛軍は、人民の最後の運命を支配するものであるから案外に強い。支那の現在の実情というものは、そういう歴史から継続されて来たところの一種の状態にあるので、これを他の国の、政治組織が人民の利害と関係するという国の事情で判断することは出来ない。その点からいえば近頃行われておる「聯省自治」などいう議論は、支那の実情に適当した政情のようであるが、その聯省自治を唱えるものが政客であり、そして各省の政治機関を占有しておるものが皆政客である以上は、その所謂《いわゆる》自治は政客階級の自治で郷団の自治ではない。支那の民政の真の機能は、今でも依然として郷団自治の上にあらわれるべきもので、それより以上の纏まった機関を政客の手から取り上げるということはほとんど不可能である。支那は結局は政客のやかましい議論をさえ恐れなければ、共同管理にしようと、その他いかなる統治の仕方をしようとも、郷団自治をさえ破らなければ、支那全体の安全を破るということは無いはずである。

かくのごとく郷団自治は支那人民の生活にとっては最も大切なることである代りには、郷団自治に至るまでの人民の訓練はよほどよく行き届いている。ある地方では郷団は全く宗法、すなわち家族制度の関係から来ておるものであって、家族制度といえば、日本人はすぐに日本の封建時代の士族の生活のごときものを想い起すが、支那の宗法はそんな幼稚なものではない。財産の相続等も分頭《ぶんとう》で、その間に家族の公産と個々の私産との区別があって、うまく調和しておる。家族相互の救助、家廟《かびょう》を中心とした義田《ぎでん》・義荘《ぎそう》というようなものもあり、家族が厳然たる小さい国家を象《かたど》っておる。全く家族ばかりから成り立たない郷団でも、幾分か家族の集合と、それからそれに附属した纏まらない人民とから成り立っておるようなもので、やはり家族を主とした郷団と組織は変らない。それが他の地方へ向かっての発展の経路としては、読書人階級すなわち政客の卵たる階級には、試験をする場所ごとに各地方の会館があり、商売人にも到る所に地方的会館を持っている。あらゆる統治に必要な機関は各々自分らの力で具備していて、何ら政府の官吏の力をかる必要がない。これ等がすなわち赤化宣伝等の効力の無かった有力な原因であって、数年前まで世界が資本主義全盛の時代であった時は、支那人はこの社会組織がすなわち資本の集中を害し、個人の発展を碍《さまた》げるというので、その方からこの家族制度破壊論を主張したのであった。近頃の支那人の家族破壊論はこれとは違って、支那の家族は儒教の本義から成り立っており、儒教が奴隷主義の道徳だからという点から、家族破壊論を主張するのであるが、それと同時にその間に赤化を目論《もくろ》むものも出来て来たのであって、それらの運動が何らの効力もないというのは、支那の社会組織が進歩した共産的の家族制度から成り立っておるがためである。

かくのごとく支那の政治というものと社会組織とは、互いに関係を持たなくなっていること久しいものであるから、今日にあって支那人が真に民衆運動を起すとか、国民の公憤とかいうようなことは根柢から起ろうはずがない。今日なおかかる形式をとって活動しているものがあるならば、それはいずれ贋物の煽動《せんどう》から起ったものであると判断して差し支えがないのである。

かくのごとき支那の特異なる状態に対して、近来種々なる説明を試みる人が出て来た。従来は支那の弊害の救済策をも論ずる人々が、支那人にも外国人にもいろいろあって、それがすなわち支那通といわれるところのものであったが、既に清朝の末年からして支那を普通の国家に作り上げようとした支那人の努力は、革命のために全く煙のごとく消えてしまって、二十年内外の努力は痕形《あとかた》もなく、よりが戻ってしまった。そういうことが内外の支那研究者を刺戟《しげき》して、も少し深い根本の研究をしようという傾きを生じて来た。これに対して梁啓超《りょうけいちょう》のごとく、支那は四千年からの歴史をもっているがまだ国民にならない、これから国民になって世界の文化に何物か寄与せんとする径路にあるものであるとして、随分大きな赤ん坊として支那を取り扱っておる人もある。また近年支那を見た英米の学者連は、支那の現状は支那従来の文化の進み行く方法としては行き詰っている、これを一変するのは新しい工業の興起にある、すなわち支那文化の方法としては人口過剰の状態に陥っているので、生産の方法を変えて過剰人口を処理するより道がないという考えを持っている人もある。また支那人の中でもある人は、東西の文化というものの比較論をして、西洋の文化は一口にいえば進取、支那の文化は安分《あんぶん》〔分に安んじていること〕、印度《インド》の文化は禁慾という風に説明をして、これが国民性であるかのごとく論じておる人もある。ともかく支那は現状のままでは行き詰って、これより変化すべき見込みはない、何らか変った事情がそこに生ずるのでなければとうてい変化せないということは一般に認められて、政治改革等という問題は、現状のままでは幾度やっても実効のないものという考えが一般に行き渡って来たようである。

そのうち、支那がこれから国民になるので、国民としての大事業はこれから出来るなどということは、誠に高遠な理想ではあるが、どこから着手してその高遠な理想が行われるかという筋道は立っておらぬ。支那の文化は安分が主要な性質であるというようなことは、これも現状の説明にはなるけれども、支那の国家なり、社会なりというものが、どうなるか、どうせなければならぬかということの問題には実際の効能はない。ただ支那人の生活方法を一変し、すなわち新工業を起して支那の過剰人口を処理するということは、実際の問題と関係のあることである。しかしこれについて起って来る問題は、その新工業というようなものは、支那人自身にこれを起すことが出来るものであるかどうかということであって、そこが支那人民の運命を支配する問題となるのである。

なるほど支那人は二言目には自国を評して「地大物博」というが、無限の富源を包蔵しておることは一般に考えられており、その富源を開発すれば支那人の生活にはもっと余裕が生じ、今まで限られた階級に行われていた教育も一般に普及し、それによって政客が占有しておった政治機関に、他の階級も参加するということになり得ないものでもない。支那に真の改革を希望するものは、自分等始めかくのごとき状態に立ち至らんことを切望しておるものである。

つまりいわば、少なくとも政治の競技を、競技者としてまで民衆を引き入れなくとも、少なくとも見物人として民衆を引き入れるようにすれば、支那の政治組織は根本から変るのである。もっとも思わざる機会からして、支那の民衆に多少生活の状態が変化しつつあるような傾きも見える。すなわち世界大戦の後、支那が食料品輸出国として重要なものになったところから、支那の現在の人民は、清朝時代の数倍にあたる租税を督軍等によって負担させられていてもなおそれに堪えて、一時の特別な事情に依るとはいえ、支那における小工業が発展する傾きをも持って来ておる。しかしこれらは皆偶然の結果で、これによって支那を根本から立て直すというわけには行かない。支那を根本から立て直すには支那を工業国とするということは、また全くの空論で、少なくとも新しい科学の智識によって原料産出国として重要なものとし、それによって民衆の富力を増し、その民衆が督軍等の圧迫に対して自然に抵抗力を生ずるようになって来て、民衆自身がその統治の機関を郷団に限らずして、これを一省ないしは支那全体に及ぼすようになることを希望するのである。

曾国藩《そうこくはん》の郷団自衛軍が発展して、支那の大部分に亙《わた》る騒乱を鎮定したごときことは、その動機は全く今の事情と異なっておるけれども、郷団の力の発展がどこまで効力のある成績を上げ得るかということについては立派な前例になる。当時は曾国藩それ自身が支那の官場《かんじよう》臭味というものを非常に嫌って、あのごとき多数の軍隊を動かすのに、官吏としての命令によらずして、私人としての依頼の手紙だけでなし遂げたということは、恐らくはまた支那でないと見得られない状態であったろう。かくのごとく支那の人民――郷団というものを根柢にして一大改革を行うという可能性は、全くないとはいえない。しかし曾国藩の当時と今日とは大に変っておることは、曾国藩の当時は支那の改革ということは内治だけのことであって、対外関係はなかった。今日の支那は列国の中の一つの国家として立って行かなければならぬ必要があって、人民は内治の改革によって安全であると同時に、対外関係においてその富力並びに経済機関に対する運転能力が、他の国と並んで行かねばならぬ。ところが支那は無限の富源を持っておって、これを開発する資本と経済機関運転の能力とを全く欠如しておる。資本はどこからか輸入せなければならず、経済機関運転の能力は少なくとも数十年間外国人に訓練されなければならぬ。その資本並びに経済機関運転の能力を支那に持たしめる原動力はどこから出て来べきであるか、今日の現状ではそれがすなわち日本、英、米等の間にむつかしい問題になるので、それらの強国の間に各々融和すべき機会が生じて来るにあらずんば容易に解決しない。しかしこれら三国の間の問題というものは、各国家としての問題は解決し難いのであるけれども、各国民が個々の仕事としての運動は、その間にも絶えず行われるのであって、それについて最も今日有力な位置に立っておるのは日本国民である。近時の排日問題のごときは、もちろんその進路に時々妨碍《ぼうがい》を与えるところのものであるが、これは一時的のもので、いずれは何かの事情によって一時的の解決はつくとして、引き続き民衆間の個々の運動が継続される。もし極めて簡単に支那の従来の政治組織を破壊して、新しい民衆的の政治に導くべき原動力は何かということになれば、それは日本国民の支那経済界における運動だといってもよい。

三　支那の革新と日本

東洋文化中心の移動

支那の革新に対して日本の力が加わるということは、単に一時の事情から来た問題ではない。これは東洋文化の発展上、歴史的の関係から来た当然の約束といってもよろしい。支那とか日本とか朝鮮とか安南《あんなん》とかいう各国民が存在しておるのは、各国家の上には相当に重要な問題ではあろうけれども、東洋文化の発展という全体の問題から考えると、それらは言うに足らない問題であって、東洋文化の発展は国民の区別を無視して、一定の径路を進んで行っておるのである。

元来今日の支那の本国でも、昔からの民族上の関係等を吟味すると、必ずしも一つの民族と考えるわけにもゆかぬ、少なくとも二、三種以上の民族から成り立っているのであるが、それらも文化の発展からは民族の区別を滅ぼしてしまって、一つの東洋文化を形作る径路を辿っている。その文化が発展し、移動しつつ進むことは、既に支那の上古からして起っているので、開闢《かいびゃく》より戦国時代までの間にもその歴史を持っている。秦《しん》・漢《かん》以後支那が一統されてから以来でも、文化中心が漸次に移動し、したがってその文化の中心であった処がだんだんに衰え、また文化の開けなかった地方が漸次に開けて、ある地方はその中心になって行きつつある。それで漢代までは黄河の流域に文化中心があったのが、三国《さんごく》以後だんだん南の方に移り、地理上の関係、地理に対する人力の加わった関係、例えば大運河のごときものによってもその中心の移動が影響されていて、近来までの間にもだんだん東へ東へと、また南の方へと寄って開けて来て、南宋《なんそう》以後ますます文化が東南に傾いて、近来は大体大運河に沿った地方に中心があるようになって来た。そしてそれらの地方の文化が爛熟《らんじゅく》し過ぎると、今度は全く従来開発されなかった地方が開発されて、雲南《うんなん》とか貴州とかいう地方にまで文化が波及するようにまでなって来た。その中で中心になった地方は、唐《とう》時代まではまだ河南・陝西《せんせい》地方であったのが、宋《そう》・元《げん》の間に直隷《ちよくれい》並びに河南の東部に移り、それから以後明《みん》代になって江蘇《こうそ》・浙江《せっこう》地方が全盛を極め、最近外国交通が盛んになってからは、ほとんど広東《カントン》にその中心が移らんとしている。江蘇・浙江地方は、支那の上古では、純粋の支那人からは全く夷狄《いてき》と見られた土地で、況《いわ》んや広東などは極く近い時代までも、ほとんど外国人扱いを受けていた処である。然《しか》るに文化の中心の移動からして今日では江蘇・浙江地方が全盛になり、さらに広東が全盛になっても、それに疑問を挟む支那人もなくなったくらいである。

文化中心の移動は前述のごとく、国民の区域に頓着なく進んで行くのであるから、支那文化を受くるについて広東等よりも決して遅くないところの日本が、今日において東洋文化の中心となららんとして、それが支那の文化にとって一つの勢力になるということは、何の不思議もないことである。日本は今日支那以上の立派な強国となっているから、日本の興隆に対しては支那人は一種猜疑《さいぎ》の眼を以《もっ》て見るようになっているけれども、もし何らかの事情で、日本が支那と政治上一つの国家を形成していたならば、日本に文化の中心が移って、日本人が支那の政治上社会上に活躍しても、支那人は格別不思議な現象としては見ないはずなのである。それは昔漢代における広東人並びに安南人に対する当時の支那人の感情から推測してもわかることである。東洋文化の進歩発展からいうと、国民の区別というようなことは小さな問題である。支那の極端な論者は動《やや》もすると日本が帝政を棄てて、民主国とか共和国とかになるならば、日本と一緒になって運動が出来るというような出来ない相談を発表したりするが、支那のごとく政治が特種階級に占有されて、国民の利害休戚《きゅうせき》に関係のなくなっている国は、政治以外のもっと大きな文化運動を以て、国民全体の能力を将来に顕《あら》わそうという論者さえ出来ている際に、なお日本の団体とか政治とかを眼中に置くことは、極めて狭い量見《りょうけん》であるといわねばならぬ。日本でも有識者は恐らく支那人と共同するといって、国体とか政治とかいうような運動に拘《かかわ》っているものはなかろう。これよりもっと広い意味の文化運動によって、支那人と共同しようというのが目的であるべきである。

日本の文化に対し、支那人からいわしめれば、日本には固有の文化がなくて皆西洋の翻訳だというかも知れぬが、ともかく日本人が翻訳した西洋文化を支那人が重訳して採用する運動が現に起っておるではないか。ある支那の学者たちはこれを嫌って、直接に西洋文化の翻訳すべきものは、自己の手でこれを翻訳すべきであると努めたけれども、大勢は日本からの重訳の勢力に圧《お》されているではないか。これは目前の判りやすい例を挙げただけで、実際日本が支那文化の発展、すなわちまた一方においては支那の革新について力を致し得べき点は、決してこの西洋文化の翻訳にのみ因《よ》るものではない。日本は五、六十年来の努力によって西洋文化、殊にその経済機関を動かすべき訓練を積み、最も東洋に適するようにこれを変形しつつやっておるのである。ゆえに時としては西洋文化の大規模のものを小規模にしたり、立派なものをつまらなく見ゆるように変形したりする傾きもあるが、しかし東洋における新文化は、東洋文化の幹を全く切り去って西洋文化を接《つ》ぎ木するにあるのではない。西洋文化の従来の発展した方法を採用して、ある一部分は東洋文化の不必要な点を切り去ることはあるが、その根本をそのままに育てて行く点にあるのである。それは今日でも日本が支那に向かって現に行いつつある経済上の運動でもわかるので、英国のごとき旧《ふる》く支那に貿易を開いた国は、西洋文化と東洋文化の間、すなわち別の言葉でいえば西洋の経済機関と東洋の経済機関との間に明白な境界を置いて、その一方には自国の貿易商が坐っており、他の方には支那の買弁《ばいべん》が坐っておって、支那人で英国に直《じか》に行って貿易をするものもないかわりに、英国人が支那内地に入って商売をするというものはなく、それで安全に貿易を続けて来ておった。

然《しか》るに日本人の貿易の仕方はそうではなく、西洋人は日本の内部にまで入って貿易を拡張しようという考えはなくても、日本人は西洋の内部に立ち入って商売をするということを思い切るような考えはない。単に商売のみならず、労働等においても日本人は米国等に盛んに入って活動したため、今日では容易ならざる大問題を惹起《じやつき》しておる。西洋に対してすら既にそうであるから、支那に対してはなおさらであって、支那における日本の経済的活動の中には、欧米の大商人と等しく到る処の支那の開港場に大資本を運転しておるものもあると同時に、一方においては、単に自分の手と足だけで、どこまでも往き得る限り支那の内地に入って、支那の小さな商人もしくは小さな需要者とも接触して、支那の経済の根柢《こんてい》に喰い入って、そのために支那の経済習慣をも変化させるほどの運動をなすものも無限にあるといってもよろしい。もちろんその支那の経済習慣を変化させることは、英国等のごとき鷹揚《おうよう》な貿易をしておった国に対して、接触しておる支那商人にとっても案外であるところから、その点からも排日問題は十分に起り得るのであるが、しかし従来幾度も起る排日問題の障害を、その度ごとに乗り越えて今日まで進んで来ておる。殊にそれらの日本の小資本の商人は、前面に支那商人という敵を控えておるのみならず、時としては自分等が手と足だけで開拓した新しい地方の事業を、しばしば背後から来るところの自国の大資本家に襲撃されて、挟み打ちの目に遭っておることもある。それにもかかわらず、背後から来る大資本家に自分の持ち場をうちまかしては、さらにまた、自分は支那の新しい地方、新しい事業を開拓して行っておるのである。かくのごとくこれを横から見たところでは、生命をも財産をも惜しもうとせないで、ともかく先へ先へと支那の経済機関を変化すべく、深入りをしておるということは、この後と雖《いえど》も一時の排日問題等で圧《おさ》え切るべきものではないと思う。これは支那人も日本人もまだ自覚しておらぬ一種の使命に支配されておる新しい東洋文化を形造るために、知らず知らず努力しているものと思う。

こういう運動は従来の支那の歴史にとっても、経済上には無かったことであるけれども、既に幾度も他の方面から経験していることである。支那が他の国に例のないほど長い生命を維持しておるというのは、全くそのためであるといってもよろしい。秦・漢以後において、支那の文化が支那を取り巻くところの夷狄に向かって浸み込んで行く度に、その夷狄の自覚心を促して、それが一つの勢力となって、反動的に支那の本国に勢力を加えることになる。漢の時代に当って匈奴《きょうど》の防禦に苦しんだのが、すなわち匈奴が民族としての自覚を生じたためであって、匈奴も支那も同等のものであると考えたのがその原因であった。その後五胡《ごこ》十六国の時代などというものは、あらゆる北方の種族が支那文化のために自覚心を促されて、競ってその勢力を支那に加えたためである。支那人からいえばそのために中国人が圧迫されて皆南方に逃げ出し、中原《ちゅうげん》は夷狄の蹂躙《じゅうりん》に委《まか》したという風に考えるのであるけれども、一方から見れば開闢以来両漢まで、支那はともかく大きな一国としての一生を通過してしまったので、五胡十六国の刺《し》戟《げき》がなかったならば、支那民族はそのまま衰死したかも知れないのである。五胡十六国のごとき新しい若々しい民族の混入によって、支那の生命をまた若返らして、唐時代のごとき非常に華やかな文化を復活したのである。その以後も遼《りょう》・金《きん》・元のごとき北方種族に圧迫され、全く亡国の憂き目を見たように言われるけれども、その間に支那は民族生活の様式を一変して、国民政治の生活から世界的文化生活に移って行ったので、その原因は全く北方民族が一時支那国家を滅ぼしたところの大刺戟にあるのである。

金・元二朝の支那統治方法等はよほど異様なものであって、支那のごとき政治的に老衰期に傾いた国に向かって、蒙古《もうこ》人等は極めて若々しい原始種族に近い統治法を行ったので、そのために前述のごとき支那の社会は郷団自治が中心となって、政治商売の階級とは別々のものに放れて行くという世界に無類な現象を現わして来たのである。ともかく蒙古人でも満洲人でも支那を支配すると同時に、支那人の悪徳に感染して賄賂《わいろ》とかその他の政治上の弊害とかをそのまま引き継ぐことはあるが、支那人のごとく老猾《ろうかつ》となった人民に対して素朴な正直な態度で突き込むということは、たしかに効能があったので、支那人はそれによって知らず知らずの間に、その老衰した生命を若返らされていたのである。

支那の論者殊に近頃の論者は、外種族の侵略を何でも支那人の不幸のごとく考えておるのであるが、その実支那が長い民族生活を維持しておることの出来たのは、全くこのしばしば行われた外種族の侵入に因るものである。そういう見方から考えると、成吉思汗《ジンギスカン》が「支那人民は自分の国には役に立たない、それを打ち殺してその地方を大きな牧場にすると、蒙古人の国には役に立つ」と言ったというのは、よほど味のある言葉であって、そういう外種族の精神が耶《や》律楚材《りつそざい》のごとき遠慮ある政治家によって緩和されて、支那民族を適当に若返らすように取り入れたのは、非常な幸福といわなければならぬ。かくのごとく従来の外種族の勢力は支那人から考えれば、全く暴威を以て政治的に行われたのであるが、今日の外種族の勢力は経済的に平和に突き込まれるのである。東洋文化の発展にある時代の分け前の部分を働いて、そして支那の現状を革新せんとする——あるいはこれを自覚せないながらも——日本の経済的運動等は、この際支那民族の将来の生命を延ばすためには、実に莫大な効果のあるものと見なければならぬ。恐らくこの運動を阻止するならば、支那民族は自ら衰死を需《もと》めるものである。

この大きな使命からいえば、日本の支那に対する侵略主義とか、軍国主義とかいうようなことの議論は、全く問題にならない。もっともこの侵略主義とか軍国主義とかいうようなことは、単にその問題から考えても、日本と支那との間の関係を論ずるものとしては甚《はなは》だ不適当なものである。日本の近来の国論が本心を失しているということはしばしば言うところであるが、日本人が現に国内のことに関しては、社会主義のごとき潮流が盛んになって来て、それは個々の人の生存権から出発した議論で、一方では余りある富を抱いている人もあるのに、一方には生存を制限されるほど苦しい位置にあるなれば、力を以て生存権を要求してもよいというのがその主義である。然るに日本と支那との国際関係だけは、支那のごとき親譲りの過大な財産を相続して、しかもそれを十分に世界のために利用することもなしに、所謂《いわゆる》天物を暴殄《ぼうてん》しているその傍に、日本のごとき人口過剰に苦しんで国民の生存権の問題に触れているものがあって、しかも隣国の親譲りの相続権を指を咬《くわ》えて見ておらなければならぬというようなことは、甚だ矛盾であるといわねばならぬ。日本現在の国論は、内に対する政策と国外に対する政策とは全く主義を異にしている。かくのごとき論理の誤謬《ごびゅう》は少し注意すれば誰でも判るはずである。

もっとも日本が支那と貿易を盛んにしてから以来四、五十年、その間兵力を用いたこともあり、参謀本部等の特別な方針から、いろいろな小細工を支那に施したということもある、しかし全体を通観した時に、四、五十年来の日支両国の関係は、だんだん政治上の関係から経済上の関係に移って行きつつあるのは明らかであって、日清戦争とか北清事変のごとき実際に兵力を動かしたあとでも、その結果は常に両国の経済上の関係を開いて、極めて平和な発展に向かっているのである。況んや日露戦争によって満洲に兵力を用いた後の結果などは、日本の経済力がその地方に加わったがために、大連の港を支那第二の貿易港にまで進めたではないか。それによって満洲の富を増したこと非常なもので、一時の兵力の関係を見て、それに伴って来るところの経済上のより大なる関係を注意せないというのは、故意に日本の進歩を妨げる米国人の議論ならばともかく、日本人としてそんな誤った見方をする輩は実に気が知れないものである。もちろんその間に時々武力的関係のあったことは全く否定するわけではない。しかし大きな田地を開拓するために、灌漑《かんがい》用として溝渠《こうきょ》を掘るということがあって、その溝渠を通ずる途中には時としては地下の大きな岩石に突き当り、これに大きな斧《おの》を用い、もしくは爆薬を用いなければならぬこともあるであろう。けれどもその真目的が田地の開拓にあるのを忘れて、その土地の爆発破壊を目的だと断定するものがあろうか。今の日本の国論は自国の歴史と、その将来の進むべき道を忘れて、一時応急の手段に用いられた武力を侵略主義とか軍国主義とか言って、自らこれを貶《けな》しているものである。

さらに進んで考うべきことは、支那の革新、すなわち支那の社会組織に新しき生命を与うべき運動は、日本以外の他の国にこれを需め得るかどうかということである。英国の支那に対する貿易関係は前にもしばしばいうごとく、支那の内部に立ち入らない方法で、政治のみならず経済上にも同様で進んで来ているので、将来にもこの方針というよりか、むしろこの国民的傾向に変化を来たそうとは思われない。これは英国の貿易上特別に支那に関係した点からのみ考えるのではなくして、世界一般に対する傾向から察して推定し得られる。次に米国人の支那に対する経済的運動は、日本と異なる点があるのが大いに注意すべきことである。日本の支那に対する米国の支那に対する仕事は全く企業家の手によって行われているのであるが、国民が個々の発展からほとんど国民の生存問題として行われているので、国民的必要から来ているのではない。国民としては米国人は本国になお十分発展する余裕があり、少しも生存を脅かされるような危険を感じていない。ただ近年米国が資本国となったがために、資本主義から動かされた多数の企業家、すなわち世界中を股にかけて歩く山師連の一部分が支那にも向かって来ているというだけのことであって、資本家の飽くことなき慾心から発しているのである。そのかわり企業が思わしくなければいつでもその仕事を撤回するので、これまで米国人が大きな企てを支那でして、これを実行したためしがない。鉄道でも油田でも、すべて企てる時は大風呂敷を拡《ひろ》げるが、いつの間にか棄権して消滅してしまう。

元来米国のごときほとんど人間のおらなかった処で、天然の富源を利用し得る便利な国でやるような企業を、支那のごときある程度までは人口が充実している地方に向かって、これを企てて米国以上もしくはそれと同じ程度までの利益を得ようとするのは無理な話である。これは今後年を経るに従って、ますます米国人は支那における企業の不利益を覚るであろう。日本人のごとく生存問題から、一寸進めば一寸の利益を占め、一分取れば一分の利益を占め、あるいは利益等を計算に入れずに、とにかく支那において食ってさえ行けばよろしいという覚悟で、生命財産の危険をも冒して進んで行くのとは非常な相違である。米国人はいかにしても、支那の労働者と労働においても競争し、小商人と商売上においても接触して、非常な煩雑な仕事をものともしないで進んで行くということは、断じてなし得べからざるところである。で少しく過去将来二十年三十年に亙《わた》って考えてみたなれば、支那の土地をある点までは日本の市場として思い切って譲り渡すということが、国際平和上非常な必要な問題である。もし日本を圧迫するのに興味を持ち過ぎて、いつまでもその政策を継続したならば、朝鮮満洲において死物狂いにならなければならぬ日本人は、支那においても十分死物狂いになって他の国と争い得るのである。これが国際上将来の大きな禍根ではあるまいか。

前に挙げた米国の学者等が、支那の革新は新しい工業の興起によるというような議論は、もちろんよいことではある。単に工業の興起というよりはむしろその前に工業に至る前提、すなわち原料産出国として革新されなければならぬこともあり、大体において支那の経済組織の革新ということがもっと適切であるが、支那のごとき旧《ふる》い国民が持っておる経済組織を革新する運動としては、それと甚だしく事情の相違した工業国の組織を適用することは、まず困難と見なければならぬ。最も適用しやすいのは、既に旧組織を革新した経験のある日本人が、その経験によって支那の経済組織の基礎からして立て直して行く必要があるので、日本人が支那改革に対する使命なるものは、すなわちここにあるのである。その細目にまで論じ及ぶと、随分さらに長い議論を続けなければならぬのである。苟《いやしく》も今日の日支の問題に対して、考えを持っているほどの人は、自分がこれだけの所論を聴いても、その細目は自ら発明し得るであろう。

次の問題はかくのごとくして漸次に革新される支那の国家並びに社会は、いかなるものになり得るかということである。

四　自発的革新の可能性

軍事および政治

日本の力が支那に加わって、その革新を促すにしても、あるいは支那が自発的に革新するにしても、一番の捷径《しょうけい》はやはり軍事上から統一されることである。ところが日本の力によって軍事上から統一するということは、今日では日本の国論も支那の国論も（もし支那に国論というものがあれば）嫌うところである。しかし支那自身が統一して革新するということは、支那人として嫌うべき筋合いのことでもなし、外国人としても嫌うべき筋合いのものでもないが、やはり支那人も支那の軍閥を攻撃したり、外国人も支那の軍閥間の争いによって戦乱に陥らしめることを恐れるので、どうしても今のところそれを許すことを憚《はばか》っておる。しかし軍事上から支那が自発的に革新した例は、立派に歴史上にあるのであるから、支那が自発的に革新することの出来る一つの例として、試みに挙げてみることが必要である。

それはすなわち長髪賊《ちょうはつぞく》の騒乱の時に曾国藩《そうこくはん》がこれを平定した事実である。この騒乱平定に関して曾国藩が顕《あら》わした著しいことは、すなわち支那のごとき兵備の頽廃した国でも、郷団組織を基礎としたものは真に力ある軍隊となすことが出来るということと、支那のごとく官場《かんじょう》臭味の浸み込んだ国家でも、郷団もしくは家族師弟の関係によって組み立てられたものは、創造的の政治を行うことが出来るということであった。曾国藩はこの二つの事実を支那において発見したのが、支那の将来の社会組織の上に大変な訓戒を与えておるものと思う。曾国藩の初め所謂《いわゆる》「湘軍《しょう》」を組織した時、第一に努めたのは従来の官軍すなわち「営兵」気質を、新組織の郷団軍に少しも浸染させまいということであった。曾国藩が擢《ぬ》き出して湘軍の訓練を引き受けた人は、羅沢南《らたくなん》という湖南の村夫子《そんぷうし》であって、官軍から訓練をされることを嫌うために、明《みん》の戚南塘《せきなんとう》の「紀効新書」によって訓練したので、ともかくその軍隊は村夫子が自分の弟子を率い、父兄が子弟を率いて戦《いくさ》に臨んだのであるから、兵隊という商売のために戦っておるのではないので、前に進んだものが殺されれば、殺した者を仇敵《きゅうてき》と思って奮戦したので非常な効力を現わした。湘軍の中で殊に水軍には彭玉麟《ほうぎょくりん》のごとき勇将を産み出したが、初めはこの水軍も相応に臆病で、いかにして敵の弾丸を防ごうかということに苦心したので、舷側《げんそく》に魚網を巻きつけたりなんかいろいろのことをしてみたが、何をやっても敵の弾丸は徹《とお》る、ところが彭玉麟は何らの軍事の修養のない一個の書生で、商人の番頭をしていた身分から水軍の将校として戦に臨むと、弾丸を避けるどころではない、敵前の弾丸の中に立って戦うということになり、むしろ敵丸の中を潜らないものは、水軍の連中は互いに臆病だとして嘲《あざけ》ったくらいで、ある時は武昌《ぶしょう》に賊軍が籠《こも》っておった城壁の下を、舟で長江を遡《さかのぼ》って敵の砲丸に中《あた》って舟が転覆して、彭玉麟等も命だけは助かったということもあるが、それにもかかわらず、少しも敵の弾丸を恐れずに始終戦ったので、当時の湘軍は恐らく数百年を通じて、支那の軍隊としては未《いま》だ曾《かつ》て見ざる良い素質を持ったものであった。

一時湘軍の盛んな時は、わずか曾国藩の郷里たる湘郷一県からして六十万人も兵を出したことがある。もっともそれもやはり、だんだん郷里を離れて戦うにしたがって弊害を生じてきて、曾国藩も長髪賊を平らげた頃には既に湘軍が「暮気用い難し」と言ったくらいである。これは郷団自衛の職務から、だんだん軍隊商売に変化しつつあったがためであって、曾国藩は戦に臨むごとに、いつも陰気で何となしに物悲しいような気分の時はきっと勝つ、陽気で勢いよく進んで行くような時には多く敗《ま》けるといったが、後に李鴻章《りこうしょう》などが自分の郷里の軍隊すなわち「淮軍《わいぐん》」を訓練した時はこれと違って、功名心によって激動して功を奏した、これはいくらか真面目な気分を減じて来ておるものであって、その淮軍の末路はすなわち日清《にっしん》戦争で全く破綻《はたん》を現わした。しかしともかく曾国藩は従来の軍隊気質を放れて、自分の創造的軍隊としては、未だ曾て見ざるところの成績を挙げたのである。そしてこの組織の継続せなかったのは、新しく学ぶところの洋式軍隊の訓練が、さらに幾層倍も進歩したものであったからであるが、その また幾層倍も進歩した洋式訓練は、支那兵の素質を考えて適用されたのではなかったからして、日清戦争等にぶつかるとその欠点が悉《ことごと》く暴露したのである。

もっとも今日の支那でも、支那人民がいよいよ郷団自衛をせなければならぬという程度にまで騒乱が徹底して、曾国藩のごとき天才の人物が起って、自分で軍隊を編み出すとも、洋式訓練を用いるとも、極めて真面目な精神でこれを用いるならば、支那を統一するくらいのことは決して難事ではないはずである。ただ今日においてその妨げとなるのは、騒乱を徹底させないことである。例えば北京《ペキン》附近に騒乱が起るというと、北京とか天津《てんしん》とかの周囲何十マイルとかは、戦争してはならないというような外国の干渉が起る。去年でも江蘇《こうそ》・浙江《せっこう》の両省が上海《シャンハイ》附近で戦争を起すような模様があれば、外国人が防止の手段をとる。かくのごとく騒乱が徹底しないから、郷団自衛の必要を刺激するものがない。今日のごとき状態では、曾国藩のごとき天才が幾人あってもその才能を発揮する途《みち》がない。

一方政治からいっても、前にもいう通り、曾国藩は政府の命令ということに頼らずに、全く自分の交際上の私信によって軍隊を支配していたから、将校たるものでも、厭《いや》になればやめて帰っても刑罰も責任もないのである。しかしそれでも後には曾国藩の私信ならば我慢して職務を勤めるけれども、朝廷の命令では動かぬというものを出して来たのである。全く郷団の信義と父兄子弟の関係というようなものから、軍隊も成り立ち、政治も成り立ち、それによって大乱を平定したくらいであるから、政治も郷団自衛を必要とするまで、今日の支那の腐敗が徹底すれば、曾国藩のごとき天才をも出して、外国の政治を真似せずとも支那人は自国に必要で、自国に最も適当な新政治を編み出し得るかも知れない。然《しか》るに今日の外国人は何か騒ぎがあると、地方の利害に関係のない北京政府に抗議を申し込んで、実行力のない約束などを要求すること、ちょうど先頃の臨城《りんじょう》事件の結果のごとき有様である。

それにまた現在の人物として、李鴻章ほども国人の毀誉《きよ》を顧みずして、国際の関係をうまく収めようとする愛国者がない。李鴻章の外交のうまかったということは、曾国藩以上であった。曾国藩は有名な「天津教案」の談判に当る時に、外国人というものを非常に恐怖して、談判開始に先だって二千余言の遺言状まで書いたくらいであるが、李鴻章は曾国藩のそれでも収め得なかった後始末を見事に解決した。李鴻章はゴルドン将軍のような外国人に依頼して戦乱の平定をもしたので、外国人は理窟ぽくて使い難いが、正直で信用が出来るということをよく飲み込んで、外国人に対して誠意を以《もっ》てこれに当る度胸があったのである。

今日の支那の外交家のごとく、ペテンによってばかり成功しようというような考えは、李鴻章には毛頭なかったのである。今日でも内政外交ともに、曾国藩のごとき李鴻章のごとき精神の人があれば、支那の政治を今よりはよく導くことが出来るはずである。そして西洋の翻訳政治ばかりで支那を改革しようとか、列国の関係を巧みに操って、実力もないのに権利の回収をしようとかいうような不真面目な政治はやらないはずである。しかし今日の実情は支那人にもそういう人物が乏しいのとともに、外国の方も米国式の自分だけよければ他の都合はかまわないという遣《や》り方で支那に臨んでおることから、支那人が真に政治上に自覚する機会を作る途がない。これが今日のごとき前程の判らないような混乱を生ずる所以《ゆえん》である。けれども支那に政治軍事において、自発的に革新すべき素質が全く無いとはいわれないことも、以上の例で判るのである。

経済

経済機関の変更によって支那に革新気分を促すということは、これを政治軍事に比べると、その効力がよほど緩漫で長い時日を要さなければならぬ、かつ周囲の世界の事情によって、それが果して世界が要求し、併せて支那人が要求するがごとく、支那の統一を促すことになるかどうかも判りにくい。しかしともかく日本人の支那民族接触によって、既に経済機関の変化を惹起《じやつき》しておることは希望でなく、既に事実である。これによって惹起すべき経済組織の大変動は、支那の社会組織全体の変動である。支那の社会組織は前にもいうごとく、政治が政客という一定の階級の占有であって、それが耕さず織らずして食っておるところの一種の支那社会の寄生虫であるごとく、支那の商人階級もやはり一種の寄生虫たることを免れない。支那は久しき以前からして、農業並びに手工業の上ではある程度まで発達を極めておったが、産物というものは人力によってのみ出来上るものではなくして、最も大きな原因は天然であるということになっておって、野生の産物たる薬剤等の種類が満洲の森林とか、四川《しせん》・雲南《うんなん》とかの山奥から出《い》で、毛皮類が口外《こうがい》すなわち蒙古《もうこ》の牧地、満洲の森林等から出るのみならず、手工業品においても、江蘇地方の織物、福建の漆器とか各地方によって特産物が生じて来て、他地方の産物はどうしても天恵の多い地方には勝ち得ないということになっておる。その点においては特産地において最も経済的な方法によって産出すべく進歩しておって、その特産物を全国到る所の消費地に散布する、しかもその散布の仕方も、古来非常に発達しておる交通機関によったものである。支那の交通機関が発達しておるなどといえば、今日支那を旅行する人々は不思議がるかも知れないが、所謂《いわゆる》南船北馬で、都合のよい交通機関を持っておって、蒸気、電気のない時代にはそれ以上望むべからざるほどの発達をしておった。日本で江戸と京阪とを馬の背によって、種々な運搬をしていたような原始的なものではなかった。この交通すなわち貨物の運搬に要する費用も、甚《はなは》だ廉価に出来るようになっておる。この種々な事情が支那の社会において、商人の利益の壟断《ろうだん》ということを促した。消費者と生産者との間にたって、商人が活動する余地は、今日機械工業等の進歩並びに新しい金融機関によって、生産者と消費者との間を非常に接近せしめ、その間に多くの利益を壟断する余地なきように組織せられた文明国の経済組織とは大変な相異がある。これが支那で国内においても所謂漢口の「七十二幇」のごとき問屋組織が成立し、広東《カントン》貿易の最初において種々なる「洋行」が起った所以であって、支那の商売は外国に対して買弁《ばいべん》組織に出来ておるのみならず、本国においても全く買弁組織すなわち問屋が多大の利益を占める組織になっておる。また例えば満洲地方の酒造家のごとく、日本でいえば中世の「座」のごとき組織を持っておるところもあり、これが経済組織の大体であるが、今日日本人が支那の内地に入り込んで商売をするがために、この組織が漸次崩壊せんとしつつあるのである。

もっとも支那人も日本において反物等を持って行商をしておるものは、日本の旧来の経済組織を破るべき傾向は持っておるが、今日では微力であるために大した影響を与えておらぬ。これと同じようなことを日本人が支那において実行しつつあるのは、五十年来の日本経済の発達によって、日本の富力はその活用の仕方によっては、遥かに支那よりも有力であるがために、支那の経済組織を日本人の活動によって破って行くことは、現に形の上に現われんとしておる。かくのごとき経済組織の変化は、支那人民が消費者という立場から考えれば、自国の商人階級に多くの利益を占有されずに外国の製品を需要し得るということになり、今日では支那の工業的製品で外国に出るというようなものはないが、原料品、半製品として出るものでは、その荷主がやはり自国の商人階級に利益を壟断せられずして、直ちに外国人に売り渡すことが出来るということになるので、もし支那が特に思い切って食料品殊に米穀の輸出でも開放するに至ったならば、支那の生産者の利益を増すこと夥《おびただ》しきものであって、今日の満洲のごとき実況を全支那に及ぼすに至るであろう。

大体人民の実力の増加、それが政治上社会上の革新を促すということは、時としては人民が窮迫の余り奮起することによってこれを得ることもあるが、近来の多くの場合はどこの国でも、人民の富力その他の潜勢力を増加することによって自衛心を起し、進んで政治軍事の実力をも収め得るに至るということを常とする。支那の人民が日本人との接触に依る経済組織の変更から……もちろんこれは三年五年の問題ではなく数十年の将来の問題ではあるが……その富力潜勢力を増加した結果、これが何らかの成果を政治その他に及ぼさずにやむとは考えられない。その結果に対して生じて来るところの新しい社会組織、新しい国家組織というものを、今日ユウトピアのごとき想像を逞《たくま》しくすることは格別の必要もあるまいが、ともかく前に政治軍事の上において、支那が自発的に改革をなし得る素質があることを述べたことであるから、経済組織の変化から来た影響は、支那の国家社会全体に至ることは少し遠い前程であるけれども、今日より予言し得るところのものである。

もし支那人自身にも、その将来が以上のごとく推し移って行くべきものであることが理解され、顧みて今日の実情をも考えてみたなれば、支那人民が実際努むべきことは、自国の改革を委《まか》すべき日本人の活動を阻止するにあるか、それとももっと他に考うべきことがあるかということに思い到るであろう。現に今日の支那の経済殊に商人階級以外の一般の支那人にとって、最も害毒を流しておるのは、もちろん督軍《とくぐん》政治であって、世界戦争以後、支那は食料品の輸出によって幾らかその富を増加しておるのに、督軍は飽くことなき誅求《ちゅうきゅう》をして、清朝時代の数倍に当るほど税をとり、それは悉く支那の国家を成り立てる方法、例えば中央政府の維持等には用いずして、全く自己の私嚢《しのう》を肥やしておる。近年は督軍を三、四年もすると、千万に達する富を積むことが出来る。もしまた一旦その位置を失えば、その積んだ富をそのまま持って逃げることが出来る。かの支那従来の官吏の習慣によって、督軍となっておった地方の土地を買い占めたり、もしくは商売に資本を卸したりして作った富は、自分が引き上げた後、煙のごとくなるものであるけれども、近頃はその失敗に経験して、多くは貯えた富を外国の銀行に預け、もしくは外国居留地にある仕事に資本を卸したりすることになっておるので、督軍のために吸い取られたところの支那人の富は、全くその土地に戻るべき機会もなくなって、支那の疲弊を促すべき原因をなしつつある。これらは実は現在では、支那に外国人が居留地を形作っておるがために生じた弊害であって、これを防止すべき手段は発見されない。もし支那人にして真に経済的に覚醒するならば、かくのごとき富を限りなく外に漏出する弊害を防止するに努むべきことが第一であって、日貨排斥などによって旧来の利益壟断をしていた支那の商人階級に援助するような結果になることは、大いに戒めねばならぬところのものである。

五　支那の国民性とその経済的変化

果して世界の脅威となるか？

支那の経済組織の変化は、その革新を促し、さらにその統一を促し、経済上からして生じた日本支那の密接なる関係が、さらに政治軍事の方面にも及び、日本人が支那の民衆を統率し訓練して、欧米諸強国に当るということになれば、それがすなわち欧米人のこれまでもしばしば憂いておる世界の大なる脅威で、すなわちまた黄色禍《こうしょくか》となるわけであるが、そういう可能性が果してあるであろうか。曾国藩《そうこくはん》が用いた湘《しょう》軍は曾国藩が「暮気用うべからず」といってから後に、さらに左《さ》宗棠《そうとう》に率いられて中央アジアの遠征に功業をあらわし、「暮気どころではない」と王闓運《おうがいうん》がいったことがある。郷団組織の兵隊でも、その発展のしかたによっては、それだけの仕事が出来た実例があるのである。支那民族を政治的軍事的に、全く外に向かって発展せないと速断するのは、決して確かな証拠があってのことではない。

各国民の文化を論ずるについて、動《やや》もすれば国民性ということをいって、支那の国民性がどうこうという人もある、現に東西文化を論じた支那の若い学者等も、西洋の進取的な気象に対して、支那人は安分《あんぶん》的な気象が特色であり、それがために西洋では学問は科学の進歩を来たし、政治はデモクラシーに傾いたけれども、支那の思想は全く別の方に向かって衒学《げんがく》的に傾いたといっておる。しかし民族生活、民族の生命というものは、やはり個人の生命のごとく大体年齢がある。民族が発生してから四千年たっておるものも、あるいは二千年しかたたぬものも、あるいは八、九百年くらいしか経たぬものも、同じく相並んで現代に生存しておる時に、現代において見らるる各々の差違の点を捉《とら》えて、これが各々国民の特別な性質、本来の性質、ないしは永久の性質と考えるのは危険な判断の仕方である。去年の竹と今年の竹を、根から一様の長さに切って、去年の竹は中の空洞が特徴があり、今年の竹には中の空洞がない特性があると判断するのと同様である。今日では日本と支那とが国民性を異にしておるようであっても、日本が支那だけの長い歴史を経た時には、支那のごとくなるかも知れぬ。支那が昔開闢《かいびゃく》からして日本くらいの時代しか経過せなかった時には、今日の日本に類似しておらぬものでもない。国民性の研究は、これらの点を厳密に差し引いて観察せなければならぬ。それゆえ近頃よくいうところの時代錯誤という言葉なども、時としては無意味に濫用されておる傾きがある。今日の所謂《いわゆる》時代思潮というようなものは、民族の年齢等を計算に入れずに、当時世界一般に行われておる思想は、どの国にでも同様な効果を及ぼすべきものと考えておるのであって、譬《たと》えていわば一時流行病が発生した時に、二十歳になるものも五十歳になるものも、皆その流行病にかかる可能性を持っておるとは限らない、それに罹《かか》ったものは時代思潮に相応しておるので、それに罹らないものは時代錯誤であると考えるのと同じである。その流行病は二十歳もしくは五十歳の人に各々いかなる効果を及ぼすべきもので、それについてはいかなる手当てをすべきかということは、考えの中に置かれない、これが所謂時代錯誤論でありとすれば、その権威や知るべしである。それからまた時間的に時代錯誤がありとすれば、空間的に地方錯誤もあるべきである。砂漠に適当した生物が湿地に生えるとは限らない、生物だからどこでも同じように生えなければならぬとはいわれない。近頃の思想の問題もしくは国民性の問題というものは、すべてかくのごとき点を顧慮せない過《あやま》ちを致しておる。

一時支那人は日本が近年立憲政体によって国力を増進したから、支那でも立憲政体さえ行えば国力が増進するものと考えたこともある。それらもやはり日本の国民としての年齢と、自国の国民としての年齢とを顧慮せなかった考えで、立憲政体論が一転してさらに極端な共和政体となったけれども、そのためにさらに国力の増進を来たさない。あわてた日本人などは支那が共和政治となったので、日本などは世界進歩に取り残されたように考えたものもあった。それらは皆国民の年齢、すなわち歴史を考えないから生ずる謬論《びゅうろん》である。

立ちかえって支那の政治的年齢をよく考えてみると、支那の政治的に発展すべき時期は前にもいうがごとく、漢《かん》代においてすでに経過しておって、その以後六朝《りくちょう》から唐《とう》までは、すでに政治が漢代のごとき才能中心の時代を去って、「族望」政治となってしまった。それがすなわち政治の堕落で、唐末から五代《ごだい》の過渡期を経て、宋《そう》代以後はこれがさらに君主専制時代とかわってしまった。もっともこの君主専制時代には中間階級たる「族望」が無くなったがために、君主と民衆との接近を来たして、政治が民衆のために機会均等に与えられる状態とはなったが、しかしその時はすなわち機会均等なる民衆の中から一種の政客階級を生じて、これが政治を独占すると同時に、その機会をつかまえ得ることの出来ない多数の政客候補者は、その余りある能力を何事かに用いて、失望せる生活を慰安するために、大きな文化階級を形作り、主として学問芸術に向かって全力を傾けることになったので、それ以後支那の政治は政客階級に委《まか》せ切って、多数の支那民衆の中で文化階級なるものが出来て、それがすなわち支那の国粋ともいうべき学問芸術を握ることになった。それでもある時代、例えば明《みん》代などのごときは、その政客たる機会をつかまえ得るものが割合に少数であって、その機会をつかまえたものは極めて安全に生活し得たがゆえに、その仕上げた政治は甚《はなは》だしく腐敗したものではなかった。清《しん》朝になってからその機会は単に読書人のみならず、富者のごとき財によって官爵を買い得る輩にまで開放された。文化階級の範囲は広くなったが、そのかわり政治はますます腐敗して、その腐敗が一種の免疫性を帯ぶる程度にまでかわって来た。これが支那の社会の現状であるから、支那の最も進歩した階級が、真に政治上の興味によって動かされる可能性はだんだん薄らいで来た。近代でも政治上に活動するものは、大方今まで文化のあまり波及せなかった極く初心な人民に、初めて文化が及んだ土地から出た者が多い。すなわち曾国藩時代の湖南人、今日の広東《カントン》人等がそれであって、彼らは支那の文化階級としては最も幼稚な、最も低級な趣味を持っておる地方人である。

大体人類が造り出した仕事のうちで、政治軍事などの仕事は、最も低級なものであるが、日本が今政治軍事において全盛を極めておるのは、国民の年齢としてなお幼稚な時代にあるからである。支那のごとく長い民族生活を送って、長い文化を持った国は、軍事政治等にはだんだん興味を失って、芸術にますます傾くのが当然のことである。支那の過去の歴史を見れば、ある時代からこのかたは、他の世界の国民の――印度《インド》のごとき古い文明国は別として――まだ経過しなかった、これから経過せんとしておるところの状態を暗示するもので、日本とか欧米諸国などのごとき、その民族生活において、支那より自ら進歩しておるなどと考えるのは、大なる間違いの沙汰である。

もっとも支那に機械工業が興らなかったとか、近代文明の利器を持たなかったということは、それはある特別の事情から来ておるので、それによって国民生活の年齢を決すべき材料となすべきものではない。

右のごとき論理から来るところの結論は、日本によって経済組織の変化を刺激されても支那人は、それによって根本から若返って、もう一度政治中心の生活に入るというようなことはあるべからざるものだということを知り得ることになる。その点において日本が支那の多数の人口を統率して、世界の脅威となるなどという心配を欧米人はする必要がないのである。

それでは経済組織の変化によって、経済上における勢力が、従来と違って進取的になり、それによって世界の脅威となることは無いかということも、一つの重大問題である。現に米国のごときは初め原料産出国であったものが、近来は一変して立派な工業国となり、さらに世界第一の資本国とまでなった。支那もそういう径路をとって、工業国資本国になったならば、それによってまた欧米の脅威にならぬものでもないという考えが生ずるのであるが、これも他の点から十分精密に観察する必要がある。一つは支那の内部の事情、やはり社会組織の歴史的性質に関することで、一つは外部に関する事情である。内部の方からいえば、支那の社会組織は前にも言うごとく家族郷団が本位になっておって、その家族の相続ということも、既に分頭相《ぶんとうそう》続《ぞく》にまで進んでおって、一家の資本でも集中する組織になっておらぬ、一つは郷団組織であるがために、商売その他のことにおいて資本を集中することが最も必要であるにしても、合資合名会社の組織くらいまでは出来るけれども、株式組織のごとき大資本を集中すべき組織は出来ない。元来株式組織のごときはやはり政治が確かだということを背景とするもので、最後の拠《よ》りどころは国家権力の上にある。支那の経済組織のごとく、もし株式会社を作って重役が横暴なことをしても、これを制裁すべき政治法律の機関がない国においては、株式組織は成り立たない。であるから純粋の支那人だけで資本の集中をはかるということは、とうてい望みはない。もちろん経済組織の変化において、外国人と共同した株式会社の組織などはますます盛んになってくるかも知れぬが、しかしそうなると支那の資本が世界に向かって開放されるのであって、支那人が自国民の力によって、資本の脅威を他の国民に加えるという危険は無くなるのである。現に支那人で日本等に来て資本家となっておるものがあるけれども、それらは少しも日本に対する資本の脅威とも何ともならない、むしろそれらの支那人は、他国の確かな政治の下に資本を保有することに満足しておるのである。これらは例えば米国とか日本とかの歴史とは全く違っておるのであって、米国のごとく開国以来出稼ぎ人によって発達し、家族というものの味を知らないために、個人的発展並びに資本の集中には非常な便利を得たものと、支那のごとく長い家族制度を維持しておるものとは比べものにはならない。日本でも大体経済の発展は古来開墾の結果であって、しかもその上に士族の相続法は家督制度であったがために、その農民、商人の階級も皆同様な相続法をとっておって、それが資本の集中を助けた。それが外国と交通を開くと同時に、資本主義の経済に移って行くのに最も便利であった。もっとも日本でも徳川時代までは株式会社等はなかったのであるが、明治の維新で一時古来の政治上の弊害を一掃して、確かな政治が行われるようになったので、殊に政府の奨励の結果、株式会社というようなものが盛んに起って、資本主義を発達させるようになった。これらはすべて反面において支那が資本主義によって、世界を脅威すべき基礎の乏しきことを証拠立つるものである。

それから今も日本の経済の発展は古来開墾の結果だと言ったが、欧米諸国の経済の発展もこれと同じように、大体において植民地の発見の結果だといってもよろしい。植民地の発見は、最初は天産物の採獲から、さらに農業によって原料品の産出を促し、それからさらに進んで工業国、資本国となって来たのであるが、ともかくヨーロッパの発展は植民地があったがために、経済が内部に行き詰らずに外に向かって進取を企てることが出来たのである。この日本でいえば開墾の継続、世界的にいえば植民地発見の継続は、国民性あるいは民族性においても、大なる影響を来たしておるので、支那の学者の言うごとく、西洋の文化が進取的針路を採って、それで科学とかデモクラシーとかが発達を来たしたのだというようなことも、重要な部分は植民地の発見によって内部に行き詰らなかった結果である。日本等も支那に比べて歴史が短いために、まだ徳川の末年までに経済的に行き詰るところには至らなかった。それでも既に一方において田沼時代等からして大阪における米相場が盛んになって来て、米穀の産出の奨励にもなるとともに、一方においては金銀の産出の減額によって、長崎貿易を制限するの必要を生じて、殊に支那貿易品に対して国産奨励をするの必要に迫られて来ておった。幸いにその際諸外国との貿易が開かれたので、わずかに国産奨励の端緒についていた生糸などは、急な発展をするようになったので、ともかく五十余年間の貿易が経済の行き詰りを緩和したのである。かかることがすべて進取的に国民性の発達を促して、今日の日本人も国内の人口過剰に苦しめば、米国にでも、支那にでも出掛けて行って、どこまでも進取的に活動することを継続している。

支那の長い歴史はこれらと頗《すこぶ》る異なっておって、大体支那の地理は、最も肥沃《ひよく》な土地を内部に持っていて、その周囲は海でない処は砂漠とか、さもなければ非常な険阻な地形の土地である。それで支那の人力で出来る経済発展がその沃饒《よくじよう》な内地と、非常な不生産な隣地との境目まで、ある時代までには発達してしまうというと、それから以上は進取的傾向となることがむつかしい。もっとも近代になっては、南洋その他海外にまで年々多数の支那人が移出せられ、蒙古《もうこ》・満洲の地方でさえも皆支那人の植民地になりつつあるけれども、ともかく沃饒な内部の天然物を早く利用し切った状態になっておるから、それ以上は自然に人口制限も行われ、自然に民族生活が安分的傾向にならなければならぬわけである。

これが支那の学者のいうがごとく、現在から見た支那国民性が安分的傾向を持っておった主なる理由であるから、この状態にして一変する見込みがなければ、支那の経済発達は対外的関係からいっても進取的になり得ないわけである。もっともヨーロッパ人が科学の力によって植民地に経済的発展をする方法と、支那人が人力によって植民地に発展する方法とは、時としては互いに相妨げない場合もあって、欧州人の発展しておる土地に支那人が発展する余地がないというわけではない。その間に支那人がヨーロッパ風の訓練を受けて大いに進取的の傾向を持たぬとも限らないが、それはまた支那が経済組織の変化を受けてから後、さらに一段の変化を経た時であって、従来の歴史から生ずるところの結果では、支那人の経済組織はやはりその政治組織と同じように、その安分的傾向を変じて進取的になるということは急には来る見込みがない。恐らくはある時代まではヨーロッパ人の科学的発展の欠陥を補って、支那人はその間にまた一種の特別な位置を占め得ることであろう。ゆえに支那の経済組織の変化が欧米の脅威となるというようなことは、さほどに心配するようなことではないと思う。

その上世界の進歩がどこまで行くか判らぬが、植民地の利用というものも、永遠に無限に出来るというものではない。世界的に経済が行き詰ることになれば、これを緩和する方法としては、やはり支那人が歴史的に得来ったところの安分的方法より外ないので、支那の現在の政治なり、経済なりの状態は、世界の将来の状態を暗示しておるものと見ることが出来る。これらは支那を精細に観察するものの最も興味を感ずべきところのものである。

六　支那の文化問題

新人の改革論の無価値

前に支那の文化中心が時代によって、だんだん移動を来たしたといったが、この移動は単に地方において行われるのみならず、階級においても行われておる。六朝《りくちょう》から唐《とう》頃まで、名族があらゆる文化を占有しておった時代から以来、だんだん変化して来て唐末五代《ごだい》の間に、古来の名族が大概滅亡するとともに、文化の中心が読書人階級に移ったのである。もちろんこの読書人階級の大部分は仕宦《しかん》者であるが、元朝《げん》において仕宦者の大部分を蒙古《もうこ》・色目《しきもく》人などに占有されるようになってから、文化の中心が処士に移った時代があるので、元末から明《みん》の中頃までは文学芸術は多く処士の間にあったといわれておる。しかし明・清《しん》二代ともにやはり仕宦者が文化階級として最大なるものであったが、清朝になって特別な現象は、商人階級の発達であって、主としてそれは揚州《ようしゅう》地方を中心にした塩商の一団である。これはやはり前に言った地方で未《いま》だ文化の沢を蒙《こうむ》らない処が、漸々《ようよう》に古い地方の文化を受けて、そしてまた新しい文化を生ずると同じように、従来文化の沢を蒙らなかった階級が、漸々に前の文化階級から受けたところの文化を、さらに新しき文化と化成して生面を開きつつやっておる。漢《かん》代のごとく才能のあるものを文化の中心とする時代には、政治的には民政においてその特色を発揮し、社会的には礼法においてその特色を発揮した。その後名族時代になると、詩賦《しふ》においてその特色を発揮し、唐の中頃以後読書人に文化中心が移りかかると、散文の時代となり詞曲の時代となった。引き続き宋《そう》代において哲学が起り、絵画のごとき芸術が盛んになった。元以後は大体において宋代に出来上ったものが継続したような姿であるけれども、その間また明・清時代に学術の科学的方法ともいうべきものが新たに起り、さらにその科学的方法が芸術化される傾向を持って、だんだん時代の変遷に応じて、文化の主体も階級とともに動いて行った。最近明末から清朝、すなわち支那の最近世ともいうべき時代において行われておる文化の現状を見ると、そこに一種の特色を認めることが出来る。それは支那の国民性としての特色に、支那の国民生活の年齢と両方が相乗じて出来上ったものというべきであって、後進の国々、殊に日本等では思いもよらない現状を呈しておる。

前にもいうごとく、政治のごときは既にこの時代において支那人の文化の主体ではなくなっておるのではあるが、それでも時代の特色を帯びた一種の政治があることは認め得られる。この時代における政治の特色は、人民の生活を整理して、それをして処を得せしめるという目的ではない。昔支那では「名実を綜核《そうかく》す」といって、法令の本文通りに実行される政治を尚《たっと》んだ時代もあって、学説としては韓非子《かんぴし》が盛んに主張し、事実としては漢代に行われたが、最近世の支那政治はそういうものではなくして、その高等政治ともいうべき国家の大きな機関によって行われるところのものは、大体泰平を粉飾するの具を備えるにあって、その一般民政は声名を目的とする、すなわち評判政治である。既に明代頃からして地方の政治を視察する特別の官吏、例えば「巡按御史《じゅんあんぎょし》」というものがあったが、それらは政治の実際を視察するよりかは、むしろ地方の評判を聴くことを主としたのである。支那で「好官」といわれるのは、すなわち「声名好」の意味であって、事実の如何《いかん》に関係はない、これはもちろん大体において政治の堕落を意味するものであるけれども、実は世界の政治の大勢はすべてこれと同じ径路をとっておるのであって、立法を議会で司《つかさど》り、司法権を陪審官の手に渡すというようなことは、すなわち大体において声名政治、評判政治、気分政治であって実質政治ではないのである。支那はよほど以前からその程度まで進んでおったので、支那を立憲政治によって改革しようなどとは、元来支那政治の根本を知らないから起るのである。

これにつれて哲学、倫理に関する思想の傾向も同じようになっておる。顧炎武《こえんぶ》は「北方の学者は晩年道家に入り、南方の学者は晩年仏家に入る」ということをいったが、これは支那の哲学道徳の中で最も高尚なる方面の傾向をなすものであって、近年支那の新人たちが儒教を攻撃するのを俟《ま》つまでもなく、儒教というものは既に久しき以前より、所謂《いわゆる》地の塩たる価値を失っておったのである。宋・明の学者は仏教等の理想をかり来たって、強いてこれに塩味をつけんとしたけれども、他からつけられた塩味は一度水にでも浸るとその味を失うことになる。

それで支那人の最も好む衒学《げんがく》的思想は、道家によって満足されんことを求め、さらに精密にしてかつ潑剌《はつらつ》たる思想は、仏家において満足されることを求めるようになって来たのである。一方仏家の思想も支那の地方色を帯びて儒家思想に近くなると同時に、儒家の思想が仏家の感染を受けるのみならず、時としては全く仏家そのものをそのままに玩味しかつ楽しむようになって来た。清朝の中頃以後はこの傾向がますます盛んで、仏学の大家はむしろ居士《こじ》の間に生じて、僧侶には出なくなった。清末から現代にかけても、苟《いやしく》も支那で哲学的思想を持っておるもので仏教に出入りせないものはなくなって来た。これは主に高級な学問的頭脳を持った人々の間に行われる思潮であるが、一方一般道徳においてもこの傾きがさらに盛んである。明末に儒家に袁了凡《えんりようぼん》、朱柏盧《しゆはくろ》のごとき陰騭《いんしつ》主義の道徳思想を鼓吹した人があり、仏家においても雲《うん》棲蓮池《せいれんち》大師のごとき、同様の思想を鼓吹した人があって、これが儒仏道三教を一にして実用的に仕上げたものであって、その後康熙《こうき》・雍正《ようせい》帝等が人民が日常の守るべき道徳に関する訓示を発したものなども、ほとんど全くその主義に出《い》でない。殊にその中で蓮池大師は思想家としても実際道徳家としても、偉大な力を持っておったので、前にいった居士派の仏教もこの人から開かれ、明末以後の実際道徳もこの人々によって確立されたので、現在の哲学道徳においては真の価値として孔子、朱子《しゆし》と相並ぶべきものであるかも知れぬ。そうして実は孔子の経書、朱子の註釈は、随分久しき以前から、日本の文官試験の受験者が法律書を以《もつ》てその生活の種本とするごとく、仕宦者の種本となってしまったので、孔子朱子の教は現に支那人にパンを与えておるかも知れぬが、霊魂を与えておる仕事は蓮池大師の方に横取りされた姿になっている。

この陰騭主義の道徳は支那人にとっては、非常な勢力があるもので、すなわちこれは現世応報主義であるから、支那が今日混乱の極に陥っても、なお民間に一脈の道徳思想を伝え、その社会を全く混乱に陥らしめざる根柢《こんてい》はここにあるのである。もちろんこれはこの哲学倫理思想が、かく両極に分かれたという頃は、その堕落を現わすものであるには相違ないが、現在の世界の哲学倫理の思想も、これと類似した径路をとって行かないとは断言することは出来ないであろう。要するにこの政治とか倫理とかいうものに関する支那の近世的傾向は、支那の過去における文化階級が残した遺物であって、やはり政治としては実行を尚び、倫理思想としては儒教のごときものが行われるのが、政治並びに倫理が文化の主体であった時の現象であったが、今日においてはそれらのものは文化の主体でなくなったから、かくのごとき現象を呈して来るのである。ゆえに近来の支那の文化は学問、芸術がその主体になって来たのであるが、その中で学問は清朝の「樸学《ぼくがく》」が出て来たのが時代を代表する特種のものである。樸学という文字からして、既にその学問を持っておる階級が仕宦者を中心とせないということを現わしておって、民間読書人の仕事であるということになるが、その方法はヨーロッパの近世科学の方法に一致するところが多くて、そのうちやはり高級学問と低級学問とも仮に名付くべき二つの学問を生じて来た。高級の学問はその方法に哲学的規範を持って、厳密な考証によってその偉大なる進歩を促したので、これに依って従来不明であった古代文化の内容が、非常に的確になることになった。しかしまた一方にはこの方法は、偉大な頭脳を持った人のたてた規範に僕従して、単に瑣屑《させつ》の考証をしておれば、それで能事終れりとする傾きも出来て来たので、そういう傾きは殊に清朝において揚州地方で商人上りという者にしばしば見るところの傾向である。それがすなわち清朝になって文化の中心が商人階級に移ったがために起った、特別な現象ともいうべきものである。この方法が一応行き詰った結果としては、それを変化するために常州《じようしゆう》学派のごとく、学問を芸術化したところの一種の傾向も生じたが、そこまでの変化で大体清朝は終ったわけで、その後は革命の時代思潮のために再び混乱に陥りつつある。しかし学問の方は政治倫理のごとく全く行き詰って、さらに進歩の径路を発見し難いのとは違って、常州学派のごときさえも現に他の国にはあまり見難い一種の思想傾向で、むしろ他の国の文化の前程を暗示しておるかのようにも思われる。

芸術殊に絵画等のごときにおいても、宋以来の院画はいろいろな変遷を経来《へきた》っておる間に、漸次南画に向かって傾いて来たということは自分が嘗《かつ》て論じたところであるが、その南画の正統ともいうべきものは、元末四大家において極点に達して、明の中頃まではなお芸術家として専門の大家なるものを出し得る状態であったが、その後の傾向は絵画は読書人階級一般に普及した芸術になりつつあるので、明・清時代の読書人で多少絵画をよくせない人がほとんど無いようになって、その学問上芸術上の自然の修養が各々の個性を絵画の上に表現するようになって来たので、元・明時代まであったような大家と称すべきものはますます出難くなったが、そのかわり芸術趣味の文化階級一般に浸み込んだことは非常なものである。元・明以来やはりこの芸術も処士の趣味として一般に行われたが、清朝になって、これにも商人階級が中心となったがために生じたところの特別の影響を与えて来た。それは単に清朝の芸術としては商人階級のみの影響とはいかぬので、乾隆帝等のごとき人が画の写生的傾向を好まれたところから、西洋画法の混入を来たした点もあるが、殊に揚州地方では商人階級の好みによることと思うが、やはり一種の写生的傾向を明らかにもって来た時代がある。絵画は学問と違ってその修養に困難な階梯《かいてい》を要すること少ないがために、特別に高級芸術として発展したと思われるものを見ないで、大体において芸術趣味の文化階級に普及する道具となったようである。以上のごとくいろいろな文化の主体の変化から、その文化階級との関係を考えてみると、それが既に他の後進の文明国に対して前程の暗示になることも少なからざるものであることと思うが、ここに疑問として提出さるべきことは、前にもいったごとく、日本と支那との経済問題からして支那の経済組織が変化し、それによって支那の社会組織にも変動を来たした時に、いずれの階級がまだ開拓されずにその沢を蒙っておらなかったところのもので、そうして将来に過去の文化階級に代って新たなる位置を占むべきものとなるであろうか、そうしてその将来の文化の主体は何物となるであろうかということを考えねばならぬ。

一方において文化階級が地方の読書人すなわち樸学者まで達しており、一方において商人階級にまで達しており、そして経済組織の新しき変化は、まず工業等の起る前に原料の生産者たる地方農民の発達を促すということが、わかりきっておる以上は、支那の新しき文化階級は労働者等のごとき種類ではなくして農民であるべきことは想像するに難くない。ただその農民が文化階級となった時にその文化の主体が何物であるかは、世界の国民生活に支那より先へ進んだものがなくて、我々に暗示を与えるところのものがないから、これを今想像するに苦しむのである。ただ我々が今日想像し得るところは、支那において過去のいろいろな文化主体が総合的に支那人の文化生活に現われ来りつつあることであって、あるいは総合的文化生活が将来の文化主体であるかも知れぬと思う。総合的文化生活というものはいかなるものかといえば、支那人の生活を直接に知っておるものは、あるいは思い当るかも知れぬところのものであるが、いくらかそれの明らかに文字の上にあらわれたものとしては、例えば「紅楼夢《こうろうむ》」という小説にあらわれた貴族生活のごときものであろうかと思われる。新しき文化階級の生活が向上すれば大多数のものが、あの貴族生活に類似したものになり得るかと考えられる。

その内面生活からいえば、「紅楼夢」にあらわれておる人の情緒は、我々から見て一種頗《すこぶ》る畸《き》形《けい》なるもののように見えて、その味わっておる恋愛は我々の現実を超越したものであって、しかも宗教的に幽玄だというでもなし、道徳的に厳粛だというでもなく、非常に生粋で気のきいた情緒であるが、しかし現実をば確かに超越しておる。支那人の近世的趣味をあらわした戯曲などは、明末以来多くはかくのごとき傾向を有して、婦人が男子のするような勇壮な行動をとったりなどすることを甚《はなは》だしく喜ぶ傾きがあって、また事実そういう婦人が現実に現われ出たこともある。西洋思想の婦人開放とは全く別であるがしかし、一種の婦人開放の思想は持っていたので、文学的にも袁随園《えんずいえん》の女弟子の一群などは、旧式道徳からは甚だしく排斥されるところのものであるが、趣味の世界において一種の開放された生活を黙認しておったものといってよろしい。この真理は近来の美人画等にも現われて、乾隆・嘉慶《かけい》以後の美人画には、著しく婦人の個性並びに婦人の自尊心を何となく現わしたものが多い。明代の仇英《きゅうえい》等の画のごとく、男子の玩弄品《がんろう》の対象としての婦人を見る画とは一変しておる。そういう内面生活に変化を来たしたところからして、それを取り巻くところの生活の調度品等にも、近代には著しき変化を来たしておる。これは我が正倉院に見るところの唐代の文化生活を代表したものと、武英殿で見るところの乾隆時代の文化生活を代表したところのものと比較しても判るところである。

唐代の文化生活は人類の自然の進歩のある極点までを示したので、東西文化を総合したものには違いないが、大体は人工的に進んだ極致をあらわしておる。しかしその状態は宋の徽宗《きそう》皇帝の頃から変化を来たしたといってもよいので、徽宗皇帝の時に芸術化された考古学ともいうべきものが起って、多くの古代の芸術品の出土があり、そしてまたこれを模造したところの新芸術品が出来た。それは銅器もしくは陶磁器等において、今日もその遺物を見るところのものである。この時既に文化生活に古物を利用するという端緒を開いたが、明・清二代に亙《わた》ってますますその風が盛んになって来て、出土した芸術品は単に学問上の対象として取り扱われるのみならず、生活を美化するための装飾品としても用いられた。その後清朝が満洲の森林の中から起って来たがために、それに附け加えて天産物の利用ということが盛んになって来た。衣服として珍しき皮類を用いるというようなことはすなわちそれで、その外に支那は古来玉石の産地として著しい国であるから、これは古く古代芸術品の一部として古玉石の出土もあり、同時に優秀な新玉石の産出もあるので、それらを悉《ことごと》く生活美化の道具として用いることになった。

自分は嘗て北京で、今の宣統帝《せんとう》の一師伝から招宴されたことがあるが、その時に使用された飲食器が、宋・元以来道光《どうこう》頃に至るまでの各種の陶磁器であったので、大いに驚いたことがあった。これらは現代支那人の文化生活の一端を窺《うかが》うべきものであって、こういう現代の芸術の生産品に併せて、古代のもの、天産物、この世にありとあらゆるものを芸術的に調和して利用し、かくして生活を美化するということが、支那の文化階級の一つの理想といってもよろしい。乾隆帝の生活には当時輸入された洋式の建築、洋式の器具・絵画その他も含まれていたので、その調和のしかたの芸術的なところが一種の支那人の特色である。こういう総合的文化生活は、欧州等の旧《ふる》い家柄の貴族等には既にあるかも知れぬが、まず我が国のごとき後進の文明国にはまだ及びもつかぬところのものであって、もし支那の経済組織の変化によって、その富力がこの文化生活を維持するに充分なだけに進むものならば、恐らく新文化階級の文化主体は、この総合的のものであるかも知れない。ここに至ると恐らく世界の文化階級が最後に到着すべき最高の位置まで、既に暗示しておるものといってよろしかろうと思う。

あるいはその次の時代には支那でも労働階級が勢力を得る時が来るかも知れぬが、その時になってますます文化が多数の人に普及するということになれば、恐らくこの総合的文化生活を簡易化したものが一般に採用されるだけであって、その外に新しい文化主体を生ずるかどうかは自分の能力では予想し兼ねるのである。

支那は近頃所謂新人によって、新文化運動が行われ、あるいは旧道徳の破壊論となり、あるいは文学革命となって現われて来ておる。旧道徳の破壊論は主として儒教を破壊するにあるのであるが、その論者の中でも、ある者は全く西洋から新しく来た個人主義とか、社会主義とか、生産主義とかを採用せんとし、ある者は旧い墨子《ぼくし》、老子《ろうし》などの主義を採用せんとしておるが、これらの多くの人々の議論は歴史の価値を認めることを忘れておる。儒教が支那を今日の積衰積弱に陥らしめたという議論はある点までは真実であろう。しかしそれらの弊害があるにもかかわらず、儒教によって長い間支那の道徳が維持されたということには、その原因がなければならぬ。初めから儒教が支那の社会組織に内面的もしくは対外的に、何らの効能がないものなれば、今日まで永続しておる道理がない。儒教が今日まで維持されたというその原因が今日にも存在しておるや否や、その原因は支那の社会の成り立ちから除り去り得るものなるや否やということを、歴史的に玩味しなくては、儒教排斥論は甚だ無価値なものといわねばならぬ。自分はその点においていくらか歴史的の事実を説明し得たと考えておる。しかし儒教と支那社会の関係を充分に論ずることになれば、なお深く広く考えなければならぬことがあるが、支那人はもちろん、支那の新人に近頃しばしばかぶれるところの日本人なども、支那人の論理に甚だしい欠陥のあることに注意して、真に儒教の価値を根本から論断するでなければ、その軽率な結論はややもすれば日本の現代思想にも悪影響を来たさんとする。これはまた別の機会において論ずる時もあろうが、ともかく一応の注意だけをここに与えたいと思う。

文学革命のごときもやはり同様であって、文学は一種の芸術品であるから、単にこれを口語体にし、すなわち民衆化することのみによって、芸術の価値が完成さるべきものではない。従来の支那文学も民衆化、口語化については、幾度かその歴史を繰り返しておる。唐時代の初めにおいては、今日支那でも目で見る文学になってしまったところの絶句体の詩などが、口語であったに違いなく、その後起った詞曲はもちろん全く口語体で成り立ったものである。口語体の新たに生ずるのは、その時代において文学精神の復活にも因《よ》ることであるが、時としては元朝・清朝等のごとく、支那の古文学の修養を受けにくい外来人種が、その口語には早く習熟しやすいために、それらの間に盛んに行われたということもある。

大体文学というものは、いかにこれを普及さしても、文化階級外にあるところの民衆にまで、その趣味を味わわせ得べきものではなく、結局は文化階級間の楽屋にだけ通用さるべきものであるから、一度民衆化した文学が時代を経るごとに必ずまた古文学化して、元の形に近寄る傾きを持つものである。それのみならず詞などは今日では、昔嘗て幾多の天才によって発明された音楽的の模型をそのまま踏襲して、替え歌を作るに過ぎないようであるけれども、その音楽的模型が今日まで伝わっておるには、やはりその間に作者の音楽的才能が現われておるがためであって、その才能がないものが濫《みだ》りに新しい模型を作らんとし、もしくは模型を無視した詩形を作らんとすれば、必ず音楽的に不具なものが出来て、それが永続する価値がなく、あるいは音楽趣味のある文化階級に排斥されること、我が邦の浪花節《なにわぶし》とか筑前琵琶《ちくぜんびわ》とかと同じものになるに違いないのである。今の新人の文学革命論も、果してどれだけの芸術的の価値があるかということを玩味せずして、ただ民衆的であり古代の模型を破壊したものであるから善いとして雷同しても、その生命は永続するかどうかは頗る疑問である。

一体現在の支那はその政治方面においても文化方面においても、自国の学問の素養がないところの留学生出身のものによって、横議《おうぎ》を逞《たくま》しゅうせられておるので、その議論には大部分歴史的根拠を有しないものが多い。政治方面でも張之洞《ちょうしどう》等のごとき第一期改革論者は、支那の従来の歴史を知って、その弊害を指摘したところには動かすべからざる根拠をもっていて、有益なことが多かった。ただ教弊の方法として述べた意見で、あるいは旧来の支那式範疇《はんちゅう》を脱しないところがあるのと、西洋の文物を採用するという考えに徹底しないことがあるのとは、免るべからざる欠点であった。しかるに近頃の支那の新人は、歴史的智識のないところからして、支那従来の弊害をも知らずまたその美点をも知らない、単に善悪にかかわらず根こそぎ支那の文化を破壊し去って、西洋文化を切り接《つ》ごうというような考えが多いので、それを最も進歩した意見と考えておる。その結果は実行が出来ないか、あるいは実行すればさらに従来の弊害よりも以上の弊害が生ずるにすぎない。それらのことは第一期革命以来今日に至るまで、支那の改革論に目をさらし、支那の長い歴史を研究した外国人の方が反《かえ》って正確な意見を持っておるのである。

支那の改革というものが、以上のごとき確乎たる根拠のない支那人の意見によって、これを一層悪く傾けられておること数十年に及んでおるので、支那の革新に対しては外国人の意見というものが有力になるのである。然るに近来の日本人は、第一自分が支那の歴史に暗いことまた支那の新人よりも甚だしくして、支那の新人の意見というものと、外国の観察者の意見との長短をも知らず、支那の新人が突飛な意見を出せば、支那人であるがゆえにこれを買い被る傾向を生じて来て、そのために支那人の反省心を減殺すること少なくない。かくしてますます支那の局面を暗黒の中に陥れんとしておる。それには一般的に支那の歴史から今日の現状にまで及んだ政治、経済、文化その他のことを、正しき方針によって研究すべく導く必要があるので、自分は試みにかくのごとき放言をしたのである。

これが少なくとも支那人及び日本人に、何らかの警醒《けいせい》を促すことが出来れば幸いである。

解説　革命と背信のあいだ――「同病相憐れむアジア主義」の預言書

與那覇　潤

中国を通じて語られる自画像

中国に、なにを見るか。それによってその人の政治的な立場が決まってゆくという事態が、ここ日本ではめずらしくない。

たとえば、中国に「夢」や「理想」を見ようとした人々がいた。戦前であれば北一輝（一八八三～一九三七）のような「右翼」も含めたアジア主義者たちが、辛亥革命の渦の中にみずからの解放を夢見ようとし、戦後しばらくは「左翼」の陣営が、毛沢東の共産革命に理想社会への道程を重ね見ていた。文化大革命の幻想が破綻したのちは、教条的な社会主義への期待は薄まったとはいえ、少なくとも対米追従一辺倒よりは日中友好の道を歩むことの方に、世界平和へと資するプライオリティを見出す立場が「リベラル」と呼ばれてきた。――月並みだがしごく大雑把にいえば、ここ一〇〇年くらいの構図はそんなところだろう。

むろんそうではない、中国の「現実」を見ろと主張する人々もつねにいた。中国に近代化は無理だ、革命など成功しない、共産党は独裁政権だ、彼らは平和勢力ではなく軍事的脅威である、云々。そして二〇一〇年代、尖閣諸島をめぐる紛争が空前のピークをつけるなかでこの立場のリアリティは圧倒的に上昇し、ついに夢や理想を駆逐したといえよう（それが今日、わが国の「右傾化」と呼ばれているものの一側面だ）。結果としていま日中両国民の関係は、国交回復以来最悪と呼ばれる状態として、私たちの眼前にある。

本書の著者・内藤虎次郎湖南（一八六六～一九三四）もまた、かような「転向」を指摘されてきた思想家の一人である。いわく、いまだ辛亥革命の熱気冷めやらぬ一九一四年の『支那論』では、共和政へと向かう中国の進歩に期待を寄せたのに対し、その夢のしぼんだ二四年の『新支那論』では逆に中国停滞論を唱えて、日本による侵略を肯定したのだと。本書に収録された二著について、そのような批判が寄せられるのが戦後の通例であった。

しかし中国にむけるまなざしのスタンスが、国内での政治的な議論の基軸をかたちづくってしまう現象は、決して戦後の産物でも、また近代起源のものでもない。徳川時代から荻生徂徠（一六六六～一七二八）のような儒学者は、現実の中国よりも「先王の道」という理想化された中華を追い求めてその担い手たらんと欲したのだし、逆に賀茂真淵（一六九七～一七六九）らを始祖とする国学者は、からごころの「理り《ことわ》」で国が治まるという教条こそ空疎な幻想だと嘲笑した（松本三之介『近代日本の中国認識——徳川期儒学から東亜協同体論まで』以文社、二〇一一年）。「真の社会主義」（なる理想）の体現者をユーラシアに求め歩いた戦後左翼と、海外標準など持ち込んでも決して実現しない日本（なる現実）をただ肯定しようとした戦後右翼との、嚙みあわない論争の原風景は、探そうと思えば江戸以来の水脈にまでさかのぼれる。

内藤湖南とは、自身がその系譜に連なることにもっとも自覚的であり、近代よりもはるかに深い歴史の奥ゆきを背景において、自国と隣国を見ていた人だった。少なくとも私には、いま湖南を読むことの意義は、そこに存するように思われるのである。

一身にして二生を経ず

内藤虎次郎は一八六六年、現在の秋田県鹿角《かづの》市の儒者の家に生まれた。湖南とは「十和田湖の南」からつけた号であり、漢学者の父・調一（一八三二～一九〇八）が湖の地形から「十湾」と号したのにちなむ。本名の虎次郎は寅年生まれだったことに加えて、吉田松陰（一八三〇～五九）の通称・寅次郎から借りたものとされる。調一の師だった那珂（江幡）梧楼（一八二七～七九。東洋史の祖と言われる通世の養父）は松陰の学友で、未遂に終わったとはいえ兄の仇討に旅立つ梧楼を励まし、ともに怒りともに泣く仲であった。しかし彼らの仕えた南部藩が戊辰戦争で会津側についたため、梧楼は逆賊として新政府に逮捕され、出征した調一もまた一時、家督争いが重なる不幸もあり無一文になったという。湖南が三歳の頃である。

三十代で維新を迎えた福沢諭吉（一八三五～一九〇一）が、『文明論之概略』の緒言で「方今我国の洋学者流、其前年は悉皆漢書生ならざるはなし」という様子を、「一身にして二生を経る」と形容したのはよく知られる。その同世代人でありながら、調一は巧みな時流への転換に失敗した、いわば維新の敗者であった。『福翁自伝』を読むと福沢もまた、洋学以前には自身の経書解釈の速習ぶりを周囲に誇った節がみえて微笑ましいが、代々儒者の家系に生まれ、尊攘運動の起爆点となった松陰とさえ近い位置にあったにもかかわらず、官軍に蹂躙された東北の地政学は、福沢のような華麗な転身を調一に許さなかった。

父ゆずりで漢籍の素養を深めた息子は、それに飽き足らなかったらしい。湖南の最終学歴は、一八八五年の秋田師範学校高等師範科卒業（ただし、教授就任後に京大から博士号を受けた）。そのまま地元の小学校で首席訓導（事実上の校長）となったが、わずか二年後には東京に出奔、ジャーナリストとしての人生を歩み始める。仏教者・大内青巒《せいらん》（一八四五〜一九一八）の明教社や三宅雪嶺（一八六〇〜一九四五）の政教社など、在野のナショナリストによる媒体を転々とし、一九〇〇年に大阪朝日新聞（再入社）に落ち着くまでは、著名な『万朝報』のほか地方紙『三河新聞』、植民地紙『台湾日報』なども渡り歩いている。

その湖南にとって、明治維新とはなんだったのか。一九一六年、京都帝大教授として執筆した論説「支那の政治」には、以下のごとき一見意外な一節が見出される。

日本の近頃の政治上の過程は、若し之を支那に比較すれば、宋代に比較す可きものである。
（全集四巻、五五三頁）

唐宋変革・明治維新・辛亥革命――『支那論』

湖南がジャーナリズムから転じて、京都帝国大学の史学科講師に転じたのは一九〇七年のこと（二年後に教授）。その主要学説たる「宋代以降近世説」の構想を初めて公表したのが、一九一四年の『支那論』だった。屈指の「支那通」として辛亥革命の帰趨を論じた同書の冒頭で、湖南は明清時代を「近世」と呼ぶ巷間の常識を批判して、中国における近世は唐末から北宋にかけて成立したと説く（二四頁）。

それでは、その宋代になにが起きたのか。それは皇帝への権力集中を通じた、貴族という中間勢力の排除であった。唐代までは有力貴族の連合政権にすぎなかった王権が、突出して権力を独占する天子の独裁に変わる（三四頁）。このとき皇帝が旧来は貴族層の私的利害によって壟断された政局を排し、国民全体の民意を酌んで執行する公的な存在として振る舞うなら、その独裁制は人民の勢力の伸長とは矛盾せず、かえってそれを促進するものとなりえよう。これが「無限の君主独裁の国である……と同時に支那は非常な輿論の国である」（一七四頁）ことのゆえんになる。

実際に北宋では科挙制度が実質化され、貴族ではなく試験に合格した庶民が政治を担当することになったほか、王安石（一〇二一～八六）の改革によって労役を貨幣で代納することが認められ、民間経済の活力を阻害しない統治が模索されはじめた（四六―四七頁）。ましてや、現在はそこにヨーロッパから共和思想が入ってきているのだから、民意に反して辛亥革命への流れを止めることは至難だろうというのが、この時点での湖南の見方だ。

こうみれば二年後の「支那の政治」で、日本の近代化を「宋代に比較す可きもの」と湖南が述べたことにも合点がいこう。維新によって諸大名による領国統治は排除され、天皇の下に全国統一の政府が作られた。武士による政権独占は終わり、官僚の地位は高等文官試験に開かれた。年貢と異なり地租は金納化され、市場での土地売買も公認されて、経済活動が身分によって規制されることがなくなった。洋学時代と漢学時代の「二生相比」すことを説いた福沢よりも頑固に、「洋学者流」へと転ぜず「漢書生」のままで維新を見るなら、そこで起きたのは宋朝下での中国社会の変容と同じことである。

それではかような「明治＝宋朝」体制の下で、民意は天子を通じて政治に届いただろうか。実は湖南には十五歳だった一八八一年、東北巡幸時の明治天皇に奉迎文を奉った経験があり、真偽は未詳ながらその漢文の素養で、侍講を務める儒者・元田永孚《もとだながざね》（一八一八〜九一）を驚嘆せしめたという挿話がある。また一八九六年、薩摩閥の松方正義が進歩党の大隈重信と提携して松隈内閣を作ると、内閣書記官長（現在の官房長官）に就任した上司・高橋健三（一八五五〜九八）を支えて大阪朝日を辞め、施政方針演説の起草に当たった。ことばの力で、なかんずく維新の過程で不当にも没落させられた家系の伝統を引く漢籍の力で、民意が政治に届く回路を作る。経学を修めて国政に参与せんとする儒生、ないしは宋朝下の士大夫にも似た心意気が、その言論を支えたこともあったろう。

しかしながら、畢竟彼は維新の敗者であった。執筆した草稿は藩閥政治家のあいだでもみくちゃにされ、また高橋の早逝もあって湖南は政界を去る。歴史家として大成したのち、一九二四年初版の『日本文化史研究』に収めた「維新史の資料に就て」でも「敗者の材料」こそを歴史叙述の基礎にせよと述べているように、湖南にとっての明治維新とは、必ずしも手放しで誇れるものではない。一見すると辛亥革命の模範として称揚するかにみえながら、明治政府の財政上の成功は旧藩の「負債の義務」の放棄によるとし、袁世凱の暗殺政治と同様、米沢藩から集議院に臨んだ雲井龍雄が「虐殺」されたと述べる『支那論』の維新像にもまた、その出自は影を落としていよう（一一六―一一七、一三五頁）。

漢籍の語で近代を評価する

薩長の有司専制に帰した維新を未完に終わったものとみなし、より広範な国民の手でそれを完遂しようと訴える姿勢は、戦前には至極ありふれたものである。民衆が議会を取り巻いて桂太郎内閣を倒した一九一三年の第一次護憲運動は、当時「大正維新」と呼ばれたし、三〇年代に青年将校が「昭和維新」を叫んだことも広く知られよう。同時期に骨格が造られ、やがて戦後歴史学へと受け継がれた講座派マルクス主義の「中途で挫折したブルジョワ革命」としての明治維新像も、その点ではこれらの亜種とみなしうる。

かような「さらなる維新」への夢を大陸にまで輸出し、現地の民衆とも連帯して世界の変革を期すアジア主義の思想は、竹内好（一九一〇～七七）らの研究者によって戦後しばしば取り上げられてきた。しかし東洋史学上での赫々たる名声に比して、そちらの文脈での湖南の評価は必ずしも高くない。それは湖南が日中両国を見る視野の深さゆえに、理想の背後にある歴史的な現実を語ってしまったからかもしれぬ。明治維新さえ宋代の変革に擬える湖南は、革命を口にするにはニヒルにすぎるところがあるのだ。

『支那論』において湖南は「元来が政府を信用しない支那の社会組織は、比較的自治団体が発達しておることが、一つの長所」（一二五頁）とのべて、同業組合や保甲制度などの伝統的な中間団体による自治制の確立を繰り返し説いている。政府に依存せず、民間主導で社会の気風をリードする中間層を作り出すべきとは、明治日本でも洋学者としての福沢が英国の「ミッヅルカラッス」を模範に説いたところであるし（『学問のすゝめ』五編）、上層自作農と独立自営業者との提携が期待された立憲制導入期には、徳富蘇峰（一八六三〜一九五七）も「田舎紳士」に地域の秩序の担い手を求めたことで知られる。

しかし実はこれも維新の達成という以前に、中国史の文脈では「封建の意を郡県の中に寓する」ことを唱えた明末清初の顧炎武（一六一三〜八二）らに端緒を持つ、しごく伝統的な構想にほかならない（張翔・園田英弘編『「封建」・「郡県」再考――東アジア社会体制論の深層』思文閣出版、二〇〇六年）。郡県制のもとで国土を巡回する「渡り者」となった官吏が、互いに盗賊を隣の行政区へ追いやりあう愛郷心のない統治を行ったところに明朝滅亡の原因を指摘する、湖南もまたその系譜にみずからを置いていたことは（一〇六―一〇七頁）、文中での頻繁な言及に照らしても疑いなかろう。だとすればやはりここでも、維新以降の日本の近代化は「漢書生」のままで十分に説明のつく、大陸では昔から論じられてきた歴史の一コマに過ぎぬことになる。

維新の成果を大陸へ輸出することを訴えたアジア主義者たちの口吻に、湖南は途中まで乗っているようにみえて、実際にはむしろ逆に中国史の尺度を輸入して自国を評価していた節がある。そのことはやがて、「洋学者流」ではけっして起こりえないような、ある絶望へと湖南を導いてゆく。

歴史の終わりを中国に見る――『新支那論』

中国では宋朝、日本では明治の変革のもとで、科挙を受験し政治に参与するための機会は民衆に開かれたが、しかし選ばれた官僚たちは中央から派遣されて地域に根づかないがゆえに、郷土を自衛する民間の自治組織が求められるのであった。しかし統治機構への民衆の不信が一定の閾値を超えて、ついにまったく政治への関心を失ってしまったら?――一九二四年の『新支那論』は、かようなディストピアとして中国の現実を描きなおした書物として位置づけうる。湖南自身、一九世紀末に政治に託した理想を藩閥に阻まれる体験をしていたわけだが、その時点では欧州のように議会政治を安定させることが国家の成熟だという、「洋学者流」とも大差ない平凡な見方をしていた。しかし『新支那論』ではむしろ、政治とは人類の営みの中では低級なものであり、それに熱くなる国民は幼稚な段階に留まっているとして(三一〇頁)、国家の成長を測る目盛りをかつてと逆転させている。

皇帝専制の下で貴族を排除し「機会均等」を達成した宋朝以来の中国の体制のもとでも、結局は官僚閥を構成する「政客階級」という新たな不純物が天子と民衆のあいだに発生して、完全なる民意の実現は達成されることはなかったと、湖南はのべる(三〇九頁)。結果として中国の民衆は政治に見切りをつけ、その才能をもっぱら文化や芸術に投資する道を選ぶことになった。民衆が、もはや国政なるものを一切気にかけなくなること。これこそが湖南のみた一文明の老熟であり、目下の中国がかような状態にあるのなら、日本の進出や列強の共同管理によって、大陸のひとびとの生活上の欲求に諸外国が応えてもよいという論理になる。

しかし見落とすべきでないのは、同書でも湖南が以下のようにのべて、かような状態を中国に特殊な遅れとしてではなく、むしろ人類社会が普遍的に到達するだろう終幕への先駆けとして位置づけていることだ。

支那の過去の歴史を見れば、ある時代からこのかたは、他の世界の国民の……まだ経過しなかった、これから経過せんとしておるところの状態を暗示するもので、日本とか欧米諸国などのごとき、その民族生活において、支那より自ら進歩しておるなどと考えるのは、大なる間違いの沙汰である。　（三一〇頁）

中国では皇帝と官僚を、欧米では議会や政党を媒介として、民衆はみずからの意思が国家に体現される社会を夢見る。しかし現実はつねにそれを裏切るのだという諦観が、宋代という早期に起こった変革の挫折によって、中国ではたまたま最初に定着したに過ぎない。そして日本を含めた諸外国もまた、実は同じ道を追わんとしている。「立法を議会で司り、司法権を陪審官の手に渡すというようなことは、すなわち大体において声名政治、評判政治、気分政治であって実質政治ではない」（三一七頁）と湖南がのべるのは、刊行の前年二三年に陪審法が公布された、大正日本の政党政治を指すものであった。

同病相憐れむアジア主義へ

他国の姿にその現実ではなくただ夢や理想を見ていれば、いつか手ひどい目にあうのは当然のことである。戦前の支那通の多くはその道をたどり、傷ついたのちにはいたずらに相手の不快な「現実」ばかりを指摘して貶め、みずからの「理想」については無反省に盲信する視野狭窄へと堕ちていった。一九三四年の湖南の没後三年にして始まった日中戦争は、東亜新秩序や大東亜共栄圏といった夢想の暴走へと空転し、それらの破綻とともに終わった。中国へのパターナリスティックな介入を是とした湖南の論説が、この過程で侵略を肯定するものとして利用されたのは事実である。それは本書を読むにあたって、つねに心に留めるべきことであろう。

しかし戦前の反省のもとに出立したはずの戦後の中国論は冷戦体制の下、共産革命という新たな「夢」の空転という不幸な経緯をたどったのちに、いまふたたび剝き出しの「現実」一辺倒に取って代わられようとしている。しかしそこで見出される現実とは、はたして中国のみのものか。むしろ私たちが中国に見るべきは、われわれ日本人自身の現実の似姿ではないのか。湖南のふたつの『支那論』を読みなおすことの意義は、かような歴史の深みから自国の近代を突き放した、旧幕派の漢学者の末裔の視点に、どれだけ寄り添うことができるかによって定まると考える。

湖南にとって、明治維新とは最初から背信を伴った革命であり、それは儒生の夢が大陸の現実に裏切られてきた、宋朝以降の系譜をもなぞるものだった。共産革命の名を掲げつつも世界で最大級の格差が広がる目下の人民中国を、かつての王朝になぞらえる感覚はいまや、当の共産党の内部も含めて当たり前のものとして広がりつつある。湖南が預言した、理想の頽落による政治の空転はポピュリズムとして、民生の保護からの国家の退場はグローバリゼーションとして、人々の関心の文化への退行は私生活主義として、先進国に暗雲を投げかけつつある。期待するごとに裏切られる、そのような病理をたしかに私たちは有史来共有してきた。空疎な理想ではなく、理想が空疎であったことを前提にして、しかしともにある道を探すこと。そのようないわば「同病相憐れむアジア主義」のマニフェストとしてこそ、本書はいま新たな魅力を孕んでいよう。

湖南研究の軌跡と現状

湖南の中国論は戦後、宮崎市定（一九〇一～九五）をはじめとする綺羅星のごとき後継者に受け継がれて東洋史学上の「京都学派」を形成したが、学派の内ではあまりにも自明の前提となってしまったがゆえに、その意義を平易なかたちで普及する試みはかえって振るわなかったところもある。たとえば図書館でもっとも手にしやすい湖南の評伝は、晩年に薫陶を受けた三田村泰助による一九七二年の中公新書『内藤湖南』だが、出郷以前の青年時代の叙述が中心で、京都帝大での活動の紹介は紙幅の一割のみに留まる。

本格的なアカデミズムの手法での湖南論となると、モノグラフとしてはJ・A・フォーゲル『内藤湖南――ポリティックスとシノロジー』（井上裕正訳、平凡社、一九八九年。原著は八四年）が唯一ながら、品切れ。ほか数点の評伝や研究も、古書でしか入手できないものが多い。

東洋史学の専門研究をこえて、湖南の史論が江湖に広がる機運が生まれたのは、相対的には近年のことだろう。一九九七年に筑摩書房版の全集が復刊され、二〇〇四年にはエッセンスを一冊に集めた『東洋文化史』（中公クラシックス）が刊行された。同時期に連載されたエッセイが粕谷一希『内藤湖南への旅』（藤原書店、二〇一一年）にまとまり、手前味噌ながら筆者も執筆した論文集として、山田智・黒川みどり編『内藤湖南とアジア認識――日本近代思想史からみる』（勉誠出版、二〇一三年）も出ている。

ジャーナリストから学界に転じた湖南の歩みにもふさわしく、岡本隆司『中国「反日」の源流』（講談社選書メチエ、二〇一一年）、『近代中国史』（ちくま新書、二〇一三年）から拙著『中国化する日本――日中「文明の衝突」一千年史』（文藝春秋、二〇一一年）まで、歴史的な視野から日中双方の社会構造を一般に説く書物でも、湖南の議論の再活用が始まっている。本解説でもこれらの諸文献を参照したが、興味を抱かれた読者諸氏にはぜひ、手に取っていただくことがあれば幸甚である。

（愛知県立大学准教授・日本近現代史）

内藤湖南（ないとう こなん）

1866–1934年。明治から昭和初期の東洋史学者。本名は内藤虎次郎。陸奥国毛馬内村（現・秋田県鹿角市）生まれ。南部藩に仕えた儒学者の家系。秋田師範学校を卒業。『三河新聞』、雑誌『日本人』、『大阪朝日新聞』、『台湾日報』、『万朝報』などの記者として活躍。その間、中国問題について研究を深め、1907年、狩野亨吉によって京都帝国大学に講師として招かれ、東洋史学講座を担当、のち教授。唐と宋の間に時代的画期を見出し、中国の近代は宋代から始まった、とする説を提唱。東洋史学上の『京都学派』の開祖として、その後の日本の中国研究にも多大な影響を与え続けている。

文春学藝ライブラリー

歴1

支那論《しなろん》

2013年（平成25年）10月20日　第1刷発行
2022年（令和4年）5月15日　第5刷発行

著　者　内藤湖南
発行者　花田朋子
発行所　株式会社　文藝春秋

〒102-8008　東京都千代田区紀尾井町3-23
電話（03）3265-1211（代表）

定価はカバーに表示してあります。
落丁、乱丁本は小社製作部宛にお送りください。送料小社負担でお取替え致します。

印刷・製本　光邦

Printed in Japan
ISBN978-4-16-813003-8

（　）内は解説者。品切の節はご容赦下さい。

内藤湖南
支那論
博識の漢学者にして、優れたジャーナリストであった内藤湖南。辛亥革命以後の混迷に中国の本質を見抜き、当時、大ベストセラーとなった近代日本最高の中国論。（與那覇　潤）
歴-2-1

磯田道史
近世大名家臣団の社会構造
江戸時代の武士は一枚岩ではない。厖大な史料を分析し、身分内格差、結婚、養子縁組、相続など、藩に仕える武士の実像に迫る。磯田史学の精髄にして、『武士の家計簿』の姉妹篇。
歴-2-2

野田宣雄
ヒトラーの時代
ヒトラー独裁の確立とナチス・ドイツの急速な擡頭、それが国際政治にひきおこしてゆく波紋、そして大戦勃発から終結まで――二十世紀を揺るがした戦争の複雑怪奇な経過を解きあかす。
歴-2-5

勝田龍夫
重臣たちの昭和史（上下）
元老・西園寺公望の側近だった原田熊雄。その女婿だった著者だけが知りえた貴重な証言等を基に、昭和史の奥の院を描き出す。木戸幸一の序文、里見弴の跋を附す。
歴-2-6

原　武史
完本　皇居前広場
明治時代にできた皇居前広場は天皇、左翼勢力、占領軍それぞれがせめぎあう政治の場所でもあった。定点観測で見えてくる日本の近代。空間政治学の鮮やかな達成。（御厨　貴）
歴-2-9

シャルル・ド・ゴール（小野　繁　訳）
剣の刃
「現代フランスの父」ド・ゴール。厭戦気分、防衛第一主義が蔓延する時代風潮に抗して、政治家や軍人に求められる資質、理想の組織像を果敢に説いた歴史的名著。（福田和也）
歴-2-13

小坂慶助
特高　二・二六事件秘史
首相官邸が叛乱軍により占拠！　小坂憲兵は女中部屋に逃げ込んだ岡田啓介首相を脱出させるべく機を狙った――緊迫の回想録。永田鉄山斬殺事件直後の秘話も付す。（佐藤　優）
歴-2-15

文春学藝ライブラリー・歴史

猪木正道
日本の運命を変えた七つの決断
加藤友三郎の賢明な決断、近衛文麿の日本の歩みを誤らせた決断。ワシントン体制下の国際協調政策から終戦までを政治学の巨人が問い直す！　（特別寄稿／猪木武德・解説／奈良岡聰智）
歴-2-16

秦　郁彦
昭和史の軍人たち
山本五十六、辻政信、石原莞爾、東条英機に大西瀧治郎……陸海軍二十六人を通じて、昭和史を、そして日本人を考える古典的名著がついに復刊。巻末には「昭和将帥論」を附す。

歴-2-17

江藤　淳
完本　南洲残影
明治維新の大立者・西郷隆盛は、なぜ滅亡必至の西南戦争に立ったのか？　その思想と最期をめぐる著者畢生の意欲作。単行本刊行後に著した「南洲随想」も収録した完全版。　（本郷和人）
歴-2-25

三木　亘
悪としての世界史
ヨーロッパは「田舎」であり、「中東と地中海沿岸」こそ世界史の中心だ。欧米中心主義の歴史観を一変させる、サイード『オリエンタリズム』よりラディカルな世界史論。　（杉田英明）
歴-2-26

本郷和人
新・中世王権論
源頼朝、北条氏、足利義教、後醍醐天皇……彼らはいかにして日本の統治者となったのか？　気鋭の日本中世史家が、王権の在り方を検証しつつ、新たなこの国の歴史を提示する！

歴-2-27

飛鳥井雅道
明治大帝
激動の時代に近代的国家を確立し、東洋の小国を一等国へと導いた天皇睦仁。史上唯一「大帝」と称揚され、虚実ない交ぜに語られる専制君主の真の姿に迫る。　（ジョン・ブリーン）
歴-2-28

繁田信一
殴り合う貴族たち
宮中で喧嘩、他家の従者を撲殺、法皇に矢を射る。拉致、監禁、襲撃もお手の物。〝優美で教養高い〟はずの藤原道長ら有名平安貴族の不埒な悪行を丹念に抽出した意欲作。　（諸田玲子）
歴-2-29

（　）内は解説者。品切の節はご容赦下さい。

林　健太郎
昭和史と私

過激派学生と渡り合った東大総長も、若き日はマルクス主義に心酔する学生だった。自らの半生と世界的視点を合わせて重層的に昭和史を描ききった、歴史学の泰斗の名著。（佐藤卓己）

歴-2-30

高木俊朗
陸軍特別攻撃隊（全三冊）

陸軍特別攻撃隊の真実の姿を、隊員・指導者らへの膨大な取材と、手紙・日記等を通じて描き尽くした記念碑的作品。特攻隊を知るために必読の決定版。菊池寛賞受賞作。（鴻上尚史）

歴-2-31

清水克行
耳鼻削ぎの日本史

なぜ「耳なし芳一」は耳を失ったのか。なぜ秀吉は朝鮮出兵で鼻削ぎを命じたのか。日本史上最も有名な猟奇的習俗の真実に迫る。「中世社会のシンボリズム――爪と指」を増補。（高野秀行）

歴-2-34

江藤　淳
新編　天皇とその時代

日本人にとって天皇とは何か。戦後民主主義のなか、国民統合の象徴たらんと努めてきた昭和天皇の姿を、畏敬と感動を込めて語る。新編では次代の皇室への直言を加えた。（平山周吉）

歴-2-35

松本清張
昭和史発掘　特別篇

『昭和史発掘』全九巻に未収録の二篇「政治の妖雲・穏田の行者」『「お鯉」事件』と、城山三郎、五味川純平、鶴見俊輔と昭和史の裏側を縦横無尽に語った対談を掲載。（有馬　学）

歴-2-36

ドナルド・キーン（角地幸男　訳）
日本人の戦争
作家の日記を読む

永井荷風、高見順、伊藤整、山田風太郎など、作家たちの戦時の日記に刻まれた声に耳をすまし、非常時における日本人の精神をあぶり出す傑作評論。巻末に平野啓一郎との対談を収録。

歴-2-37

福留真紀
名門譜代大名・酒井忠挙の奮闘

父の失脚で、約束された将来は暗転した。降格され、自身の奇病や親族の不祥事に悩み、期待した嫡男は早世。数多の苦難に抗い、家の存続に奮闘した御曹司の実像に迫る。（山内昌之）

歴-2-38

( )内は解説者。品切の節はご容赦下さい。

近代以前
江藤 淳

日本文学の特性とは何か? 藤原惺窩、林羅山、近松門左衛門、井原西鶴、上田秋成などの江戸文藝に沈潜し、外来の文藝・思想の波に洗われてきた日本の伝統の核心に迫る。(内田 樹)

思-1-1

保守とは何か
福田恆存(浜崎洋介 編)

「保守派はその態度によつて人を納得させるべきであつて、イデオロギーによつて承服させるべきではない」——オリジナル編集による最良の「福田恆存入門」。(浜崎洋介)

思-1-2

聖書の常識
山本七平

聖書学の最新の成果を踏まえつつ、聖書に関する日本人の誤解を正し、日本人には縁遠い旧約聖書も含めて、「聖書の世界」全体の見取り図を明快に示す入門書。(佐藤 優)

思-1-3

わが萬葉集
保田與重郎

萬葉集が息づく奈良県桜井で育った著者が歌に吹きこまれた魂の追体験へと誘い、萬葉集に詠みこまれた時代精神と土地の記憶を味わいながら、それが遺された幸せを記す。(片山杜秀)

思-1-4

柳田国男(柄谷行人 編)

「小さきもの」の思想

『遊動論 柳田国男と山人』(文春新書)で画期的な柳田論を展開した思想家が、そのエッセンスを一冊に凝縮。柳田が生涯探求した問題は何か? 各章に解題をそえた文庫オリジナル版。

思-1-5

ルネサンス 経験の条件
岡﨑乾二郎

サンタ・マリア大聖堂のクーポラを設計したブルネレスキ、ブランカッチ礼拝堂の壁画を描いたマサッチオの天才の分析を通して、芸術の可能性と使命を探求した記念碑的著作。(斎藤 環)

思-1-6

（　）内は解説者。品切の節はご容赦下さい。

田中美知太郎
ロゴスとイデア
ギリシャ哲学の徹底的読解によって日本における西洋哲学研究の基礎を築いた著者が、「現実」「未来」「過去」「時間」といった根本概念の発生と変遷を辿った名著。（岡崎満義）
思-1-8

西部　邁
大衆への反逆
気鋭の経済学者として頭角を現した著者は本書によって論壇に鮮烈なデビューを果たす。田中角栄からハイエクまでを縦横無尽に論じる社会批評家としての著者の真髄がここにある。
思-1-10

福田恆存（浜崎洋介　編）
国家とは何か
「政治」と「文学」の峻別を説いた福田恆存は政治をどう論じたのか？　福田の国家論が明快にわかるオリジナル編集。「個人なき国家論」批判は今こそ読むに値する。（浜崎洋介）
思-1-12

江藤　淳
一九四六年憲法――その拘束
アメリカの影から逃れられない戦後日本。その哀しみと怒りをもとに、戦後憲法成立過程や日本の言説空間を覆う欺瞞を鋭く批判した20年にわたる論考の軌跡。（白井　聡）
思-1-13

福田恆存（浜崎洋介　編）
人間とは何か
『保守とは何か』『国家とは何か』に続く「福田恆存入門・三部作」の完結編。単なるテクスト論ではなく、人間の手応えをもった文学者の原点を示すアンソロジー。（浜崎洋介）
思-1-15

山内昌之
民族と国家
21世紀最大の火種となる「民族問題」。イスラム研究の第一人者が20世紀までの紛争を総ざらえ。これで民族問題の根本がわかる、新時代を生きる現代人のための必読書！（佐藤　優）
思-1-17

（　）内は解説者。品切の節はご容赦下さい。

田中美知太郎
人間であること
「人間であること」「歴史主義について」「日本人と国家」など八篇の講演に「徳の倫理と法の倫理」など二篇の論文を加え、日本を代表するギリシア哲学者の謦咳に接する。（若松英輔）
思-1-18

西部　邁
六〇年安保　センチメンタル・ジャーニー
保守派の論客として鳴らした西部邁の原点は、安保闘争のリーダーだった学生時代にあった。あの「空虚な祭典」は何だったのか、共に生きた人々の思い出とともに振りかえる。（保阪正康）
思-1-19

服部龍二
増補版　大平正芳　理念と外交
大平は日中国交正常化を実現したが、首相就任後、環太平洋連帯構想を模索しつつも党内抗争の果て志半ばで逝った。悲運の宰相の素顔と哲学に迫り、保守政治家の真髄を問う。（渡邊満子）
思-1-20

福田恆存
福田逸・国民文化研究会　編
人間の生き方、ものの考え方
人間は孤独だ。言葉は主観的で、人間同士が真に分かり合うことはない。だから考え続けよ。絶望から出発するのだ——。戦後最強の思想家が、混沌とした先行きを照らし出す。（片山杜秀）
思-1-21

草柳大蔵
特攻の思想　大西瀧治郎伝
大西瀧治郎が主導した特攻誕生の背景には、いかなる戦況の変化、軍内部の動きがあり、それは日本人の精神構造とどう関係したのか？　特攻を送った側の論理に迫る名著。（鶴田浩二）
思-1-22

坪内祐三
一九七二　「はじまりのおわり」と「おわりのはじまり」
札幌五輪、あさま山荘事件、ニクソン訪中等、数々の出来事で彩られたこの年は戦後史の分水嶺となる一年だった。断絶した戦後の歴史意識の橋渡しを試みた、画期的時代評論書。（泉　麻人）
思-1-23

（　）内は解説者。品切の節はご容赦下さい。

文藝春秋 編
天才・菊池寛
逸話でつづる作家の素顔

小林秀雄、舟橋聖一、井伏鱒二など縁の深い作家や親族が織り上げる「本邦初のプロデューサー」菊池寛の様々な素顔。生誕百二十五年を記念して「幻の書」が復刊！（坪内祐三）
雑-3-1

リチャード・ニクソン（徳岡孝夫 訳）
指導者とは

栄光と挫折を体現した米大統領だから洞察しえたリーダーの本質。チャーチル、マッカーサー、ドゴール、周恩来、フルシチョフに吉田茂……。20世紀の巨星の実像に迫る。（徳岡孝夫）
雑-3-3

岸 信介・矢次一夫・伊藤 隆
岸信介の回想

満州、戦争、巣鴨プリズン、六〇年安保——動乱の昭和史において常にその渦中にあった名宰相が、刎頸の友と近代史家を前に語った「わが人生」。巻末資料として巣鴨日記も収録。
雑-3-9

山本七平・岸田 秀
日本人と「日本病」について

責任をとらない日本人の体質。その根っこには何があるのか。歴史学者と精神分析学者。二人の権威が、今も変わらぬ「日本病」について語った白熱対談。（福嶋亮大）
雑-3-12

E・G・ヴァイニング（小泉一郎 訳）
皇太子の窓

戦後まもなく、当時の皇太子の英語家庭教師となったヴァイニング夫人が、ともに過ごした日々を瑞々しく綴った回想録。敗戦後の日本の風景も浮かび上がる。（保阪正康）
雑-3-14

新渡戸稲造
世渡りの道

『武士道』の著者にして国際的教育者だった新渡戸稲造が書いたベストセラー。人生の意味とは何か、何のために働くのか。万人が抱く問いに時を越えて熱く答える。（寺島実郎）
雑-3-15

夢野久作
近世快人伝
頭山満から父杉山茂丸まで

頭山満、杉山茂丸、奈良原到といった玄洋社の猛者たちの破天荒な人生を描いた痛快な人物評伝。奇人、怪人、豪傑たちがユーモア溢れる筆致でいきいきと動き出す。（寺田英視）
雑-3-16

吉田　満
戦中派の死生観

死んだ仲間は何のために戦ったのか？　戦後日本は戦争と敗戦から何かを学びえたのか？　死を覚悟して生き残った戦中派が「日本人として生きる」ことの意味を問う。（若松英輔）

雑-3-19

阿部眞之助
近代政治家評伝
山縣有朋から東條英機まで

明治から昭和まで第一線で活躍した名物新聞記者が、原敬、伊藤博文、大隈重信、犬養毅、大久保利通、桂太郎など、戦前の大物政治家十二人の生身の姿を容赦なく描く。（牧原　出）

雑-3-20

徳岡孝夫
五衰の人
三島由紀夫私記

一九七〇年十一月のあの日、市ヶ谷の自衛隊駐屯地で「檄」を託された著者だから見透すことのできた三島由紀夫の本質とは？　新潮学芸賞を受賞した、傑出した三島論。（寺田英視）

雑-3-21

山本七平
小林秀雄の流儀

小林秀雄があれほどの影響力をもったのはなぜか？　過去を語ることで未来を創出したからだ。「書きたいことだけ書いて生活した」超一流の生活者」の秘密に迫る。（小川榮太郎）

雑-3-22

斎藤隆介
職人衆昔ばなし

大工、左官、庭師、指物師、蒔絵師など、明治に生を享け、戦後まで活躍した名工27人。その貴重な証言は、未来のモノ造りへの示唆に富む。その豊穣たる「語り」をご堪能あれ！

雑-3-23

新保祐司
内村鑑三

近代日本の矛盾と葛藤を体現する男、内村鑑三。多くの知識人に多大な影響を与えた破格の人物の核心に迫り、近代日本を貫く精神を明らかにする。（附録・郡司勝義）

雑-3-28

和田利男
漱石の漢詩

「少年期は英語より漢学が好きだった」と語る漱石。未だ色あせないその漢詩の世界の魅力を、杜甫や王維と比較しながら縦横に論ずる。没後百年を期して待望の復刊！（齋藤希史）

雑-3-29

（　）内は解説者。品切の節はご容赦下さい。

海部陽介
日本人はどこから来たのか？
遠く長い旅の末、人類は海を渡って日本列島にやって来た。徹底的な遺跡データ収集とDNA解析、そして古代の丸木舟を再現した航海実験から、明らかになる日本人の足跡、最新研究。
か-77-1

近藤紘一
サイゴンから来た妻と娘
戦火のサイゴンで子連れのベトナム女性と結婚した新聞記者が、家庭内で起こる小事件を通してアジア人同士のカルチャーギャップを軽妙に描く。大宅賞受賞作品。（井尻千男）
こ-8-1

井上　靖・司馬遼太郎
西域をゆく
少年の頃からの憧れの地へ同行した二大作家が、興奮も覚めやらぬままに語った、それぞれの「西域」。東洋の古い歴史から民族、そしてその運命へと熱論ははてしなく続く。（平山郁夫）
し-1-66

司馬遼太郎・陳　舜臣
対談　中国を考える
古来、日本はこの大国と密接な関係を保ってきた。「近くて遠い国」中国をどのようにとらえるべきか、我が国のとるべき立場を歴史の大家が論じつくした中国論、日本論。（山内昌之）
し-1-137

東山彰良
ありきたりの痛み
幼いころ過ごした台湾の原風景、直木賞受賞作のモデルになった祖父の思い出、サラリーマン時代の愚かな喧嘩、そして愛する本と音楽と映画のこと――作家の魂に触れるエッセイ集。
ひ-27-1

與那覇　潤
中国化する日本　増補版
日中「文明の衝突」一千年史
中国が既に千年も前に辿りついた境地に、日本は抗いつつも近づいている。まったく新しい枠組みによって描かれる興奮の新日本史！　宇野常寛氏との特別対談収録。
よ-35-1

楊《よう》　海英《かいえい》
逆転の大中国史
ユーラシアの視点から
「中華は漢民族の国」、は幻想だ。多彩な民族が入り乱れて文化を発展させてきた真の歴史を見よ。南モンゴル出身の気鋭の文化人類学者が、中国史の常識を覆す。（川勝平太）
よ-39-1